李昌道学术基金资助

美国联邦最高法院判例

2016～2017年判例译述

高凌云　编著

法律出版社
LAW PRESS·CHINA

序　一

知晓高老师的请托，十分激动和感动。30 多年前的旧作，至今还有相识、相知。此一新作是对美（国）宪（法）原汁原味的判例行诠释，有创新性。但可惜我年事已高，智力大不如昔，且对美宪生疏已久，脱离甚远，不敢贸然允纳，恐成画蛇添足之嫌，有损原意。

李昌道

2020 年 1 月 8 日

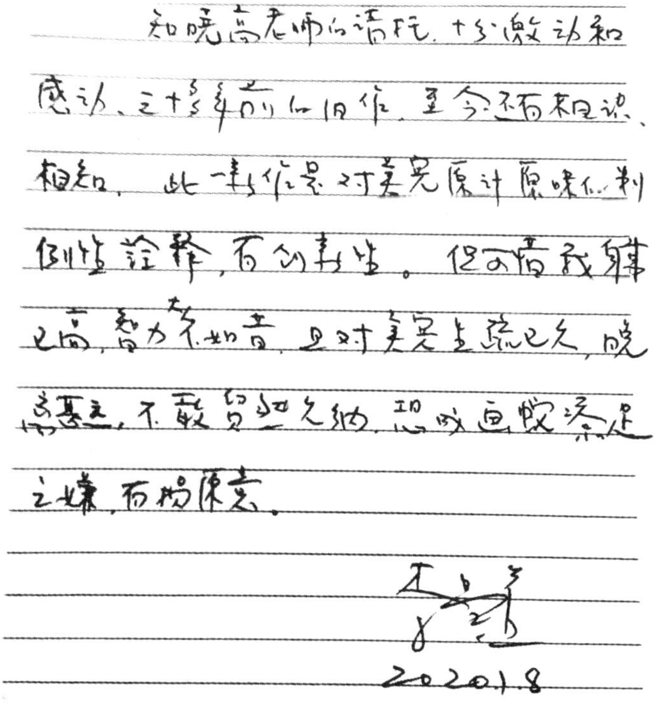
知晓高老师的请托，十分激动和感动，三十多年前的旧作，至今还有相识、相知，此一新作是对美宪原汁原味的判例行诠释，有创新性。但可惜我年事已高，智力大不如昔，且对美宪生疏已久，脱离甚远，不敢贸然允纳，恐成画蛇添足之嫌，有损原意。

李昌道

2020.1.8

序　二

呈现在读者面前的这部著作由复旦大学法学院高凌云教授编著，是对美国联邦最高法院一个工作年度全部具先例效力意见书（opinion，判决）的评述。美国联邦最高法院实行许可上诉制度，在严苛的案件复审挑选机制下能被调卷并形成意见书，一方面表明这些案件所涉及的问题凸显着法治“公共政策”意义，具有“关乎全局”的重要性；另一方面也体现了美国联邦最高法院大法官乃至美国联邦最高法院对该等问题的司法认知，映射出美国社会的法治需求。

高凌云教授自2004年至复旦大学法学院任教，讲授国际商法、信托法、法律英语等课程，深受学生喜爱，屡屡被评为优秀教师，法律英语课程更是成为明星课程。她在信托法等领域的耕耘，获得域内外学术界的高度认可。一年多前，我在与高老师交谈中，得知她正在主持对美国联邦最高法院判例的译述工作，恰逢其时，“李昌道学术基金”由吾等李昌道教授的学生及法学界、法律界热心同仁设立，旨在弘扬宪法精神、推进宪法学研究。李昌道先生为我国著名法学家，曾任复旦大学法律系主任、法学院院长，对美国宪法有精深的研究，其《美国宪法史稿》《美国宪法纵横论》等著述均是美国宪法研究领域的开拓性经典之作。李昌道教授在《香港特别行政区基本法》制定与实施过程中做出突出贡献，亦有丰富的研究成果。高凌云教授的此项研究成果纳入“李昌道学术基金”项下出版，可谓相得益彰。

高凌云教授嘱我作序，实不敢当，但感于高教授之盛意，勉为其难，谈些对本著作的粗浅认识。

首先，通过本著作，读者可以进一步认知美国联邦最高法院判决的功能。其一，《美国联邦宪法》作为近代第一部成文宪法，继受了洛克、孟德斯鸠等启蒙思想家的权力制衡思想，可谓欧洲之花结出了美国之果。美国式的分权既存在于联邦与州之间,也存在于联邦及州的内部权力主体之间,公权力配置更多的是强调权力制衡而非绝对分立。《美国联邦宪法》第1条、第2条规定了立法权与行政权的制约关系,除《美国联邦宪法》第3条有关司法权归属与管辖权、第4条有关司法礼让条款外,司法权对立法与行政权制约完全基于美国法院的实践。尽管对美国联邦最高法院的司法审查权一直存在司法能动主义与司法克制主义的争论,且反对意见不仅来自学者、政治家,甚至来自联邦最高法院大法官自身,如在2015年"奥伯奇菲尔诉霍奇斯"中(Obergefell v. Hodges),罗伯茨首席大法官撰写了长达29页声情并茂的反对意见书。但是,因美国联邦最高法院大法官的专业性、独立性,加之美国社会强大的法治观念,美国联邦最高法院判决在权力制衡中发挥着巨大作用已是公认的事实,美国联邦最高法院是实现权力制衡的利器。本著作中有关"联邦法院与州法院的管辖权""联邦法与州法间的冲突""上下级法院的关系""司法与行政之间的制衡"的判例,即属于权力制衡问题。其二,在《美国联邦宪法》诞生之前,已有《邦联条例》存在,由各州参与制宪会议、制定《美国联邦宪法》。出于对联邦权力过大而削弱州权的警觉,《美国联邦宪法》第十修正案规定:"宪法既未授予合众国、也未禁止各州行使的权力,由各州各自保留,或由人民保留",确定了联邦与州的权力边界。因此,可由联邦制定的法律极其有限,立法权主要由各州行使,形成了美国法律"联邦主义"特色。以《美国公司法》为例,尽管在立法层面由联邦立法的"联邦化"主张屡屡受挫,其司法层面"联邦主义"与"联邦化"的冲突几乎不存在。一个重要的原因为:美国联邦法院基于管辖权审理涉及由州立法的案件,并形成具有先例效力的判决,很大程度上弥合了"联邦主义"下立法的间隙,统一了法律适用,美国联邦最高法院是法律"联邦主义"与"联邦化"取向的调合剂。其三,尽管美国联邦最高法院出现过类似1857年"斯科特诉桑佛特案"(Dred Scott v. Sandford)的"黑暗"判决,但美国联邦最高法院更多的判例维护了公民的基本权利及相关法律主体的权益。美国联邦最高法院通过适用《美国联邦宪法》及其第一、第四、第五、第六、第十四修正案等,保障言论自由、宗教自由、学术自由、隐私权、财产权等免除非法侵害,保障公民(有时含商主体)的权利。美国联邦最高法院借助普通法的优势,能够较快地回应美国社会发展中的法治需求,弥补制定法之不足。本著作中的绝大多数判例涉及权利保障问题。

其次，美国法学家庞德说："法律必须稳定，但又不能静止不变。因此，所有的法律思想都力图协调稳定必要性和变化必要性这两种彼此冲突的要求"。仅就《美国联邦宪法》而言，它属刚性宪法，且制定时间久远，难免有"简"、有"缺"，美国宪法长久存续而常新的原因，很大程度上得益于美国联邦最高法院在处理具体案件中运用解释方法丰富了宪法的内容。读者在这部著作中可以一览本年度判决中所蕴含的解释方法，包括文义解释、缩限解释、扩张解释、体系解释、学理解释、原旨解释等。若以此为起点，则有助于读者通过研究、借鉴美国联邦最高法院在解释"必要与适当"、"管制"、"政府行为"、正当程序条款中"自由或财产"、"贸易"、"州际贸易"、"刻不容缓的紧迫危险"等"弹性条款"时运用的解释方法。美国联邦最高法院也将法律解释适用于处理非宪法性案件中，如美国联邦最高法院在不同时期对何为"证券"就作出过不同的解释，以适应金融管制或放松管制的需要。通过本著作，研究、解析美国联邦最高法院的法律解释问题，无疑对认识立法与司法的互动性、法律文本稳定性与法律精神发展性的相互关系，大有裨益。

最后，目前，对《美国联邦宪法》及美国联邦最高法院的研究，著述颇丰，但完整地研究美国联邦最高法院一个工作年度全部生效判例的著述不多。高凌云教授及其团队的该项成果除凸显前述学术价值外，还体例清晰，行文流畅，用词严谨，译述准确、得当，有时又不失诙谐，可读性强，能为更多希望了解美国联邦最高法院晚近司法全貌的读者开启一扇知识之窗。

鉴于美国联邦最高法院本年度的判决多发回重审，后续案件可能更加跌宕起伏，也使读者抱有且听下回分解的强烈期待，希望后续著作早日出版！

*

2020年2月于复旦大学江湾校区

---

* 复旦大学法学院教授。

目　录

第一章　法院间的权力分配

第二章 主权豁免的界限

第三章 宪法权利的保护

九、律师的无效协助

十、外国人的宪法权

第四章 民事法律与民事程序

一、律师费之因果关系

第五章　刑事诉讼程序与刑罚

第六章 知识产权保护

第五章 刑事诉讼程序与刑罚

第六章 知识产权保护

一、商标法

二、专利法

三、著作权

第七章 经 济 法

一、金融证券

二、破产法

三、公平债务催收

Chapter 1

第一章　法院间的权力分配

一

联邦法院与州法院的管辖权

1.01.001　莱特福特诉圣达特抵押贷款公司
——联邦法院管辖权之谜

1.01.002　施贵宝公司诉加利福尼亚州高等法院
——州法院的特别管辖权

1.01.003　北柏林顿铁路公司诉提利尔
——州法院的一般管辖权

1.01.004　TC哈特兰德公司诉卡夫食品集团品牌公司
——一次对“专利流氓”的沉重打击

1.01.005　派瑞诉奖惩系统保护局
——联邦政府公务员的人事纠纷由哪个法院管辖?

1.01.006　弗吉尼亚州诉勒布朗
——联邦法院与州法院之间的权力平衡

1.01.001 莱特福特诉圣达特抵押贷款公司 Lightfoot v. Cendant Mortgage Corp. ——联邦法院管辖权之谜

原 案 名:Lightfoot et al. v. Cendant Mortgage Corp. ,DBA Phh Mortgage,et al.

判决日期:2017 年 1 月 18 日

案　　号:14 – 1055

判决原文:https://www. supremecourt. gov/opinions/16pdf/14 – 1055_6j36. pdf

主　　笔:索托马约尔大法官(全体大法官一致同意)

判决主旨:房利美的"诉与被诉条款"仅规定了一般性诉权,并未授予联邦法院初审管辖权。如欲授权,语言必须清楚确定且不能有任何限制。

判决评述

1. 本案焦点:涉及房利美的"诉与被诉条款"

在大萧条时期,美国联邦政府为了稳定和加强住宅抵押贷款市场,提高抵押贷款市场的流动性,创设了联邦住宅贷款银行(the Federal Home Loan Banks)和联邦住宅管理局(the Federal Housing Administration),并通过 1934 年《国民住宅法》(National Housing Act),授权新设立的联邦住宅管理局设立一个全国性的抵押贷款协会,以此来帮助买售一级市场的抵押贷款和留置权,并可为此目的借款。该协会还被授权"在任何州或联邦的普通法或衡平法的法院起诉和被诉,指控和辩护"(sue and be sued,complain and defend,in any court of law or equity,State or Federal,以下简称"诉与被诉条款")。

1938年联邦住宅管理局行使该授权,组建了联邦国民抵押贷款协会(The Federal National Mortgage Association),又称"房利美"(Fannie Mae)。最初房利美由联邦政府全资拥有,其目的包括为联邦住宅管理局所担保的一级抵押贷款建立二级市场,为建设和资助经济适用房项目提供便利,并向投资者发行债券。

1954年,美国国会通过了《住宅法》(Housing Act of 1954,以下简称"1954年法")。在这之后,房利美不再是联邦政府全资拥有的公司,而采用混合所有权制度:私人股东持有其普通股,财政部持有其优先股。"1954年法"还要求财政部部长允许房利美回购股票,其立法意图是将房利美最终完全私有化并由私人执行其职责。

"1954年法"还修订了"诉与被诉条款",给予房利美"在任何具有合法管辖权的州法院或联邦法院,起诉和被诉、指控和辩护"的权力(to sue and to be sued, and to complain and to defend, in any court of competent jurisdiction, State or Federal)。

至1968年,房利美完全由私人持股,并把其一部分资产分给新分拆出来的机构:政府国民抵押贷款协会(the Government National Mortgage Association),又称"房地美"(Ginnie Mae)。此后,房利美以政府资助的私人企业身份继续从事二级市场运营,而房地美属于政府企业,具备特殊的协助、管理与清算功能。

房利美的基本结构仍然保持原样,继续参与二级抵押贷款市场的运营。具体而言,它购买符合一定标准要求的抵押贷款,将其打包为抵押贷款支持的证券,然后将其出售给投资人,其自身也投资于抵押贷款支持证券。

当然,最近10年的情况大家已经知道了,由于这种抵押贷款支持证券涉及了次级贷款,并且在其上衍生出各种金融产品,加上其他各种因素,最后导致2008年发生了全球性的金融危机。

房利美从事的抵押贷款买卖中,有一宗涉及本案。

2. 本案案情:按揭买房无力还款

1999年夏天,霍利斯与圣达特抵押贷款公司(Cendant Mortgage Corp.,以下简称圣达特)达成交易,将其住宅抵押贷款再融资。该笔抵押贷款随后被房利美买去,圣达特仍然充当服务商(继续收取按揭付款)。

不久,霍利斯因故无法继续支付按揭,就想与圣达特达成宽限协议,未果。于是房屋进入取消回赎权程序。此时,因为该笔贷款不符合房利美的信用标准,圣达特又从房利美手中回购了该笔抵押贷款。

为防止丧失赎回权,霍利斯希望申请破产并将该房屋转移给女儿莱特福特(Lightfoot)。这些努力均告失败,房屋于2001年由受托人在公开拍卖中出售。母女两人随后告到联邦地区法院,试图撤销拍卖交易,结果败诉。

3. 上诉法院意见相左

母女两人锲而不舍,又到州法院针对房利美提起了本次诉讼。她们声称在再融资、取消赎回权程序以及房屋出售过程中多有不合法之处。房利美申请将本案移送到联邦法院。

根据美国宪法,美国的州法院具有普遍管辖权,而联邦法院只具有有限管辖权。如果原告选择到州法院提起诉讼,而被告认为联邦法院对此案有管辖权,那么被告有权申请将案件从州法院移送至联邦法院审理,因为《美国联邦法典》第28编第1441(a)节明确允许被告将任何民事纠纷从州法院移送到具有初审管辖权的联邦地区法院审理。

房利美认为,根据其公司章程中的"诉与被诉条款",联邦法院具有管辖权,依此请求将案件移送至联邦法院审理。

再回顾一下房利美的"诉与被诉条款"的内容:房利美有权"在任何具有合法管辖权的州法院或联邦法院,起诉和被诉、指控和辩护"。

原告母女则认为联邦法院没有管辖权,向联邦地区法院提出申请,要求将此案发回州法院审理,遭到联邦地区法院拒绝。其后,联邦地区法院基于一事不再理原则驳回了起诉。原告母女立即请求依据《联邦民事诉讼法》第60(b)节撤销该判决。

该法第60(b)节规定,如果出于误解、疏忽、新发现的证据、欺诈等理由,可以申请撤销判决。

该请求同样遭到联邦地区法院的拒绝。原告上诉到联邦第九巡回法院,仍维持原判。

后来原告母女提出重审,上诉法院撤回其判决,命令被告就联邦地区法院是否根据房利美的“诉与被诉条款”对本案具有管辖权的问题提交法律说明。

所以,本案最重要的问题就是“诉与被诉条款”是否授予了联邦地区法院对涉及房利美的案件的管辖权。

经过审理,上诉法院决定维持原判,认为联邦法院对此案有管辖权。其中多数法官认为1992年最高法院的先例美国国民红十字会诉S. G.案[1]确立了一个可以解决本案纠纷的规则:当“诉与被诉条款”明确授权诉讼可以在联邦法院进行时,联邦法院即被授予了管辖权。少数意见法官则认为该案仅仅确立了默认规则,只提供了一个分析的起点而已。他们认为房利美的“诉与被诉条款”中的“具有合法的管辖权的任何法院”足以推翻该默示规则,认为在涉及房利美的案件中需要有独立的管辖权依据。

另有两个巡回上诉法院也得出了同样的结论,即类似房利美的“诉与被诉条款”的确对联邦法院授予了管辖权。有四个巡回上诉法院则持相反的观点。

为了统一各巡回上诉法院的不同意见,美国联邦最高法院同意调卷重审此案,经过审理,最终推翻了本案上诉法院的判决,即“诉与被诉条款”并未授予联邦法院对类似案件的管辖权。

4.联邦最高法院一锤定音

联邦最高法院承认房利美的公司章程中的“诉与被诉条款”确定了房利美可以起诉并被诉的诉讼主体地位,然而该条款并未规定联邦法院对所有涉及房利美的案件都有管辖权。为此,大法官们对比了房利美公司的“诉与被诉条款”与那些被视为授予联邦法院管辖权的类似条款,认为授予联邦法院以管辖权必须明确提到“联邦法院”字样。

房利美的“诉与被诉条款”中虽然也提到联邦法院,但是更提到“具有合法管辖权的法院”,这种语言并未明确立法意图是授予联邦法院对事(事项)的管辖权,反而是对管辖权进行了限定。最高法院认为,具有“合法管辖权”的法院历来是指对争议标的物具有对事管辖权和对当事人具有有效的对人管辖权也可译为“属人管辖权”的法院。房利美的条款提供了作为一般权利的诉权,而非

〔1〕 American Nat. Red Cross v. S. G. ,505 U. S. 247(1992).

授予联邦法院初审管辖权。

因此，对房利美具有管辖权的法院是对房利美具有对人管辖权并对本案争议具有对事管辖权的州法院。遂撤销原判。

联邦最高法院大法官们之所以一致同意撤销原判，还因为他们担心一旦判定联邦法院对本案拥有管辖权，类似的案件都会涌向联邦法院，联邦地区法院就会增加约 6 万个案件，所以这个“口子”坚决不能开。

1.01.002 施贵宝公司诉加利福尼亚州高等法院 Squibb v. Superior Court of California ——州法院的特别管辖权

原 案 名:Bristol-Myers Squibb Co. v. Superior Court of California, San Francisco County, et al.

判决日期:2017 年 6 月 19 日

案　　号:16 - 466

判决原文:https://www.supremecourt.gov/opinions/16pdf/16-466_1qm1.pdf

主　　笔:阿利托大法官(罗伯茨、肯尼迪、金斯伯格、布雷耶、卡根和戈萨奇大法官附议,索托马约尔大法官撰写异议意见)

判决主旨:在法院对被告没有一般管辖权的情况下,只要能确立诉讼请求与法院地之间的联系,法院即对被告享有特别管辖权。然而,被告在州内从事的与涉案争议无关的活动不构成这种联系。

判决译述

1. 波立维:救命稻草还是催魂铃?

百时美施贵宝公司(Bristol-Myers Squibb Co.,以下简称施贵宝)是一家在特拉华州注册、总部设在纽约的大型制药公司,主要经营地点在纽约州和新泽西州。施贵宝研发和销售的具有抗凝血功能的处方药波立维(Plavix)能够稀释血液,防止血块凝结,主要用于预防一些心血管疾病,如心脏病和中风。施贵宝宣称波立维是比阿司匹林还有效的药物。自 1997 年获美国食品和药品管理局批准后，在接下来的10年里波立维一直是施贵宝最赚钱的药品。

然而，有些患者在服用波立维后，出现了肠胃出血、皮肤刮伤或划伤后流血不止等症状，甚至死亡。还有一些人认为波立维并不像其宣称的那样比阿司匹林效果更好。于是，600多个病人以产品责任、过失虚假陈述和误导性宣传等理由，依据加利福尼亚州法律，向加利福尼亚州高等法院分别提交了8份诉状，共包含13个诉讼请求，指控施贵宝生产销售的波立维损害了他们的健康。这些原告中有86个人是加利福尼亚州居民，其余592个是其他州的居民。

被告施贵宝认为加利福尼亚州法院对592名非加利福尼亚州居民所提起的诉讼没有管辖权，因为施贵宝的注册地和主要经营地都不在加利福尼亚州。虽然施贵宝确实在加利福尼亚州销售波立维，但是波立维并非在加利福尼亚州研发，也没有在加利福尼亚州推广。也就是说，波立维的生产、标签、包装行为中没有一个发生在加利福尼亚州，甚至施贵宝都没有向加利福尼亚州政府申请波立维药品的注册审批。上述活动均在纽约州或新泽西州完成。

那么，加利福尼亚州法院是否对此就没有管辖权呢？美国各州法院的民事诉讼管辖权的依据又是什么呢？

2.小贴士：美国州法院的民事管辖权

美国州法院受理民事案件，必须对被告拥有管辖权，否则就违反了联邦宪法第十四修正案中的正当程序条款，作出的判决无效。各州自行确定民事诉讼管辖权的范围，但是州法院确定的民事诉讼管辖的范围必须符合联邦宪法第十四修正案中的正当程序。例如，加利福尼亚州的民事诉讼法概括规定“本州法院可以在符合美国联邦和州宪法的基础上行使管辖权”。

那么，什么样的有关民事诉讼管辖权的规定符合正当程序呢？美国法院通过一系列判例确立了州法院民事诉讼管辖权中的对人管辖权（personal jurisdiction），其具体内涵也随着判例的发展而不断演进。

在国际鞋业公司诉华盛顿州案[1]中，联邦最高法院认定了两种类型的对人管辖权，一般管辖权（general jurisdiction）和特别管辖权（specific jurisdiction）。

---

〔1〕 International Shoe Co. v. Washington, 326 U. S. 310(1945).

一般管辖权也称为普遍管辖权,如果州法院对某被告有一般管辖权,那么该法院可以审理对该被告提起的任何诉讼请求,即使诉讼请求是基于发生在该州领域之外的事件。州法院行使一般管辖权的依据是住所(domicile),即如果某自然人或公司的住所在州内,那么州法院就可以对其行使一般管辖权。在没有一般管辖权的情况下,州法院必须对被告有特别管辖权,否则不能受理该案件。当诉讼争议与法院地之间存在一定的联系,如导致诉讼争议的行为或事件发生在该州时,法院才会对被告有特别管辖权。

因此,州法院对某一被告有没有管辖权,主要是看该被告与法院所在州之间的联系是否足以使州法院对其具有管辖权,判断被告与法院所在州之间联系的标准包括被告的住所、注册地、被诉行为等。就本案而言,加利福尼亚州法院对 592 名非加利福尼亚州居民的诉讼请求是否有管辖权,实际上就是看被告施贵宝公司与加利福尼亚州之间的联系是否足以使加利福尼亚州法院对其具有管辖权。

3. 加利福尼亚州法院认为对施贵宝有管辖权

施贵宝的注册地和主要经营地均不在加利福尼亚州。本案原告中的 592 名非加利福尼亚州居民并没有主张他们是从加利福尼亚州的医生那里获得的波立维,也没有说他们因波立维遭受损害的地点或者治疗的地点在加利福尼亚州。所以施贵宝以加利福尼亚州法院没有管辖权为由请求高等法院(一审法院)驳回非加利福尼亚州居民的起诉。

但是一审法院否决了该动议,认为虽然波立维的研发和生产与加利福尼亚州没有关系,但施贵宝在加利福尼亚州有 5 个研究院和实验室,雇用了 160 多个工作人员以及 250 个销售代表,还在加利福尼亚州首府设立了一个小型宣传办公室。由于施贵宝在加利福尼亚州从事的上述经营活动,使一审法院认为其对施贵宝拥有一般管辖权。

加利福尼亚州的上诉法院同意一审法院的观点,但是判决理由与一审法院不同。上诉法院认为,加利福尼亚州法院对非加利福尼亚州居民针对施贵宝的诉讼请求没有一般管辖权,但有特别管辖权。

加利福尼亚州最高法院维持了上诉法院的判决。然而,在特别管辖权的问题上,加利福尼亚州最高法院的大法官们意见并不统一。多数意见法官采用滑动比例原则(sliding scale approach)判断法院是否具有特别管辖权,即被告与法院地之间的联系越多,证明被告的诉讼请求与法院地之间的联系越强。将该原则适用于本案,多数法官认为施贵宝与加利福尼亚州之间广泛的联系使加利福尼亚州法院可以对施贵宝行使特别管辖权。

然而,加利福尼亚州最高法院的其他 3 位大法官不同意。他们认为,非加利福尼亚州居民原告提出的诉讼请求无论如何也不是因施贵宝在加利福尼亚州对波立维的营销行为和销售行为所导致的。他们甚至批评多数意见法官过分扩大了特别管辖权的范围,扩大后的特别管辖权已经与一般管辖权无异。

4. 联邦最高法院认为必须有相关性才有管辖权

案件上诉到联邦最高法院,联邦最高法院认为,法院行使特别管辖权的前提为:据以提出诉讼请求的争议必须与法院地具有联系,一般是指导致诉讼争议的行为或事件发生在法院所在的州。如果不存在上述联系,无论被告在该州有多少其他活动,只要这些活动与诉讼请求无关,州法院对被告都不具有特别管辖权。被告在某州经常性销售产品的行为不能成为州法院对与该销售行为无关的诉讼请求行使管辖权的理由。

最终,联邦最高法院撤销了上诉法院的判决,并发回重审。

法院在裁决有无管辖权时,需要做很多利益考量。当然,最主要的考量为:如果由该法院管辖此案,施加于被告的义务是否过重。法院在评估被告的负担时,除了考虑由该法院审理可能产生的实操问题外,还要考虑法院对案件争议的管辖是否有足够的正当利益。

索托马约尔大法官在判决中持异议意见。她认为,如果判决加利福尼亚州法院没有管辖权,分散于美国各州的原告就很难联合起来,对同时在几个州都有住所的公司提起一场全国范围内的集体诉讼。她认为,公平是决定一个州是否拥有管辖权的核心因素,让一个大公司在其有大量活动的州法院诉讼并没有什么不公平的。同时,她认为施贵宝在全国范围内宣传波立维,加利福尼亚州居民与缅因州居民同样看到广告购买波立维,二者对波立维的利益是一致的,而且施贵宝的波立维销售网络也是全国性的,其中一个经销商还是一家加利福尼亚州公司。

但是,联邦最高法院多数意见中也提到,加利福尼亚州法院没有管辖权并不会阻碍加利福尼亚州居民原告和非加利福尼亚州居民原告联合起来在美国其他对施贵宝享有一般管辖权的州,如纽约州或特拉华州的法院对施贵宝提起集体诉讼。或者,同属一个州的原告,如 91 个得克萨斯州原告和 71 个俄亥俄州的原告可以一起在他们所在的州法院起诉施贵宝。

1.01.003　北柏林顿铁路公司诉提利尔
BNSF v. Tyrrell
——州法院的一般管辖权

原 案 名：BNSF Railway Co. v. Kelli Tyrrell, Special Administrator for the Estate of Brent T. Tyrrell, Deceased, et al.

判决日期：2017 年 5 月 30 日

案　　号：16－405

判决原文：https://www.supremecourt.gov/opinions/16pdf/16－405_4gdj.pdf

主　　笔：金斯伯格大法官（首席大法官罗伯茨、大法官肯尼迪、托马斯、布雷耶、阿利托、卡根和戈萨奇附议；索托马约尔大法官撰写了部分附议和部分异议意见）

判决主旨：如果被告的注册地和主要营业地都不在州内，且其商业运营也与该州没有深度关联，则不得将被告视为"位于"（athome）该州，该州法院对被告没有一般管辖权。

判决译述

1. 美国法下的对人管辖、对事管辖和审判地

本案涉及美国如何确定民事诉讼的管辖权。介绍之前，需要先了解此类管辖权的确定步骤：

首先,要确定在哪个州起诉。这一环节由对人管辖权规则[1]进行规范。

其次,是确定在该州的哪个法院系统,即州法院系统还是联邦法院系统起诉。这一环节由对事管辖权(subject matter jurisdiction)规则进行规范。根据美国法律,除海事、破产、反垄断、证券、专利与版权侵权以及植物多样性保护等少数专属于联邦法院系统管辖的案件外,州法院系统都有管辖权。

最后,是在所选定的法院系统内,确定在哪个具体的法院起诉(一个州内有多个州地方法院,一个州可能被划分为多个联邦司法区)。这一环节涉及审判地(venue)。例如,法律可能规定审判地在被告住所地的联邦地区法院。简言之,管辖权就是法院审理案件的权力,审判地就是地理位置上的审理案件的具体法院。

本案主要讨论的是,《美国联邦法典》第 56 节是对对人管辖权的规定还是对审判地的规定。第 56 节的相关部分规定如下:

> 依据本章,可向被告住所地,或者诉因发生地,或者在该诉讼开始时被告营业地所在的美国联邦地区法院提起诉讼。美国联邦法院依据本章所具有的管辖权与各州法院的管辖权并行。[2]

2. 员工受工伤,起诉老东家

本案是两个初审独立的诉讼在上诉阶段合并审理的案件。被告是北柏林顿铁路公司(BNSF Railway Company,以下简称 BNSF 公司),原告分别是纳尔逊(Robert Nelson)和提利尔(Kelli Tyrrell)。

被告 BNSF 公司注册地在特拉华州,主要营业地位于得克萨斯州,在蒙大拿州有 2000 多英里铁轨和 2000 多名职工。原告纳尔逊,是北达科他州的居民,曾任职于被告 BNSF 公司。2011 年 3 月,纳尔逊因为工作期间膝盖受伤,依

---

[1] 例如,参见王学锦:《美国民事诉讼管辖权探究——兼论对 Personal Jurisdiction 的翻译》,载《比较法研究》2012 年第 5 期。

[2] 法条原文:Under this chapter an action may be brought in a district court of the United States, in the district of the residence of the defendant, or in which the cause of action arose, or in which the defendant shall be doing business at the time of commencing such action. The jurisdiction of the courts of the United States under this chapter shall be concurrent with that of the courts of the several States。

据《联邦雇主责任法》(Federal Employers' Liability Act),向蒙大拿州法院起诉BNSF公司。

与纳尔逊同病相怜的还有本案另一原告——布伦特(Brent Tyrrell),他曾就职于BNSF公司,不幸染上肺癌病逝。布伦特死后,其妻提利尔在南达科他州被指定为遗产管理人。提利尔认为,是BNSF公司恶劣的工作环境才导致丈夫罹患癌症。2014年5月,提利尔代表布伦特向蒙大拿州法院起诉BNSF公司。

两案的初审管辖权裁定截然不同。蒙大拿州地区法院认为其对纳尔逊的诉讼没有对人管辖权,但却认为其对提利尔的诉讼享有管辖权。两案当事人均不服判决,向州最高法院提起上诉。

蒙大拿州最高法院合并审理两案,认为《美国联邦法典》第56节赋予州地方法院对人管辖权,同时蒙大拿州的州法也赋予该州法院对所有州内自然人和法人的对人管辖权。因此,州最高法院认定该州法院对两案诉讼都享有对人管辖权。BNSF公司不服判决,该案被上诉至美国联邦最高法院。

3. 解读《美国联邦法典》第56节

《美国联邦法典》第56节(以下简称第56节)与《联邦雇主责任法》有关,是对审判地和对事管辖权的规定。最高法院认为,第56节的第一句规定的是在联邦法院起诉时审判地可能在哪些地点,第二句规定的是联邦和州法院都有对事管辖权,该节并没有规定对人管辖权。本案中,蒙大拿州最高法院认为第56节赋予州法院对人管辖权,联邦最高法院对此不予认可。

第56节第一句规定,审判地可以是起诉时被告营业地的联邦地区法院。针对该条文,最高法院已在巴尔的摩和俄亥俄铁路公司诉凯普纳案[1]中指出,它描述的是审判地,而非对人管辖权。在这背后,国会的立法目的是扩大审判地,以此来突破1888年《司法法》(Judiciary Act)只允许原告在被告居所地提起诉讼的规定。从国会立法的表述习惯上看,国会通常用"可在……起诉"(may be brought)来描述审判地,用"诉讼文书送达"来描述对人管辖权。例如,《美国

---

〔1〕 Baltimore & Ohio R. Co. v. Kepner, 314 U. S. 44 (1941).

联邦法典》第 22 节规定,依据联邦反托拉斯法对公司提起的诉讼,其诉讼文书可寄送至被告所在地或可能找到被告的地点。类似例子比比皆是,国会的解释是,在缺乏被告同意的情况下,向被告寄送诉讼文书是行使对人管辖权的前提条件。

两位原告主张,1888 年美国《司法法》既关系审判地,也关系对人管辖权。他们认为,美国《司法法》仅允许原告在被告居住地起诉,曾导致法院以没有管辖权为由驳回了原告的起诉,国会是为了避免法院再以管辖权缺失为由驳回起诉才制定了第 56 节,由此可见第 56 节也应包含对人管辖权的规定。对此,最高法院不予认可。因为如果这样理解,那么 1888 年美国《司法法》的含义就会变成原告既可以在原告所在地起诉,也可以在被告所在地起诉。也就是说,原告可以硬拽着被告在原告所在地的法院提起诉讼,即使被告与该地没有任何联系。这显然是错误的。

第 56 节第二句规定,联邦法院和州法院对本章规定的事项均有管辖权——并行管辖权(concurrent jurisdiction)。两位原告认为该句将第一句中赋予联邦法院的对人管辖权延伸至各州法院。联邦最高法院则认为,第 56 节第一句并未赋予联邦法院对人管辖权,而第二句规定的是对事管辖权也非对人管辖权。国会增加此项并行的对事管辖权是为了明确各州法院对依据《联邦雇主责任法》提起的诉讼也有管辖权,该事项管辖权并不限定于联邦法院。而且,正如州最高法院的异议法官麦金农(Mckinnon)指出的那样,“并行管辖”是国会和法院长期使用且众所周知的专指“对事管辖”的术语,并非对人管辖的术语。

因此,联邦最高法院否定了州最高法院认为各州法院可以通过第 56 节获得对人管辖权的观点。

4. 州法院既无对人管辖权,也无一般管辖权

蒙大拿州最高法院还提出,州法院可以通过《蒙大拿州民事诉讼程序规定》(以下简称《民诉规定》)享有对人管辖权,因为根据《民诉规定》,州法院对该州境内的所有人均有对人管辖权。但是,联邦最高法院认为此种行径有违美国联邦宪法第十四修正案中的“正当程序条款”(Due Process Clause),即未经正当法律程序,不得剥夺任何人的生命、自由或财产。

在国际鞋业公司诉华盛顿州案[1]中,联邦最高法院认定州法院可以对不在州内的被告实施对人管辖权,但要求该州与被告有最低联系(minimum contact)。如此,诉讼才不会违反公平和实质正义原则,这也是正当程序条款的要求。本案中纳尔逊和提利尔所主张的工伤与蒙大拿州并无联系,所以蒙大拿州法院对本案并无具体管辖权(specific or case-linked jurisdiction),因而本案的争议焦点在于州法院实施一般管辖(general jurisdiction,亦称为"普遍管辖")是否适当。

对此,戴姆勒股份公司诉鲍曼案[2]是阐述一般管辖的经典判例,适用于各州法院对非居民被告实施一般管辖的情形。该案认定,一州法院受理对其他州或他国公司提起的诉讼的前提是,该公司与该州之间具有的持续性或系统性关联(continuous and systematic affiliations),导致该公司像实质上位于该州一样(at home in the forum State)。此处的"位于该州"(at home)主要是指公司注册地或主要营业地在该州,但是也有例外。如果一公司在该州的运营非常重要使该公司实质上像位于该州一样,该州法院也可获得一般管辖权。在本案中,BNSF公司的注册地和主营业地都不在蒙大拿州,BNSF公司的商业运营与该州也没有深度关联,因而不得视BNSF公司为"位于"该州(at home)。

总之,因为两原告所主张的工伤与BNSF公司在蒙大拿州的商业活动并无关联,该州法院既不享有对人管辖权,也不享有一般管辖权。

基于上述理由,联邦最高法院认定蒙大拿州法院对此案不具有管辖权,裁定撤销判决,发回重审。

---

〔1〕 International Shoe Co. v. Washington,326 U. S. 310(1945).

〔2〕 Daimler AG v. Bauman,571 U. S. ___(2014).

1.01.004 TC 哈特兰德公司诉卡夫食品集团品牌公司 TC Heartland v. Kraft Foods Group Brands ——一次对“专利流氓”的沉重打击

原 案 名:TC Heartland LLC v. Kraft Foods Group Brands LLC

判决日期:2017 年 5 月 22 日

案　　号:16 – 341

判决原文:https://www.supremecourt.gov/opinions/16pdf/16 – 341_8n59.pdf

主　　笔:托马斯大法官(除戈萨奇大法官未参与本案的审理与判决外,其余所有大法官均附议)

判决主旨:专利诉讼管辖条款是一项专门适用于专利诉讼的独立规定,其内容不受一般诉讼管辖条款的影响,也不因一般诉讼管辖条款的变动而变动。在专利诉讼中,被告公司住所地为公司注册地,管辖法院应依此确定。

判决译述

1.美国法律中的专利诉讼管辖条款

本案焦点是对美国专利诉讼管辖的争议。先看一下美国法律中专利诉讼管辖条款的“前世今生”:

(1)1897 年专利诉讼管辖法令

美国法律中的诉讼管辖条款最初源自 1789 年的《司法条例》,当时的诉讼管辖条款适用于包括专利诉讼在内的所有民事诉讼。1897 年,随着专利诉讼的增多,美国国会通过了一条专门适用于专利诉讼的管辖法令,该法令即《美国联邦法典》第 28 编第 1400(b)节的前身。该法令允许"专利权人在被告住所(inhabit)地或侵权行为发生且被告在此有长期固定的营业场所的地点,起诉侵权人"。当时公司"住所地"被认为公司注册地。

1942 年,美国联邦最高法院在人造花岗石产品公司诉梅尔文·劳埃德公司案[1](以下简称人造花岗石案)中明确了上述法令的适用范围:它是规范专利侵权诉讼管辖的唯一条款,并不受一般管辖条款的补充或修正。

(2)独立的专利诉讼管辖条款:第 1400(b)节

1948 年,美国国会对诉讼管辖条款进行了重新汇编。首先,国会通过了作为一般诉讼管辖条款的《美国联邦法典》第 28 编第 1391 节。该条款对涉诉被告公司的"住所地"做出了普遍性的定义,该条文又在之后经历了两次修改,其具体内容将在后文详述;其次,国会结合上文所述的 1897 年法令,将其编入《美国联邦法典》第 28 编第 1400(b)节,至此《美国联邦法典》中的专利诉讼管辖条款诞生。该条款除将原法令中的"inhabits"改为"resides",其他内容保持原状,至今都没有变动。

1957 年,在福科玻璃公司诉 Transmirra 制品公司案[2](以下简称福科案)的判决中,联邦最高法院阐明了专利诉讼的管辖问题:首先,人造花岗石案的判决被重新确认,第 1400(b)节代替 1897 年法令,成为一项专门针对专利诉讼的独立的诉讼管辖条款;其次,尽管第 1391 节中包含了"所有诉讼"等字眼,但没有证据表明 1948 年的重新汇编旨在改变既定的专利诉讼管辖的规定;最后,联邦最高法院也确认了在现有《美国联邦法典》第 28 编第 1400(b)节中的"resides"与早期 1897 年法令中的"inhabits"的含义一致,皆指公司注册地。

(3)"颠覆"专利诉讼管辖独立性的法律修正案

1988 年和 2011 年,国会先后两次通过了有关《美国联邦法典》第 28 编第 1391 节的修正案。修改后的该法典第 1391 节表述为:"除非法律另有规定,该条款应适用于所有在地区法院提起的民事诉讼","在确定民事诉讼管辖地时,受理诉讼的地区法院对被告公司有对人管辖权即可认为该被告公司'居住'(reside)于此地"。

---

〔1〕 Stonite Products Co. v. Melvin Lloyd Co. ,315 U. S. 561 ,563(1942).

〔2〕 In Fourco Glass Co. v. Transmirra Products Corp. ,353 U. S. 222 ,226(1957).

在VE控股公司诉约翰逊燃气设备公司案[1](以下简称VE案)中,联邦巡回上诉法院认为,国会的修正案强调了第1391节将“适用于所有民事诉讼”,因此相同章节下所有的诉讼管辖条款,包括第1400(b)节,都应根据第1391节所确立的定义加以调整和补充。即专利诉讼中的被告公司“住所地”,也应为“对被告具有对人管辖权的地区”。

综合上述分析,专利诉讼中被告公司的“住所地”对于判断法院的管辖权具有重要意义。而《美国联邦法典》第28编第1400(b)节和第1391节的修正案都对“住所地”作出了规定,解释这个概念时究竟应依据哪一条便成了一个棘手的问题。

专利诉讼管辖条款第1400(b)节的独立性是否真的被国会的修正案所“颠覆”了呢?

2. 特拉华州地区法院是否具有管辖权

本案的原告——美国卡夫食品集团品牌公司(Kraft Foods Group Brands LLC,以下简称卡夫公司)是全球第二大食品公司,其四大核心产品系列为咖啡、糖果、乳制品及饮料;被告TC哈特兰德公司(TC Heartland LLC,以下简称TC哈特兰德公司)专门生产混合饮料,是卡夫公司的同业竞争者。卡夫公司在经营过程中发现TC哈特兰德公司的产品侵犯了他们的一项专利,决定起诉后者。

卡夫公司将起诉地选在特拉华州,理由是,虽然TC哈特兰德公司依照印第安纳州的法律设立,且总部设在印第安纳州,但该公司的侵权产品运往特拉华州销售,特拉华州地区法院对被告拥有“对人管辖权”。依照上述第1391节规定,特拉华州便可视为被告公司的住所地,特拉华州法院也就顺理成章地拥有对本案的管辖权。

在诉讼中,TC哈特兰德公司通过援引《美国联邦法典》第28编第1400(b)节中有关专利诉讼管辖权的专门规定和福科案的判例,对特拉华州地区法院的管辖权表示质疑,并要求将案件移送至印第安纳州的南区法院。特拉华州地区

---

[1] VE Holding Corp. v. Johnson Gas Appliance Co., 917 F. 2d 1574(1990).

法院拒绝了 TC 哈特兰德公司的转案请求。

TC 哈特兰德公司不服特拉华州地区法院的决定，将本案上诉至联邦巡回上诉法院。联邦巡回上诉法院基于其在 VE 案中的先例，认为福科案判决中对第 1400(b) 节的解释已经被国会在此案判决作出后对第 1391 节的修正案所修改，因此，被告公司的"住所地"(residence) 应依照第 1391 节来确定。所以，联邦巡回上诉法院承认了特拉华州地区法院对该案的管辖权，并驳回被告 TC 哈特兰德公司的转案请求。

TC 哈特兰德公司一怒之下将此案诉诸联邦最高法院。

3. 最高法院：公司住所地仍旧由第 1400(b) 节决定

美国联邦最高法院推翻了联邦上诉法院在 VE 案中的意见。联邦最高法院认为，专利诉讼管辖条款第 1400(b) 节中被告公司"住所地"的定义已经在福科案中得以确认，并且国会对该条文至今没有修正，也从未有人请求过联邦最高法院复审福科案的判决意见。因此，判断"住所地"的含义是否改变的关键在于，国会修改一般诉讼管辖条款第 1391 节时是否同时修改了第 1400(b) 节的内容。

联邦最高法院认为，该问题需要从以下三个方面进行分析：

(1) 国会是否有清晰的修改意图

通常情况下，如果国会有修改法律的意图，必须在新修的法规中有清晰的表达，但在当前版本的第 1391 节中却难以发现此类表达。联邦最高法院认为，虽然第 1391 节旨在为"所有诉讼管辖"提供一种"缺省规则"(default rule)，但该表述与福科案判决时考察过的原第 1391 节并无实质性的差异，所以应继续适用福科案判决中的解释——第 1400(b) 节是一项独立的诉讼管辖条款，不受一般诉讼管辖条款中"缺省规则"的影响。

(2) 新增的保留条款明确了福科案判决中的暗示

联邦最高法院认为，经过两次修正之后的第 1391 节中包含了一条保留条款，即"法律另有规定"时第 1391 节不再适用。然而在福科案判决之时，在原第 1391 节并没有任何保留或例外条款的情况下，联邦最高法院依然认可了第 1400(b) 节的独立性。若依此逻辑，第 1400(b) 节显然属于一种"另有规定"，而结论便是专利诉讼管辖问题应当适用特殊法条第 1400(b)节而非普遍的第 1391 节。可以说,国会在新修第 1391 节时肯定考虑到了福科案判决中的意见,通过增加保留条款的方式明确了福科案中暗示的规则。

被告认为保留条款规定在第 1391(a)节,而有关"住所地"的定义是在第 1391(c)节中规定的,因此保留条款不影响第 1391(c)节的效力。联邦最高法院反驳了这一观点,第 1391(a)节中明确指出,保留条款适用范围是整个第 1391 节(the entire section)。

(3)国会是否在修正案中批准了 VE 案的判决意见

国会在 2011 年对第 1391 节进行修改时,仅仅是删掉了原条文中"在本条款内"的语句,且新旧版本内容基本保持一致。可以说,该条文的修改并未表明国会批准了联邦上诉法院对 VE 案的判决意见。

最高法院认定国会对第 1391 节的修改并没有改变福科案里解释的第 1400(b)节的含义,第 1400(b)节仍是规范专利诉讼管辖问题的唯一条款。因此,在专利诉讼中,被告公司的"住所地"仍仅仅是指公司注册地。

4. 判决结果

最终,联邦最高法院撤销了联邦上诉法院的判决,发回下级法院,按照联邦最高法院的意见重新审理。

由于本案被告公司的"住所地"在印第安纳州而非特拉华州,特拉华州的地区法院对该专利诉讼没有管辖权。联邦最高法院的意见相当于肯定了 TC 哈特兰德公司的主张,认可了其转案请求。此判决在一定程度上打击了滥用"择地起诉"(forum shopping)的"专利流氓"行为,使之无法在明显偏向专利权人的州地区法院大肆起诉。

1.01.005 派瑞诉奖惩系统保护局
Perry v. Merit Systems Protection Board
——联邦政府公务员的人事纠纷由哪个法院管辖?

原 案 名:Anthony W. Perry v. Merit Systems Protection Board

判决日期:2017 年 6 月 23 日

案　　号:16 - 399

判决原文:https://www.supremecourt.gov/opinions/16pdf/16-399_5436.pdf

主　　笔:金斯伯格大法官(首席大法官罗伯茨、大法官肯尼迪、布雷耶、阿利托、索托马约尔、卡根附议;戈萨奇大法官撰写了异议意见,托马斯大法官附议)

判决主旨:奖惩系统保护局(Merit Systems Protection Board)的行政法官审理的案件,若涉及联邦雇员受到歧视,且因缺乏权限审理而驳回起诉的,属于混合案件(Mixed Case),应由联邦地方法院而非上诉法院管辖。

判决译述

1. 虚报工时惨遭开除,协议和解转而投诉

2005 年左右,在美国人口普查局工作的安东尼·派瑞(Anthony Perry)患上了骨质疏松症。饱受病痛折磨的派瑞与其上司达成了一个私下协议:派瑞可以根据情况在需要休息时中断工作,只要之后补齐工作时间即可,不会因此受到处罚。然而 2011 年 6 月 7 日,派瑞却被人口普查局以虚报工时为由开除。

派瑞针对该处分行为向平等就业机会委员会(Equal Employment Opportunity

Commission)申诉。后来人口普查局与派瑞达成和解:只要他撤回向平等就业机会委员会提起的申诉,就允许他暂停工作 30 天并提前退休。

根据和解协议的安排顺利退休后,派瑞的确没有再向平等就业机会委员会提出诉请,但他转身却向奖惩系统保护局(Merit Systems Protection Board)申诉,宣称自己在人口普查局受到了基于种族、年龄、残疾的歧视,而且之前的申诉也使他受到了来自人口普查局的报复,双方的和解协议也是被迫签订的。

美国 1978 年的《公务员改革法》(Civil Service Reform Act,CSRA)建立了一套用来判断联邦雇员人事申诉案件的评估体系。奖惩系统保护局有权审理特定的联邦雇员人事案件,如涉及将公务员开除、降级或减薪的申诉案件,涉案公务员可以向奖惩系统保护局申诉。

2. 和解协议自愿签署,行政法官无意管辖

派瑞退休后向奖惩系统保护局申诉,宣称自己受到的处罚均因遭受种族、年龄、残疾等歧视而导致。至于他与人口普查局签订的协议,派瑞认为该协议是在人口普查局的胁迫之下签署的,因而无效。

然而,奖惩系统保护局的行政法官认为,派瑞没能证明"和解协议是在人口普查局的胁迫之下签署的",因此只能认定该和解协议属于自愿签署,而对于自愿签署协议的案件的审理,超出了保护局权限,因此驳回派瑞的诉请。

奖惩系统保护局维持了行政法官的意见,根据行政法官的认定,认为由于和解协议被视为自愿签订,派瑞的申诉根本就不属于《美国联邦法典》第 5 编第 7702(a)(1)节规定的可以由保护局管辖的案件。虽然驳回了派瑞的申诉,驳回意见同时指出,对于保护局作出的驳回裁决,派瑞可以向联邦巡回上诉法院寻求救济。

3. 既涉程序又涉实体,两级法院谁来管辖

于是,派瑞向华盛顿特区巡回上诉法院提交了诉状,将奖惩系统保护局告上法院。双方随后均认同该法院缺乏管辖权,要求更换至有管辖权的法院,但是在哪一家法院有管辖权的问题上,双方却有不同的看法:派瑞觉得打一次官

司就够了，主张将案件转移至联邦地区法院；政府一方则主张本案应当分开诉讼——有关奖惩系统保护局的管辖权限问题应向联邦巡回上诉法院起诉，而有关反歧视问题则应向联邦地区法院起诉。

《美国联邦法典》第5编第7703(b)节与克劳克纳诉索利斯案[1]（以下简称克劳克案）在对奖惩系统保护局的裁决结果进行司法审查问题上确立了以下规则：

第一，如果雇员所主张的权利仅仅是CSRA规定的一般行政事由（程序事项），那么联邦巡回上诉法院有权审查奖惩系统保护局的裁决争议；

第二，如果雇员所主张的权利涉及联邦反歧视法的实质内容，则应由联邦地区法院对其进行司法审查。

当一个案子既涉及一般行政事由（程序性事项），又涉及反歧视法的实体内容，那么这个案子就是混合案件（mixed case）。根据克劳克案的精神，混合案件应当由联邦地区法院审理。

本案恰巧就是这么一个混合案件，按照上述规则，应当由联邦地区法院审理。但是，华盛顿特区巡回上诉法院却根据另一个判例鲍威尔诉国防部案[2]的精神，将案件转给了联邦巡回上诉法院。华盛顿特区巡回上诉法院认为，本案与克劳克案不同，讨论的并非程序问题，而是有关奖惩系统保护局的管辖权限问题，因此不受克劳克案的影响，应由联邦巡回上诉法院审理。

为此，派瑞上诉到美国联邦最高法院。

4. 混合案件涉嫌歧视，地区法院理当管辖

联邦最高法院的大法官们明确：首先，根据克劳克案，混合案件应当由联邦地区法院审理。其次，大法官们重申了混合案件的定义：只要联邦雇员受到的人事处罚，严重到需要奖惩系统保护局审理的程度，且该人事处罚可能源于歧视，那么该诉讼案件就属于混合案件。

鉴于此，大法官们认定，本案就是一起混合案件，应当由联邦地区法院

---

〔1〕 Kloeckner v. Solis, 568 U. S. 41, 46(2012).

〔2〕 Powell v. Department of Defense, 158 F. 3d 597, 598(1998).

审理。

大法官们驳回了被告政府的观点,认为有关保护局管辖权限的判决属于选择实体性判决还是程序性判决的问题,被告政府的理论甚至都不能自圆其说。在克劳克案中,政府曾认为此类案件不应分案诉讼,但在本案中却转变立场,认为应当分案诉讼。[1]

其实,奖惩系统保护局的管辖权限问题有时既存在于程序问题中,又存在于实体问题中,因此保护局管辖权限问题与案件实体及程序问题的区分其实并不明显,有时还会重叠。因此,在实际操作上,这种区分方式是不现实的,而且这种区分方式衍生的平行诉讼(parallel litigation)的做法还将破坏 CSRA 确立的司法审查完整性的原则。

基于以上理由,联邦最高法院得出了结论:(1)如果案件是由奖惩系统保护局作出的裁判,且仅仅基于 CSRA,那么本案应由联邦巡回法院审理;(2)如果混合案件的部分或全部涉及反歧视法,那么应由地区法院审理。

联邦最高法院撤销上诉法院的判决,发回下级法院,按照联邦最高法院的意见重审。

---

〔1〕 金斯伯格大法官还特意用脚注注明:政府如此转变立场已经不是一次两次了。

1.01.006 弗吉尼亚州诉勒布朗 Virginia v. LeBlanc ——联邦法院与州法院之间的权力平衡

原 案 名:Virginia et al. v. Dennis LeBlanc

判决日期:2017 年 6 月 12 日

案　　号:16 - 1177

判决原文:https://www.supremecourt.gov/opinions/16pdf/16-1177_m648.pdf

主　　笔:隐名(本判决为"*Per Curiam*",是指"全体法官一致意见"判决,这种判决没有署名,代表整个法院的立场。本案中金斯伯格大法官还撰写了协同意见)

判决主旨:联邦法院在审查州法院的判决时,除非州法院的判决"不仅是错误的,而且是明显不合理的",否则不应轻易推翻州法院的判决。州法院的司法权力,以及州政府对于州内的重刑犯的惩罚权力都应当被尊重。

判决译述

1. 少年重刑犯与美国假释制度

20 世纪 90 年代,弗吉尼亚州废除了重刑犯的假释制度,以"老囚释放计划"取而代之。"老囚释放计划"规定,只有年满 65 周岁且服刑 5 年以上,或年满 60 周岁且服刑 10 年以上的重刑犯,才能向假释委员会申请有条件释放。也就是说,犯了重罪的年轻人不能申请假释。

1999 年 7 月 6 日,16 岁的勒布朗(Dennis LeBlanc)强奸了一名 62 岁的女

性。弗吉尼亚州法院在2003年判处其终身监禁。20岁的勒布朗开启了漫长的坐牢生涯。

2010年,联邦最高法院就格雷厄姆诉佛罗里达州案[1](以下简称格雷厄姆案)作出判决,认为根据美国宪法第八修正案,对那些犯下杀人罪以外的重罪的青少年犯,不能在判处他们终身监禁的同时还剥夺他们获得假释的机会。大法官们认为,"虽然州政府没有义务为犯下杀人罪以外重罪的青少年犯提供自由,但如果这些青少年犯能够证明自己已变得成熟且洗心革面,州政府应当给他们提供假释机会"。

吃了7年牢饭的勒布朗看到格雷厄姆案的判决后,心里燃起了提前走出监狱的希望,看来不用等到七老八十,再去申请"老囚释放计划"了。他旋即向弗吉尼亚州法院提出申请,希望能像格雷厄姆那样早日获得假释。

2. 申请假释在州法院碰壁

然而,弗吉尼亚州法院认为,本州的"老囚释放计划"和格雷厄姆案所确立的给予青少年犯假释机会的要求并不冲突,因此勒布朗得按照"老囚释放计划",直到60周岁才能申请假释,便驳回了勒布朗的申请。勒布朗不服,向弗吉尼亚州最高法院提起上诉,但还是碰了一鼻子灰,他的假释申请没有得到支持。

勒布朗没有灰心,翻出了《1996年反恐怖主义及有效死刑法》(the Antiterrorism and Effective Death Penalty Act of 1996,AEDPA)的规定——如果州法院的判决违反了联邦法或者适用联邦法律不当,各州被关押的囚犯可以向联邦法院提起人身保护程序。

于是在2012年,他向联邦地区法院提起了人身保护请求。

3. 申请假释在联邦法院一波三折

联邦弗吉尼亚东部地区法院认为,任何一个有公心的法律专业人士都会认同州法院的裁判与格雷厄姆案的观点有冲突,因此地方法院支持了勒布朗的请

---

〔1〕 Graham v. Florida,560 U. S. 48(2010).

求。州政府提起上诉。

第四巡回上诉法院维持原判,认为弗吉尼亚州的“老囚释放计划”并不能向符合条件的青少年重刑犯提供有意义的假释,因而该计划是对格雷厄姆案所确定的法律规则的不当适用。因此,勒布朗应当可以申请假释。

未曾料到剧情会如此反转的弗吉尼亚州政府向联邦最高法院提起了上诉。

4. 州法院的判决应当尊重

联邦最高法院认为,根据 AEDPA 申请人身保护,应当满足非常严格的证明标准——即要证明州法院的裁决“不仅是错误的,而且是明显不合理的”。甚至如果州法院的判决“明显有误”都不足以让联邦最高法院推翻州法院的判决。[1] 因为只有将证明标准设立得很高,才能保证地方法院在审理案件时的独立性。

大法官们认为,第四巡回上诉法院在作出判决的过程中,没有正确适用 AEDPA 确立的审查标准,即“明显不合理的标准”。另外,由于弗吉尼亚州的“老囚释放计划”所设定的方案在格雷厄姆案中并没有涉及,因而州法院认定两者不存在冲突并无不妥。而且,格雷厄姆案并未涉及“老囚释放计划”与联邦宪法第八修正案之间的冲突问题,因此也就不存在州法院判决对此存在错误的情况。

综上,大法官们认为,弗吉尼亚州法院的判决不存在“明显不合理”的情况,因此,联邦法院不可随意推翻。另外很重要的是,在适用 AEDPA 的人身保护令时,州政府有权对罪犯进行惩罚,惩罚的权力不应被不当干扰,州法院的权力同样也不应受干扰。

总之,在本案中,联邦最高法院更关注联邦法院和州法院之间的权力平衡,避免联邦法院过多干预州法院的司法权力。最终联邦最高法院撤销了巡回上诉法院的判决,被告没能得到人身保护令。

也就是说,16 岁犯下强奸罪的勒布朗,至少要等到 60 岁以后才可能通过“老囚释放计划”申请假释,那已经是 2043 年以后的事了。

---

〔1〕 原文:In order for a state court's decision to be an unreasonable application of this Court's case law, the ruling must be “objectively unreasonable, not merely wrong; even clear error will not suffice”。

联邦法与州法之间的冲突

1.02.001 密苏里州考文垂医疗保健公司诉内维尔斯 Coventry Health Care of Missouri v. Nevils ——联邦法与州法之间的冲突

原 案 名:Coventry Health Care Of Missouri, Inc. , FKA Group Health Plan, Inc. v. Nevils

判决日期:2017 年 4 月 18 日

案　　号:16 – 149

判决原文:https://www. supremecourt. gov/opinions/16pdf/16 – 149_6jfm. pdf

主　　笔:金斯伯格大法官(所有大法官一致同意;托马斯大法官撰写了协同意见;戈萨奇大法官未参与本案的审理与判决)

判决主旨:美国宪法中的“最高法律效力条款”规定,联邦宪法、联邦制定法以及国际条约是国家的最高法律,各州均不得违反。若联邦法与州法之间发生冲突,必须适用联邦法。

判决译述

1. 联邦政府为雇员买保险却不允许双重赔付

为解决联邦政府雇员的保险问题,美国国会于 1959 年制定了《联邦雇员健康福利法》(the Federal Employees Health Benefits Act of 1959, 以下简称《雇员福利法》),授权人事管理局与若干私人保险公司签订合同,由后者为联邦雇员提供保险计划。密苏里州的考文垂医疗保健公司(Coventry Health Care of Missouri, 以下简称考文垂公司)就是其中之一。

为确保这部联邦法能顺利实施,且不受州法的干扰,《雇员福利法》的第8902(m)(1)节明确规定其优先于各州的法律,该条大意为:在依据本法与私人保险公司签订的合同中,凡与保险范围、福利的性质、提供或幅度相关(relate to)的条款,均超越并优先于各州或地方颁布的与健康保险相关的法律法规。

话说人事管理局与考文垂公司签订的合同中约定了"代位求偿权"(subrogation)和"偿还请求权"(reimbursement)。前者是指一旦被保险人获得了保险公司的赔付,其向责任方索赔的权利就转移给保险公司,以便保险公司向责任方索赔。后者是指倘若被保险人通过起诉侵权人等方式另行取得赔偿,则应将保险公司支付的相关费用偿还给保险公司。总之,不允许被保险人获得双重赔付。

2. 密苏里州的法律允许双重赔付

内维尔斯(Nevils)曾任职于美国联邦政府,因此加入了考文垂公司的保险计划。后来他在一起交通事故中受伤,考文垂公司帮他支付了医疗费。之后,内维尔斯又把肇事司机告上法庭,另外获得了一笔赔偿——所以说内维尔斯得到了双重赔付。

如前所述,人事管理局和考文垂公司签订的合同中约定了"代位求偿权"和"偿还请求权",也就是说,本来应该由考文垂公司在赔付之后向肇事司机索赔,要是内维尔斯自行索赔了,就要把考文垂公司先行支付的钱还给它。于是,考文垂公司就其先行支付的6592.24美元向内维尔斯主张留置权(lien)。内维尔斯无奈之下只好偿还了该笔款项。

不过,他经过研究发现密苏里州的法律禁止"代位求偿权"和"偿还请求权"。也就是说,根据该州的法律,保险公司在赔付后不得代被保险人之位向责任方追偿;被保险人获得保险公司赔付后又在别处获得赔偿的,也不用偿还保险公司先行支付的费用。于是,他向州法院起诉考文垂公司,要求退还6592.24美元。

让我们厘清一下思路:密苏里州的法律不允许保险公司拥有"代位求偿权"和"偿还请求权",然而联邦政府与保险公司签订的合同中有这两项权利,并且背后还有联邦法律《雇员福利法》的支持[该法第8902(m)(1)节规定,在依据该法与保险公司签订的合同中，凡与保险范围与福利的性质、提供或幅度相关的条款，均超越并优先于各州或地方颁布的与健康保险相关的法律法规]。

那么问题来了：相互矛盾的州法和联邦法哪个说了算？

3. 州法与联邦法的博弈

初审法院觉得联邦法律规定得这么明确，当然得遵守，于是直接通过即决程序（无须陪审团判定事实的程序）作出判决，支持被告考文垂公司的主张，也就是内维尔斯不应得到双重赔付。州上诉法院维持原判。

然而，当案子上诉到密苏里州的最高法院时，情况发生了逆转。州最高法院认为州法大于联邦法，于是推翻了原审判决，根据州法，允许双重赔付，考文垂公司无权向内维尔斯讨回那笔钱。于是，考文垂公司上诉到联邦最高法院。

考文垂公司运气不错，因为就在提起上诉申请的过程中，人事管理局颁布了有关“偿还请求权”和“代位求偿权”的新规定，明确了保险公司依据《雇员福利法》的合同所取得的“偿还请求权”和“代位求偿权”属于该法第8902（m）（1）节的调整范围。于是联邦最高法院允许了调卷申请，经过讨论，撤销了州最高法院的判决，要求其根据新颁布的规定重审此案。

然而密苏里州最高法院不为之所动，仍然坚持此前的判决，认为该法第8902（m）（1）节有多种看似合理的解释，国会想让联邦法律的规定优先于州法的立法目的不够明确，因此采纳了“推定联邦立法不优先”原则（presumption against preemption，即除非国会在立法时作出明确、清晰的规定，否则推定州所拥有的历史性政策制定权不能被联邦法律所取代），认为联邦法律规定没有优先效力。同时，州最高法院的多数法官还认为第8902（m）（1）节违反了联邦宪法中的“最高法律效力条款”（Supremacy Clause）。

“最高法律效力条款”是联邦宪法中的一个冲突法条款，规定联邦宪法、联邦制定法以及国际条约是国家的最高法律，各州均不得违反；若联邦法与州法之间发生冲突，必须适用联邦法。然而，密苏里州最高法院认为，“最高法律效力条款”只允许联邦法优先于州法，并未允许联邦政府与私主体签订的合同条款优先于州法；因此，第8902（m）（1）节将优先效力赋予合同条款违反了“最高法律效力条款”。

由于问题已经上升到宪法中的“最高法律效力条款”了,联邦最高法院再次授予了调卷令。

4. 联邦法完胜州法

联邦最高法院认为,“代位求偿权”和“偿还请求权”与福利的支付(payment)有关。当保险公司行使“代位求偿权”或“偿还请求权”时,它有权要求保险受益人或第三人支付其垫付的款项。国会立法时采用了“相关”(relate to)一词,要表达的正是联邦法所具有的广义上的优先效力,即只要与立法所列举的事项有关的内容,联邦法都具有优先效力,不应采取限缩性解释。

至于第 8902(m)(1)节是否违反了宪法的“最高法律效力条款”,内维尔斯援引了帝国健康选择保险公司诉麦克维案,[1]认为“代位求偿权”和“偿还请求权”并不在第 8902(m)(1)节列举的事项范围内,在联邦法没有明确规定的情况下,根据“推定联邦立法不优先”原则,州法应优先适用。而对于这个问题,联邦最高法院则认为,排除州法适用的是第 8902(m)(1)节本身,而非合同条款。许多其他的联邦成文法在规定联邦法律有优先效力时也是以这种方式,即先规定一个广泛的优先权,后将具体优先事项留给合同条款约定,如《雇员退休收入保障法》和《联邦仲裁法》均如此。虽然国会对该条的表述可能与其他优先条款的表述有所不同,但法律并没有要求国会要遵照某一特定语言公式,而且该条非常明确地表示了联邦法优先适用的立法目的。因而,第 8902(m)(1)节并没有违反宪法的“最高法律效力条款”。也就是说,联邦法律完胜密苏里州的法律。

最后,联邦最高法院撤销了密苏里州最高法院的判决,发回重审,且须按照最高法院的意见进行审理。这一次,密苏里州最高法院怕是不能再固执己见了,而本案的原告内维尔斯也不能把 6000 多美元追回了。

说实话,被撞伤后的医药费已经由保险公司赔付了也就可以了,过失侵权法的主旨也就是赔偿损失——总不能把意外横祸变为飞来横财吧。

---

〔1〕 Empire Health Choice Assurance, Inc. v. McVeigh, 547 U. S. 677, 682(2006).

二

上下级法院的关系

1.03.001 麦克莱恩公司诉平等就业机会委员会 McLane v. Equal Employment Opportunity Commission ——上诉审查的标准

原 案 名: McLane Co. Inc. v. Equal Employment Opportunity Commission

判决日期: 2017 年 4 月 3 日

案　　号: 15 – 1248

判决原文: https://www.supremecourt.gov/opinions/16pdf/15-1248_new_o7jp.pdf

主　　笔: 索托马约尔大法官(首席大法官罗伯茨、肯尼迪、托马斯、布雷耶、阿利托和卡根大法官附议;金斯伯格大法官另行撰写部分附议、部分异议意见)

判决主旨: 就地区法院强制执行行政传票的判决,上诉法院的审查应采地区法院是否滥用裁量权标准,而非重新审查标准。

判决译述

1. 女员工产后体能下降被辞退

麦克莱恩公司(McLane Co. Inc.)是一家供应链服务公司,该公司员工需要包装和搬运装满物品的大箱子。因为这份工作对体能要求非常高,所以公司对所有员工——包括新员工和修完病假准备复工的员工——进行定期体检。

达米安娜·奥乔亚(Damiana Ochoa)在麦克莱恩公司工作了 8 年后休了 3 个月产假。2017 年产假结束她回来上班,但是连续 3 次都没能通过公司的体检,因此被公司解雇。

奥乔亚随即根据《1964 年民权法》第 7 编(Title VII of the Civil Rights Act of 1964)指控麦克莱恩公司性别歧视,平等就业机会委员会(Equal Employment Opportunity Commission,EEOC)遂对此展开调查。

2. EEOC 要求公司提供员工背景信息被拒绝

在 EEOC 的要求下,麦克莱恩公司提供了关于员工体检的一些基本信息,包括体检的员工名单。该名单不显示员工姓名,但包含了每个员工的性别、公司职务、体检结果以及被要求进行体检的理由。

但是 EEOC 并不满足于这份匿名的员工名单,它要求麦克莱恩公司提供参加体检的员工的"背景信息",包括姓名、社会安全号码、地址及电话号码。麦克莱恩公司拒绝提供这些"背景信息"。EEOC 后来得知麦克莱恩公司在全国范围内都要求某些员工进行体检,便将调查的地理范围扩大到麦克莱恩公司在全美的营业场所,又将调查的实质性范围扩大到年龄歧视上。EEOC 根据《美国联邦法典》第 42 编第 2000e -9 节向麦克莱恩公司发出传票,勒令其递交与新调查相关的背景信息。

然而,麦克莱恩公司仍然拒绝递交该等信息,无奈之下 EEOC 只能在联邦地区法院提起两个诉讼,一个诉讼基于奥乔亚的性别歧视指控,另一个诉讼基于 EEOC 自己提出的年龄歧视指控。希望通过这两个诉讼,由地区法院来强制要求麦克莱恩公司执行 EEOC 向其发出的行政传票,向 EEOC 提供所要求的背景信息。

地区法院法官在听证后拒绝了 EEOC 的要求,认为背景信息与两个指控并没有"关联",因为"知道员工的名字,哪怕之后对他/她进行了访谈,了解这些信息并不会帮助 EEOC 弄清楚体检是否被麦克莱恩公司用作歧视员工的一个工具"。后 EEOC 上诉到联邦第九巡回上诉法院。

3. 上诉法院审查标准不一

一般美国上诉法院审查下级法院的判决有两个不同的标准:一个是重新审查标准(*de novo*);另一个是滥用裁量权标准(abuse of discretion)。后者仅仅审查下级法院在作出判决时是否滥用了其权力，如果没有滥用，则上诉法院不对案件进行重新审查。

针对本案，第九巡回上诉法院采用了重新审查标准，认为地区法院错误地判断了背景信息与指控之间的关联性，因此推翻了原判，认为 EEOC 的传票可以强制执行，亦即可以强制要求麦克莱恩公司向 EEOC 提供参与体检的员工的背景信息。

但是第九巡回上诉法院的合议庭在判决的脚注中提出了一个疑问：为什么本院要适用重新审查标准？综观其他巡回法院的判决，它们似乎仅审查地区法院在强制执行或撤销行政传票的判决时是否滥用了裁量权。

由于各上诉法院对地区法院有关执行 EEOC 传票的判决应适用哪种审查标准存在较大争议，且麦克莱恩公司就此提起了上诉，故美国联邦最高法院受理了此案。

4. 重新审查，还是审查滥用裁量权

联邦最高法院主要考虑了两个因素：

首先，上诉法院长期的做法都是审查地区法院强制执行或撤销行政传票的判决是否滥用了裁量权。这种做法比《1964 年民权法》第 7 编的规定更早出现。

与《国家劳工关系法》（the National Labor Relations Act，NLRA）授予美国全国劳资关系委员会（National Labor Relations Board，NLRB）发出传票的权力一样，第 7 编授予了 EEOC 发出传票的权力。从 NLRA 的颁布到将 NLRB 的传票强制执行条款结合至第 7 编总共花了 30 年，每个上诉法院对地区法院强制执行 NLRB 传票的判决进行审查时，都认为应该适用裁量权滥用标准。而直至今日，几乎所有的上诉法院仍然非常统一地就地区法院强制执行 EEOC 传票的判决进行裁量权滥用审查。第九巡回上诉法院的审查方式确实与其他上诉法院的审查方式不同，该法院一般会适用更追根究底的审查方式。但联邦最高法院认为，第九巡回法院的这种特殊情况不具有普适性，应该以大部分上诉法院的长年实践为准来确定审查的适当标准。

其次，从机构能力的角度考虑，尊重性审查更为合适。法院一般是根据个

案事实而非一整套的法律法规作出是否强制执行 EEOC 传票的判决。在大多数案件中,地区法院对是否强制执行 EEOC 的传票作出判决时,需要考虑该证据与指控是否确实有关,或者该传票在本案中是否对雇主造成了过于繁重的负担。这两个因素都很适合地区法院运用它们的专业意见进行考虑。

从实际出发,对地区法院的判决进行裁判权滥用审查也较为可取。首先,地区法院在其他情境下有作出类似判决的丰富经验,使它们有了"直觉性的优势";其次,尊重性审查"通过将上诉法院从重新评估证据及重新考虑已经由地区法院评估过且考虑过的案件事实中解放出来,从而简化了诉讼流程"。这对于加速 EEOC 的调查来说非常重要。

综上所述,联邦最高法院认为,对地区法院的判决应该进行滥用裁量权审查。换句话说,各法院应该对地区法院就合理理由所作出的判决予以尊重。

因此,联邦最高法院推翻了上诉法院的判决,并发回重审。联邦最高法院指导上诉法院在重审过程中需要尽可能考虑 EEOC 索要的材料是否对麦克莱恩公司造成了过于沉重的负担。如果是,麦克莱恩公司或许无须提交背景信息。

1.03.002 博斯诉俄克拉何马州

Bosse v. Oklahoma

——谁来决定先例要不要遵循?

原 案 名:Shaun Michael Bosse v. Oklahoma

判决日期:2016 年 10 月 11 日

案　　号:15 – 9173

判决原文:https://www.supremecourt.gov/opinions/16pdf/15 – 9173_q86b.pdf

主　　笔:隐名(本判决为"*Per Curiam*",是指"全体法官一致意见"判决,这种判决没有署名,代表整个法院的立场;托马斯大法官撰写了协同意见,阿利托大法官附议)

判决主旨:只有联邦最高法院才能推翻自己的先例,其他法院不能推翻。

判决译述

1. 尚方宝剑 v. 免死令牌

肖恩·迈克尔·博斯(Shaun Michael Bosse)被指控于 2010 年杀害了卡特里娜·格里芬(Katrina Griffin)和她的两个孩子,俄克拉何马州初审法院判决他犯了 3 项一级谋杀罪。在量刑时,检方要求被害人的家属向陪审团作出量刑建议,法院依此判处博斯死刑。

博斯不服,向州刑事上诉法院提起上诉。他认为,允许被害人家属出具量刑建议违反了美国联邦宪法第八修正案,根据是联邦最高法院 1987 年的一个先例:布斯诉马里兰州案[1](以下简称布斯案)。

然而,检方认为这一先例已经被 1991 年联邦最高法院的另一先例佩恩诉田纳西州案[2](以下简称佩恩案)所推翻。

这就等于一方举起"尚方宝剑",另一方拿出"免死令牌"。由于两个案子都是联邦最高法院作出的,在遵循先例的美国司法制度下,应当遵循哪一个先例呢?让我们先厘清一下这两个先例。

2.1987 年布斯案[3]

1983 年,马里兰州居民、瘾君子布斯(Booth)伙同他人闯入 78 岁和 75 岁的邻居布朗斯坦夫妇家(Irvin Bronstein and Rose Bronstein)盗窃财物,目的是购买海洛因。因为是"吃窝边草",怕布朗斯坦夫妇日后指认出他来,于是一不做二不休,对着两位老人连捅数刀致其丧命,尸体两天后才被布朗斯坦夫妇的儿子发现。马里兰州初审法院判定布斯犯有两项一级谋杀罪、两项抢劫罪、一项合伙抢劫同谋罪,于是审判进入量刑阶段。

根据马里兰州的法律,检方向法院提交的有关重罪的量刑建议报告必须包含一项"对被害人的影响说明"(victim impact statement,VIS),陈述被告的罪行给受害人及其家庭所带来的后果。根据法律规定,在量刑阶段,既可以向陪审团宣读这份 VIS,也可以请受害人的家属到庭作证。于是,检方就约见了布朗斯坦的儿子、女儿、女婿和外孙女,提交的 VIS 中包括这些亲属做出的有关死者夫妇品行纯良的陈述,以及家庭成员因此而遭受的身体与情感损伤。

而布斯的律师则提出这些信息与量刑无关,且会不当煽动陪审团做出不利于被告的裁决,将其用于死刑案件违反了联邦宪法第八修正案的规定。(注:美国联邦宪法第八修正案规定:"不得要求过高的保释金,不得处以过重的罚金,不得施予残酷且不寻常的惩罚。")

初审法院不同意,于是布斯的律师退而求其次,要求至少不要让死者的家

---

〔1〕 Booth v. Maryland,482 U. S. 496(1987).

〔2〕 Payne v. Tennessee,501 U. S. 808(1991).

〔3〕 本译述第 2 部分、第 3 部分内容系译述者根据相关案件的原判决进行整理,作为背景资料供读者参考,未在本案判决中出现。

属上庭作证,只要对陪审团宣读 VIS 即可。法院同意,之后陪审团判处布斯死刑。

州上诉法院认为,允许检方提交 VIS,可以让陪审团和法官在量刑时充分了解被告所犯罪行给受害人带来的伤害,因此 VIS 起到了重要的作用。在本案中,对布斯的死刑判决并未受到感情、偏见或者其他因素的不当影响,因此维持原判。

于是布斯拼死一搏,就 VIS 是否违反联邦宪法第八修正案问题上诉到联邦最高法院。

联邦最高法院分析认为,本案中的 VIS 包含了两类信息:第一类信息是受害人的个人品行以及犯罪行为对受害人家庭成员的情感上的影响;第二类信息是受害人家庭成员对犯罪与被告的看法与定性。大法官们认为这些信息对死刑的量刑决定无关,如果允许这类信息入证(被采信),或许会造成陪审团武断而任性地(in an arbitrary and capricious manner)判处被告人死刑的风险,而这种风险是依据宪法所不能接受的风险(constitutionally unacceptable risk)。

最后,大法官们经过投票,以 5∶4 判定:马里兰州要求量刑法院考虑 VIS 的法律,违反了联邦宪法第八修正案,因而无效,鲍威尔大法官撰写了判决意见。马里兰州上诉法院的判决被撤销,案件被发回重审。

1987 年的布斯案作为先例树立的规则为:在量刑阶段考虑受害人家属的意见证词违反了宪法第八修正案。

3. 1991 年佩恩案

4 年以后,联邦最高法院对在量刑阶段能否允许 VIS(对受害人的影响说明)再次进行了论证。这次执笔的是伦奎斯特大法官。

佩恩案情节更为惨烈。28 岁的夏莉斯·克里斯多夫(Charisse Christopher)与幼小的一双儿女一起居住在田纳西州的一处公寓,而佩恩(Pervis Tyrone Payne)的女友就住在走廊对面。1987 年 6 月 27 日,佩恩在等女友时喝着啤酒,注射着可卡因,于下午 3 点左右进入夏莉斯的公寓对其调戏,被拒绝后残忍地在夏莉斯身上留下了 84 处伤口,致使夏莉斯失血过多而死,其中 42 处伤口是直接砍伤,另外 42 处伤口是由于夏莉斯与之搏斗而留下的。夏莉斯两岁的女儿也被杀死,3岁的儿子尼古拉斯被砍后自己捧着肠子,一直等到警察和救护人员的到来,最终被救活。

证据确凿,陪审团判处佩恩犯有两项一级谋杀罪。在量刑阶段,佩恩请他的父母、女友作证,证明他自己品德高尚有爱心,还请了一位医生证明其智商低,有智障,且彬彬有礼。

检方提供的证据包括夏莉斯的母亲的证词,其中尤其包括有关失去母亲和妹妹的3岁的尼古拉斯所受到的影响。

最后,初审法院判处佩恩死刑。

佩恩上诉,提出采纳夏莉斯的母亲的证词,违反了其根据布斯案所享有的宪法第八修正案的权利。

田纳西州最高法院认为,该证词虽然理论上与案件无关,但是并未制造一种依宪法不能被接受的、可能促使陪审团做出任性妄为的死刑判决的风险,因此无害。于是,维持原判。

佩恩遂以违反第八修正案为由上诉至美国联邦最高法院。

最高法院的大法官们首先回顾了布斯案。布斯案认为VIS证据本身在死刑案的量刑阶段是不可入证的,无须个案分析,除非该证据"与犯罪情形直接相关"。

其实布斯案判决两年后,最高法院在另一个案子南卡罗来纳州诉盖特斯案[1](以下简称盖特斯案)中将布斯规则扩大到公诉人对量刑陪审团做出的有关受害人的个人品行的陈述,即这些陈述也不能入证。

布斯案和盖特斯案都基于两个前提:第一,一般而言,与某一特定受害人或者死刑案的被告给受害人的家庭所带来的伤害相关的证据,并不能反映出被告是否有罪;第二,只有与被告是否有罪相关的证据才与死刑量刑决定相关。

然而,联邦最高法院认为,评估被告的罪行所带来的伤害,无论在确定犯罪要素时,还是在确定适当的刑罚措施时,一直都是刑法所关注的重要内容。大法官们分析了确定刑事责任与确定量刑是两回事,后者随着时代的发展经历了较大变化。

---

[1] South Carolina v. Gathers 490 U. S. 805(1989).

联邦最高法院认为,州法院有权决定让陪审团评估被告的道德过错和罪与非罪问题,因为州政府对被告所提出的可以减轻罪责的证据进行反击,是完全具备合法基础的。据此可以提醒陪审团,正如杀人者应当被作为一个个体来看待一样,受害人也是一个个体,他的死亡也对社会尤其对他的家庭造成了独特的损失。[这是引用布斯案中怀特(White)大法官在异议意见中的话——别忘了布斯案是一个5:4的案子]

大法官们认为,根据布斯案,在死刑审判中的量刑阶段把受害人当作一个没有脸的路人[这一句是引用奥康纳(O' Connor)大法官在盖特斯案中的异议意见中的话],会剥夺州政府的证据所具有的道德力量,可能会阻止陪审团在决定一级谋杀案的适当量刑时取得所有必要相关的信息。

大法官们认为,佩恩案就是这么一个有可能造成潜在不公平的例子。因此,联邦最高法院最后判定,州政府可以合法地认为:VIS证据是陪审团做出量刑决定所需要的相关信息。

死刑犯佩恩又从司法制度上找理由,认为法院应当固守"遵循先例(*stare decisis*)原则",对于先例,只要没有被推翻,就应当遵循。

大法官们说:遵循先例通常是明智之举,因为多数情况下,确立可适用的法律规则比确立一个正确的可适用法律规则更重要(It is more important that the applicable rule of law be settled than it be settled right)。然而,当判例行不通或者说理拙劣时,联邦最高法院从来都不会被逼迫着遵循先例。在宪法案中尤其如此,因为在这些案子中,通过立法行动来纠错在现实中是不可能的。联邦最高法院在此前20年间全部或部分推翻的宪法判例有33个,其中布斯案和盖特斯案的判决全都是险胜而做出,持异议意见的大法官们对这两个判决的基础提出了犀利的反对意见。这两个判例在其后的判决中数次被最高法院的大法官们质疑,下级法院也持续性地拒绝适用这两个判例。重新审视这些判例,"我们认为它们是错误的,应当被推翻"。

因此,联邦最高法院维持了田纳西州最高法院的判决,认为在死刑罪犯的量刑程序中,检方可以提供证据证明犯罪行为对受害人的影响。

4. 2016 年俄克拉何马州的博斯案

回到 2016 年的博斯案。在被初审法院判处死刑后,博斯向州刑事上诉法院提起上诉,理由是法院允许被害人家属出具量刑建议违反了美国联邦宪法第八修正案,依据正是布斯案。

然而,检方认为布斯案已被佩恩案所推翻,不应再适用。

俄克拉何马州刑事上诉法院同意检方的观点,认为佩恩案默示推翻了布斯案,因此维持了对博斯的死刑判决。如果佩恩案真的推翻了布斯案,事情就简单了,公诉人请受害人家属上庭作证,建议法院判处博斯死刑就没有问题了。然而,联邦最高法院同意吗?

博斯向联邦最高法院提出复审申请。由于事关州法院揣测联邦最高法院推翻了自己的先例,最高法院非常慎重,仔细审查了布斯案和佩恩案。

5. 最高法院的权威不容挑战

联邦最高法院的大法官们不承认佩恩案默示地推翻了布斯案。大法官们在佩恩案中明明说:“我们认为它们(布斯案和盖特斯案)是错误的,应当被推翻。”怎么又不承认了呢?让我们来看看大法官们给出的理由和逻辑分析。

佩恩案认为,布斯案中关于 VIS 违反第八修正案的判决意见是错误的。然而,该判决意见的适用对象应明确“限于”特殊类型的 VIS。“布斯案的规则中还包括:如果被害人家属对犯罪行为、被告人及适度量刑的表述和意见被采纳,将会违反第八修正案”,但佩恩案并没有涉及此类证据,法院在佩恩案中没有机会对布斯案判决的这一部分规则进行重新考虑,因此不可能全面推翻布斯案。

况且,俄克拉何马州刑事上诉法院也承认,佩恩案明确表明,其判决意见并不影响布斯案所作出的禁止提供有关犯罪行为、被告人和适度量刑的意见证词的那部分判决意见。

联邦最高法院认为,这本该结束俄克拉何马州刑事上诉法院对第八修正案是否禁止这种证词的质疑,然而,俄克拉何马州刑事上诉法院执迷不悟,居然进一步判定佩恩案默示地、完全地推翻了布斯案,从而铸下大错。

针对遵循先例原则,联邦最高法院在2001年的美国诉海特案[1]中指出,推翻最高法院判例是最高法院的特权,且该特权仅由最高法院享有。

大法官们重申:我们作出的判决,在我们认为应对其进行重新考虑之前,一直都具有约束力,无论随后的案件是否对其持续适用性提出怀疑。

因此,俄克拉何马州刑事上诉法院仍然受布斯案的约束,不得采纳被害人家属对犯罪行为、被告人和适度量刑的表述和意见为证据,除非最高法院对该禁令重新考虑。因为最高法院尚未对该部分判决意见重新考虑,因而州法院的判决大错而特错。

6. 托马斯大法官的协同意见

托马斯大法官同意多数判决意见,但另行撰写了如下协同意见,阿利托大法官附议:

我们在布斯案中判定:第八修正案禁止法院采纳死刑案中的被害人家属就量刑问题所提出的意见。现我院正确地注意到,佩恩案并未明文推翻布斯案的这一规则。因为"推翻最高法院判例是最高法院的特权,且该特权仅由最高法院享有"。俄克拉何马州刑事上诉法院错就错在认为佩恩案完全推翻了布斯案。我们撤销俄克拉何马州刑事上诉法院的判决,但最高法院并未就布斯案的判决是否正确,或者佩恩案是否完全否定了布斯案的分析基础发表意见。我以上述理解对判决意见进行附议。[2]

---

[1] United States v. Hatter,532 U. S. 557(2001).

[2] 原文:We held in Booth v. Maryland,482 U. S. 496(1987),that the Eighth Amendment prohibits a court from admitting the opinions of the victim's family members about the appropriate sentence in a capital case. The Court today correctly observes that our decision in Payne v. Tennessee,501 U. S. 808(1991),did not expressly overrule this aspect of Booth. Because "it is this Court's prerogative alone to overrule one of its precedents", State Oil Co. v. Khan,522 U. S. 3,20(1997),the Oklahoma Court of Criminal Appeals erred in holding that Payne invalidated Booth in its entirety. In vacating the decision below, this Court says nothing about whether Booth was correctly decided or whether Payne swept away its analytical foundations. I join the Court's opinion with this understanding。

7. 案件结果

鉴于上述理由,联邦最高法院撤销了俄克拉何马州刑事上诉法院的判决,命令该案发回下级法院按最高法院的要求进行进一步审理。

博斯会因此免于死刑吗?目前还很难说。但是,该案重申了最高法院的权威,也就是说,只有最高法院才能推翻自己的判例,不容其他法院说三道四。

本案对遵循先例原则做了生动的分析,对于英美法系之外的其他国家的法律人提供了很好的学习素材。

1.03.003 北卡罗来纳州州长库珀诉哈里斯
Cooper v. Harris
——选区划分的小心思

原 案 名: Cooper, Governor of North Carolina, et al. v. Harris et al.

判决日期: 2017 年 5 月 22 日

案　　号: 15 – 1262

判决原文: https://www.supremecourt.gov/opinions/16pdf/15 – 1262_db8e.pdf

主　　笔: 卡根大法官(托马斯、金斯伯格、布雷耶和索托马约尔大法官附议;托马斯大法官撰写了附和意见;阿利托大法官撰写了部分附和部分异议意见,首席大法官罗伯茨和肯尼迪大法官附议;戈萨奇大法官没有参与本案的讨论和判决)

判决主旨: 上级法院可以对下级法院的法律适用问题进行全面纠错,但在认定事实方面却应当克制,非因"非常明显的错误",不得推翻下级法院对于事实的判断(clear error of review)。

判决译述

1. 不得根据选民的种族划分选区

美国宪法赋予各州划定选区[1]的权力,各州必须按照该州分得的众议员席位数目划分选区,每个选区选举一名议员。各州在划分选区时不得以种族作为

---

〔1〕 美国议会分成参、众两院,参议院议席每州一样,都是两名议员,满足了小州的意愿;众议院则按照人口比例分配议席,大州的利益也得到保证,分区选举成为美国众议院议员选举的特色。

选区划分的主要依据,除非这背后具有重大的利益(compelling interest)考量。怎样确定是否符合“重大利益”? 应适用 1965 年的《选举权法》(the Voting Rights Act)。[1]

根据美国宪法中的一人一票原则,为尽可能实现平等,选区的划分要与人口数量相适应。由于人口不断变动,需要根据人口普查的结果调整选区范围。根据美国宪法规定,联邦政府每隔 10 年要举行一次全国性的人口普查,并以普查结果为重要依据来重新划分选区。在重新划分选区后,如果选民认为政府官员根据选民的种族划分选区,以达到操纵选举的目的,可以向法院起诉。

当法院接到这类案件时,会分两步对案件进行分析。首先,原告需要证明在划分选区时,选民的种族是最优先考虑的因素,而人口的密集度、党派优势、政治区划等原因都是次要的。其次,原告可以通过直接证据——如立法机关的意图,间接证据——如选举的现状、人口分布情况,或者综合利用直接和间接证据来证明自己的主张。

如果种族确实是选区划分的主要依据,这个选区划分方案必须经得起法院的严格标准审查(strict scrutiny)。这时证明责任就在政府了。州政府需要证明之所以这样划分选区,背后有重大的利益考量,并且这种划分法刚好满足(narrowly tailored)该重大利益。具体而言,想要通过法院的严格审查,州政府就必须提供强有力的证据证明为了实施《选举权法》必须如此划分选区,或者证明如果不如此划分选区会违反《选举权法》。

2. 因重新划分选区北卡政府惹上了官司

北卡罗来纳州(以下简称北卡)的第一选区和第十二选区一直都有大量的黑人选民,自 1992 年以来,对这两个选区的重新划分频繁引发诉讼。

根据 2010 年的人口普查结果,北卡政府重新划分了这两个选区。第一选区因为人口过少,根据一人一票原则,需要增加 10 万人,于是在划定第一选区

---

[1] 该法出台背景是禁止不分区选举或其他合并选区的选举办法,保障有色人种的选举权利,目的在于防止南方各州采取不分区选举,从而赢者通吃、变相阻碍新获得选举权的黑人选出自己人为国会议员。

边界时，向西扩张，将一个拥有大量黑人人口的地区涵盖进来，使第一选区达到选举年龄的黑人比例由48.6%上升到52.7%。第十二选区的人口不需要做大的变化，人口稍微有些稠密，为了改变十二选区像蛇一样的形状，选区规划者决定向两边扩张。划分后，原来在十二选区的5万白人选民将被移出，3.5万非裔选民将会涵盖进来，人口结构被大幅改变，黑人选民的比例也从43.8%上升到50.7%。

在这两个选区注册的两个选民，哈里斯(David Harris)和鲍尔斯(Christine Bowser)(以下简称原告)一怒之下向联邦地区法院起诉。结果地区法院判决北卡政府重新划分这两个选区的做法违宪。北卡州政府不服判决，上诉到联邦最高法院。

3. 北卡认为应当尊重州法院对事实的判定

北卡政府列出了四大理由：

第一，州法院已经判决我们没有违法。原来，在重新划分选区计划颁布之后，有色人种促进协会和一些公民权利保护团体(以下简称公益组织)曾以相同理由向州法院提起诉讼，控告北卡政府非法以选民种族为标准划分选区。然而法院驳回了他们的主张，北卡最高法院也维持了这一判决。原告在北卡最高法院判决作出之后才向联邦地区法院起诉。根据"明显错误审查"原则，只要下级法院在事实认定上不存在明显的错误，上级法院必须以下级法院认定的事实作为判决的依据，因此，联邦最高法院在审理此案时应将州法院的判决作为考量的依据。

第二，本案原告不具有起诉的主体资格。因为原告正是向州法院起诉的公益组织中的成员，根据一事不再理原则，原告不能就相同的案件再次向联邦地区法院起诉。

第三，以种族划分第一选区是为了遵守美国《选举权法》的第2节——任何种族选民的选举权不得被限制、稀释。

第四，划分第十二选区时并不是基于种族的考虑，而是基于政治的考虑，符合美国《选举权法》第5节的规定——该节允许政府为预防少数民族的选举权式微(retrogression)，可以种族为选区划分的标准。

4. 最高法院只需审核联邦地区法院是否有明显错误

第一,案子上诉到联邦最高法院,大法官们认为,州法院的判决并不能影响联邦最高法院。因为在适用明显错误原则时,不是审查联邦地区法院和州法院哪个对事实的认定更好,而是要看下级(联邦)法院认定的事实有没有错误。因此,联邦地区法院对事实认定有没有明显的错误才是联邦最高法院在本案中要解决的问题,而联邦最高法院认为地区法院的事实认定是合理的。

第二,北卡政府不能提供充分的证据,证明原告与在州法院起诉的公益组织之间存在从属关系,所以,认为原告不具有起诉资格的主张不能成立。

第三,地区法院对第一选区的事实认定没有明显错误。原告提供的各种选区划分的会议记录以及负责划分选区的"制图人"的证词,都能证明北卡在划分第一选区时以选民种族为要素。而北卡政府以《选举权法》第 2 节作为抗辩的理由并不充分。第 2 节规定任何种族选民的选举权不得被限制、稀释。要适用该条款必须满足三个条件:(1)该少数群体数量大,居住地密集,可以合理地分配到一个选区;(2)该少数群体成员在政治立场上一致;(3)作为该选区大多数的白人组成了联盟,所以投票选举时,导致少数群体的候选人总是不能当选。而事实上,在此次选区划分调整前的 20 年里,第一选区大多数当选的候选人都是非洲裔美国人所满意的。因此这个抗辩理由不能成立。

第四,地区法院认定种族是划分十二选区的主要依据,不存在明显的错误。有关第十二选区的划分,北卡政府一方主张自己划分选区是出于政治目的,该地区共和党人占大多数,划分第十二选区是为了将附近的民主党人聚集起来以提高共和党人在附近选区获选的概率。但是原告一方坚持主张北卡政府划分第十二选区的目的是基于种族的原因。北卡政府以《选举权法》第 5 节为根据,该节允许政府为预防少数民族的选举权式微,可以以种族为选区划分的标准。原告则认为政府所作的解释很牵强,其根本目的是提高黑人选民的比例。地方法院根据双方提供的证人证言,认为北卡打着《选举权法》第 5 节的旗号,实质上是为了以种族来划分选区。这种对当事人主观意图的推定,地区法院依据现有的证据材料做出了有利于原告的裁判,不能说是存在"非常明显的错误"。

最终,联邦最高法院维持了地区法院的判决,北卡政府必须重新划分选区。

四

司法与行政之间的制衡

1.04.001　国家劳动关系局诉西南通用公司 National Labor Relations Board v. SW General, Inc. ——代理高官的尴尬遭遇

原 案 名:National Labor Relations Board v. SW General, Inc., DBA Southwest Ambulance

判决日期:2017 年 3 月 21 日

案　　号:15－1251

判决原文:https://www.supremecourt.gov/opinions/16pdf/15－1251_ed9g.pdf

主　　笔:首席大法官罗伯茨(肯尼迪、托马斯、布雷耶、阿利托和卡根大法官附议;托马斯大法官撰写了协同意见;索托马约尔大法官撰写了异议意见,金斯伯格大法官附议)

判决主旨:在那些需要总统提名、参议院批准方能任命的高官职位空缺时代理该高官职务的人,一旦在此期间被总统提名为该职位的正式高官,无论提名成功与否,该代理高官即不得继续担任该代理职务,总统须另行选任代理高官,否则该代理高官所做出的具体行政行为无效。

判决译述

1. 未能被扶正的代理高官

2010 年 6 月,美国国家劳工关系局(National Labor Relations Board,以下简称劳工局)的总顾问辞职了,留下了这一职位空缺。根据《美国联邦法典》第 29

编第153(d)节的规定,该职位的人选必须由美国总统提名,并经参议院同意方能任命。

2010 年 6 月 18 日,奥巴马总统依据《联邦职位空缺改革法》(Federal Vacancies Reform Act)指定莱夫·所罗门(Lafe Solomon)暂时填补劳工局总顾问的岗位空缺,以代理总顾问的身份行使总顾问之职。

2011 年 1 月 5 日,奥巴马总统提名所罗门做劳工局的正式总顾问,但参议院对提名不理不睬,提名被退回。

2013 年 5 月 23 日,奥巴马再次提名所罗门担任此职,参议院仍然不同意……总统先生只能知趣而退,另行推荐新的候选人。

2013 年 10 月 29 日,新候选人顺利通过了参议院的确认,走马上任。看来,奥巴马对所罗门情有独钟,但参议院却另有所属。因此,所罗门最终未能被扶正。

2. 代理期间的行政行为算不算数?

话说所罗门就任代理总顾问的劳工局肩负着《劳工关系法》的执法重任,对从事不公平劳资行为的单位有发起指控的最终决定权。

西南通用公司(SW General, Inc.,以下简称西南通用)的主营业务是提供救护车服务,该公司没能依规定向长期雇员发放奖金,导致员工不满,正好撞到劳工局的枪口上。2013 年 1 月,所罗门授权劳工局的地区主管针对西南通用提出控告。经审理,行政法官最终认定西南通用存在不公平劳资行为。

西南通用试图找出上诉的理由,而劳工局作出的这项指控正巧发生在所罗门行使代理总顾问之职,且已被奥巴马总统提名转正,但却未被参议院认可扶正前这一尴尬的时间段内。

西南通用向美国哥伦比亚特区巡回上诉法院提起了诉讼,有趣的是,它并没有否认公司实施了不公平的劳资行为,而是指称所罗门的指控无效,因为根据 1998 年《联邦职位空缺改革法》第 3345(b)(1)节的规定,一旦所罗门被提名担任正式的总顾问,就不能再行使代理总顾问的职权了。

西南通用是在强词夺理,还是于理有据呢?

3. 被提名后、扶正前还能继续代理吗?

在美国,像劳工局总顾问这种国家级官员职位,属于《美国联邦宪法》第 2 节规定的必须由美国总统提名,并经参议院同意方能任命的职位。美国人将宪法中这种需经前述程序才能确定最终人选的职位简称为“总参位”(Presidential Appointment and Senate Confirmation,PAS)。

由于“总参位”官员要经过总统和参议院两道关卡才能上位,而总统和参议院并不总能心有灵犀,不可能对候任人选毫无分歧,这就可能延长了选任时间。

在正式人选确定前,这么重要的“总参位”不能老空着吧?于是国会出台了相关法律,并经过不断修改,最终形成 1998 年的《联邦职位空缺改革法》,这部法律被编入《美国联邦法典》第 5 编第 3345 节。

其中第 5 编第 3345(a)(1)~(3)节规定了“总参位”出现空缺时,有资格代理“总参位”之职的三种情形:

(1)原“总参位”官员的首席助理在符合相关规定的条件下应当自动代理“总参位”;

(2)总统也可以任命在其他行政机关中担任“总参位”之职的高官来代理出现空缺的“总参位”;

(3)总统还可以从空缺“总参位”的行政机关内部担任高级职位且符合本章规定条件的官员中择人任命其担任代理“总参位”之职。

接下来的第 5 编(下同)第 3345(b)(1)节规定:

(1)无论(notwithstanding)第(a)(1)款如何规定,下列人员(person)不得根据本节(under this section)规定担任代理“总参位”之职:

(A)在“总参位”官员死亡、辞职或不能履职前的 365 天内,该名人员:

(i)并不是原“总参位”官员的首席助理;或者

(ii)任职原“总参位”官员的首席助理的时间少于 90 天;并且

(B)总统已向国会提名任命该名人员担任“总参位”之职。

然而,这个规定有些含糊,是只适用于依据第 3345(a)(1)节任命的代理官员(作为空缺职位的首席助理依法自动担任代理官员者),还是也适用于依据第 3345(a)(2) ~(3)节任命的其他代理官员呢?

劳工局认为,第 3345(b)(1)节只限制根据该法第 3345(a)(1)节的规定担任代理职位的人员,因为第(b)(1)款的规定中单独提到了第(a)(1)款。而所罗门是根据该法第(a)(3)款被任命为代理总顾问的,因此不受此限。此外,劳工局还提出,立法历史以及立法后的实践操作都验证了第(b)(1)款的限制性规定并不适用于所罗门的情形。

4. 上诉法院:被提名后不得继续代理

然而,上诉法院支持了西南通用的观点,认为第 3345(b)(1)节的规定不仅适用于根据该节第(a)(1)款依法自动成为代高官的情形,也适用于根据该法第(a)(2)款或第(a)(3)款被总统任命为代高官的情形。

所罗门是根据第(a)(3)款被任命为代理总顾问的,但当他被总统提名成为正式总顾问的候选人时,他就不能再行使代理总顾问的职权。因此,上诉法院撤销了劳工局之前对西南通用发布的命令。

劳工局不服判决,上诉到美国联邦最高法院。

5. 最高法院:不得继续代理是立法本意

首先,联邦最高法院对第 3345(b)(1)节规定进行语义分析:该条规定的关键词是"人员"(person)与"节"(section)。"人员"的语义内涵广泛,足以包括所有根据《联邦职位空缺改革法》履职的人,而并不仅仅指首席助理。该条中"本节"的语义足以表明第 3345 节第(b)(1)款适用于第 3345 节中规定的所有人员。

国会在制定法律时,通常会用"节"(section)、"分节"(subsection)、"款"(paragraph)这样的顺序给法条分段。国会在制定《联邦职位空缺改革法》时就运用了这样的分段方法,并依之进行法条间的索引。当国会想要特指特定的"分节"或"款",法条中会写明该部分的"节"或"条"的序号[例如,在第 3346

(a)(2)节中特别提到第(b)款]。但在第3345(b)(1)节中,国会写的是“本节”,就是等于指代了整个第3345节。

在接下来的第3346节、第3348(d)(1)节中对于“人员”的理解都是一致地泛指《联邦职位空缺改革法》中的代理“总参位”之职的人员,而不是特指第(a)(1)款的首席助理。

国会如果要规定第(b)(1)款仅适用于第(a)(1)款的首席助理的情形,会选择用“首席助理”一词替代“人员”,也会用“第(a)(1)款”来替代“本节”一词。国会并没有用更为明确的方法对法条进行索引,说明第(b)(1)款的内容适用于整个第3345节。

第(b)(1)款开头部分规定“无论第(a)(1)款如何规定”,“无论”一词在这里是为了解决法条之间发生冲突时,应优先适用哪一条的问题。之所以提到第(a)(1)款,是因为根据第(a)(1)款的规定,首席助理应当自动代理“总参位”之职,但是根据第(b)(1)款的规定,如果首席助理被正式提名“总参位”之职,则不能再代理该职位。

然后,联邦最高法院对劳工局的观点进行了一一驳斥。

第一,第(b)(1)款“无论第(a)(1)款如何规定”中提及第(a)(1)款,并不能按照劳工局的方法,将之理解为是对第(a)(2)款和第(a)(3)款内容的排除。带有“无论”(notwithstanding)的语句只是用于强调两个内容有冲突的法律条文之间的优先适用顺序。这一语句只是确定而不是限制法条的适用范围。在本案中有争议的法条中,单独提及第(a)(1)款可能只是因为国会认为很难解决两者的冲突。

第二,劳工局对《联邦职位空缺改革》之立法历史的理解存在偏差。早期关于“总参位”的相关立法只允许担任“总参位”高官首席助理的官员行使代理“总参位”之职。而《联邦职位空缺改革法》不仅增设了第(a)(2)款和第(a)(3)款,在扩大代理人选的同时,也增加了第(b)(2)款。只有第(b)(1)款适用于所有代理高官的任职情形时,第(b)(2)款才有意义。因此,国会对于立法的修改将原来仅适用于首席助理作为代理“总参位”的限制性规定扩大到所有代理“总参位”的人选上。

第三,劳工局就第(b)(1)款适用范围的理解,搬出了参与立法者之一参议院汤普森议员支持劳工局观点的论述,这更加没有说服力。大法官们以彼之道还施彼身,同样举出了与汤普森观点相反的伯德议员的论述,并认为立法者的解释在法律解释中最没有分量,因为法律一旦公布,就不再是立法者的法律,而是纸面上的法律。

最后,劳工局主张国会的历史实践可以证明其行为的合法性,而最高法院认为这一观点依旧站不住脚。虽然劳工局举例有三任总统提名的 112 位"总参位"候选人遇到过与所罗门相同的情形,但也没有因此被认定为无权行使职权。但实际上这些个例中只有不到 2% 的提名是发生在《联邦职位空缺改革法》实施之后。如此低的比例不足以说明国会默许类似情形的发生。

因此,联邦最高法院大法官们承认,所罗门是因为符合《联邦职位空缺改革法》第 3345(a)(3)节的条件而被任命为代理总顾问的。但是,一旦他在担任代理总顾问期间被总统提名成为总顾问的正式候选人,就应当立即停止行使代理总顾问之职权,总统完全可以根据法律规定另行任命代理官员。但是,总统并没有这么做,所罗门继续履职的行为已经违反了《联邦职位空缺改革法》。

6. 少数派的意见

托马斯大法官在同意最高法院判决的同时,还提出了一些补充意见。他认为本案不仅要适用《联邦职位空缺改革法》,还应当适用其上位法《联邦宪法》第 2 节"任命条款"。劳工局总顾问一职只听命于总统,除此之外不受其他行政力量的干涉。因此,总顾问一职属于《联邦宪法》规定的美利坚合众国的"重要官员"。《联邦宪法》第 2 节的精神就是要通过总统与国会间的相互制衡,以减少"重要官员"职位被少数权力操控的可能性,从而避免权力的滥用和寻租。而所罗门的提名显然与宪法精神相违背(还记得奥巴马总统如何锲而不舍地举荐所罗门吗?)。

索托马约尔和金斯伯格大法官的反对意见则与多数意见针锋相对。他们认为,根据最高法院的判决,对于第(b)(1)款适用范围的扩大解释反而造成第(c)(1)款变成多余。他们支持劳工局的观点,认为第(b)(1)款的限制性规定,并不能适用于所罗门的情形。

7. 权力制衡的胜利

总之，西南通用打赢了这场笔墨官司，不用再理会劳工局当初作出的命令。

通俗一点说，就是一个孩子偷了邻居的电脑，被妈妈的男朋友罚关小黑屋，孩子上法院去告，说妈妈的男朋友没有权利惩罚他，因为虽然这个男朋友已经向妈妈求婚，但是妈妈还没有答应。然后法院说：你赢了，熊孩子，在他成为你后爸之前，你杀人放火上天入地，他管不了你。

当然，这是玩笑话，姑妄听之。

正解为：联邦最高法院对劳工委人事任命的相关法律作出了严格的文义解释，继续捍卫着他们的权力制衡体系。

1.04.002 特朗普总统诉国际难民接纳计划和夏威夷州 Trump v. IRSP & Hawaii ——法院如何平衡禁令所涉各方利益

原 案 名:Donald J. Trump, President of the United States v. International Refugee Assistance Project, et al.; Donald J. Trump, President of The United States v. Hawaii, et al.

判决日期:2017 年 6 月 26 日

案　　号:16 – 1436(16A1190)、16 – 1540(16A1191)

判决原文:https://www.supremecourt.gov/opinions/16pdf/16 – 1436_l6hc.pdf

主　　笔:隐名(本判决为"*Per Curiam*",是指"全体法官一致意见"判决,这种判决没有署名,代表整个法院的立场;托马斯大法官撰写了部分协同、部分异议意见,阿利托大法官与戈萨奇大法官附议)

判决主旨:与美国个人或实体有真实可信的善意联系的外国公民不受《阻止外国恐怖分子进入美国的国家保护计划》的影响。

判决译述

1."禁穆令"受阻

2017 年 1 月 27 日,特朗普总统签署了一项名为《阻止外国恐怖分子进入美国的国家保护计划》(Protecting the Nation From Foreign Terrorist Entry into the United States)的行政命令(No. 13769,以下简称 EO – 1)。

该行政命令要求,在未来 90 天内,禁止伊朗、伊拉克、利比亚、索马里、苏丹、叙利亚和也门等(全是伊斯兰国家)7国公民进入美国,相关行政执法人员应在这90天内根据现状全面审核美国政府发放签证政策的适当性。该行政命令同时修改了难民接收政策,暂停原有的美国难民接纳计划(the United States Refugee Admissions Program,USRAP)120天,还下调了2017财政年度美国接受适格难民的人数。

该行政命令在美国引起了轩然大波。美国法院方面对此也并不买账。在EO-1颁布一周后,有一个联邦地区法院发布了全国范围内的法院临时禁制令(Temporary Restraining Order),使EO-1的几个重要条款暂时冻结。几天后,美国联邦第九巡回上诉法院也拒绝了特朗普政府提出的紧急动议,使上诉期内该禁制令仍处于有效状态。

2. 再生一计

上诉期过于漫长,特朗普政府不想一等再等,于是于3月6日宣布撤回EO-1,但同时颁布了一个新的行政命令。虽然名义上是新的,但其实连名字都没有改,仍为《阻止外国恐怖分子进入美国的国家保护计划》(No. 13780,以下简称EO-2)。

从内容上看,EO-2与EO-1的区别并不大。比如,EO-2第2(a)节规定,国土安全部应当审核美国签证中外国政府提供的申请入境者的信息材料是否齐全;EO-2的第2(c)节与EO-1相比,只从原来的禁止七国公民入境变为禁止六国(只去掉了苏丹)公民入境;根据EO-2的第6(a)节的规定,在未来120天内美国政府暂停难民资格的申请以及USRAP,并由美国国务卿审查和修改USRAP的难民申请、审核程序,以保证此后入境的难民不再对国家安全产生威胁。EO-2的第6(b)节也规定了2017财政年度入境难民数量的上限。

3. 欲盖弥彰

然而,EO-2又被两家联邦地区法院下达了初步禁制令(Preliminary Injunction)。

这次的原告分别是国际难民援助计划(International Refugee Assistance

Project,IRAP)(属于该计划的一位美国合法居民的伊朗妻子被禁止入境)和夏威夷州政府(一群被夏威夷大学录取的新生被禁止入境)。他们均认为,EO－2其实是“一头披着羊皮的狼”——表面上是为了保护国家安全,实际上却是对伊斯兰教国家的敌视。具体来说,首先,EO－2 违反了美国联邦宪法第一修正案的政教分离条款(Establishment Clause of the First Amendment);其次,EO－2 还违反了《移民与国籍法》(Immigration and Nationality Act,INA)的相关规定。因此,两案原告各自分别向联邦地区法院提起诉讼。

2017 年 3 月 16 日,在原告 IRAP 的请求下,马里兰州地方法院基于政教分离条款下达了全国范围内的初步禁制令,冻结了 EO－2 的第 2(c)节(90 天内禁止六国公民入境)(以下简称 IRAP 案)的执行。

2017 年 3 月 29 日,在原告夏威夷州政府的请求下,夏威夷州法院也以相同理由下达了全国范围内的初步禁制令,冻结了 EO－2 中更多的条款:包括第 2(c)节(90 天内禁止六国公民入境)、第 6(a)节(120 天内暂停难民资格申请和 USRAP)、第 6(b)节(入境难民数量上限)以及第 2 节和第 6 节中的内部审查条款等(以下简称夏威夷案)。

特朗普政府对两案均提出上诉。

4. 上诉法院支持禁制令

2017 年 5 月,联邦第四巡回上诉法院通过全体法官出庭审判程序(en banc),在只有 3 个反对票的情况下,判决支持了 IRAP 案中那位美国合法永久居民的诉请(他的伊朗籍妻子需要入境)。

上诉法院的多数意见认为,EO－2 第 2(c)节具有宗教性目的,由此违反了美国宪法第一修正案。具体来说,上诉法院认为,从被禁止入境的六个国家都是伊斯兰教国家这一事实,加上特朗普在竞选总统时发表的反穆斯林言论,任何了解这个故事的来龙去脉的理性人都会断定 EO－2 第 2(c)节就是为了禁止穆斯林入境,而不是为了所谓的国家安全。因此,驳回了特朗普政府的上诉请求。

第九巡回上诉法院从另外一个角度认为 EO－2 违法——虽然《美国联邦法典》第 8 编第 1182(f)节规定:“为使美国利益免受损害,美国总统有权禁止全部或部分外国人入境”，但是并没有明确的证据证明 EO－2 能够保护美国利益免受损害，因此特朗普总统签署的 EO－2 超越了 INA 规定的总统权限，从而驳回特朗普政府的上诉请求。

特朗普政府把两个案子均上诉到美国联邦最高法院，请求最高法院撤销初步禁制令。

5. 插曲：上诉有意义吗？

美国联邦最高法院要求两案的原告在 6 月 12 日之前提交上诉答辩状。

IRAP 提出一个令人尴尬的问题：案子不断上诉之后，提交答辩状的截止日期已经拖到 6 月 12 日，但是 EO－2 第 2(c) 节规定的禁止六国公民入境持续时间是 3 月 16 日到 6 月 14 日（共 90 天）。到那时，对第 2(c) 节的讨论本身就失去了意义。

其实这个问题还是非常致命的，若诉讼真这么进行，的确黄花菜都凉了。但特朗普总统对此见招拆招，创造性地签署了一份总统备忘录（Presidential Memorandum）。该备忘录规定，EO－2 的生效期自法院的禁制令解除之日起算。此外，备忘录还特别精心地注明：“若有必要，该备忘录的内容可被解释为针对行政命令的修正。”

这个小插曲轻松解决后，辩论环节正式开始。

6. 特朗普政府的反击

特朗普政府对于 IRAP 案和夏威夷案提出了以下上诉意见。

第一，特朗普政府认为，IRAP 案的争议焦点错了——第四巡回上诉法院应该判断两个问题：EO－2 本身是否符合宪法第一修正案，以及其中的条款是否真的具有保护国家安全的目的，但是法院却舍本逐末，一直抓着第 2(c) 节是否具有宗教目的这一点不放；巡回上诉法院判断第 2(c) 节具有宗教目的并不是基于法条本身的内容，而是将风马牛不相及的两件事强行联系到一起——根据多年前特朗普在竞选总统时所发表的言论来判断 EO－2 具备宗教目的；最后，初步禁制令限制的范围太广，有小题大做之嫌。

第二,特朗普政府认为,夏威夷案中第九巡回上诉法院的观点也有问题。虽然第九巡回法院以没有明确的证据证明 EO - 2 能够保护美国利益免受损害为由驳回了上诉请求,但特朗普政府认为,该审判观点乃基于法院对总统国家安全形势判断的不信任,且这种不信任纯粹是瞎猜(impermissible judicial second-guessing)。

第三,特朗普政府还认为,第 2(c)节其实有很多好处,如该条是因为外国政府提供的签证信息不完善,以及为了保护国家安全的必要性而制定的,是为了防止潜在的危险,加之该条有助于减轻政府审查的负担等功能。

所以特朗普政府请求美国联邦最高法院撤销初步禁制令。

7. 最高法院:区别对待

美国联邦最高法院的大法官们先阐述了初步禁制令的目的:初步禁制令(Preliminary Injunction)并不是简单粗暴地划分原被告双方的权利义务,而是平衡双方的权益使诉讼能够顺利进行。根据温特诉自然资源保护委员会案[1]的判例精神,法院在发布初步禁制令时,应当全面考虑公共利益。具体来说,初步禁制令的范围和程度只需能解决个案的燃眉之急即可。

本案讨论的问题在于是否需要解除初步禁制令。根据巴恩斯诉电子系统集团医疗公司案[2]的判例精神,大法官们认为,初步禁制令的解除需要考虑双方当事人的利益以及公共利益。

原告在下级法院审理时列举了许多需要颁发初步禁制令的理由。比如,在 IRAP 案和夏威夷案中,均有原告的家庭成员被该行政命令禁止无法入境;有许多来自被禁止入境名单上的国家的学生已经被夏威夷大学录取,却无法入境。下级法院在考虑双方权益时,也认为该行政命令不仅影响了本案原告的权益,而且可能影响其他与本案原告处境类似的人,因此下级法院同意了原告的诉请。

---

〔1〕 Winter v. Natural Resources Defense Council, Inc. ,555 U. S. 7,20,24(2008).

〔2〕 Barnes v. E-Systems, Inc. Group Hospital Medical & Surgical Ins. Plan, 501 U. S. 1301, 1305 (1991).

然而,联邦最高法院的大法官们认为,下级法院并没有区分外国公民的类别。

被禁止入境的外国公民其实分成两种人,一种是与美国个人或实体有真实可信的善意关系的人;另一种是与美国个人或实体没有善意关系的人。法院颁布的针对总统的行政命令的初步禁制令对这两种外国公民是有不同影响的——它的确保证了一部分与美国有善意关系的外国公民的利益,但也导致另一部分与美国毫无联系的外国公民也可以入境。下级法院在审理此案时都没有考虑到,EO－2 禁止后一类外国公民入境并不会伤害他们的合法权利,可是 EO－2 第 2(c)节给政府和有关部门带来的利益却是实实在在的,即保护国家安全。所以初步禁制令不仅损害了美国政府的利益,而且没有明显减轻其他人的负担。因此大法官们认为,该初步禁制令已经矫枉过正,其涉及范围已经远超过原告所需要的程度。

但是大法官们认为,初步禁制令在小范围内其实又有正确的一面。EO－2 的确伤害了两类外国公民的合法利益:一类是与美国合法永久居民有非常近的亲属关系、需要入境探亲的外国公民(如 IRAP 案当中的伊朗籍妻子);另一类是与美国实体有善意关系、有正当理由(不能是为了逃避 EO－2 的审查)需要入境的外国公民(如夏威夷案中的大学新生)。这两类人的利益的确应当保护。下级法院冻结 EO－2 中的第 6(a)节(120 天内暂停难民资格申请和 USRAP)、第 6(b)节(入境难民数量上限)也适用同理。

因此大法官们认为,EO－2 应当允许此类与美国有善意关系的外国公民入境。但对于与美国没有善意关系的难民来说,他们的入境权益应让道于美国政府对国家安全的需求,适用 EO－2 第 6(a)节、第 6(b)节的规定。

最后,美国联邦最高法院判决部分支持特朗普政府的上诉请求,以“外国公民是否与美国个人或实体具有真实可信的善意关系”为标注解除初步禁制令的部分内容。

8. 小洞不补,大洞吃苦

2017 年 6 月 26 日,美国联邦最高法院以 9:0 的结果判决特朗普政府胜诉后,特朗普总统第一时间发布了推特。读者可以自行感受一下总统激动的心情。

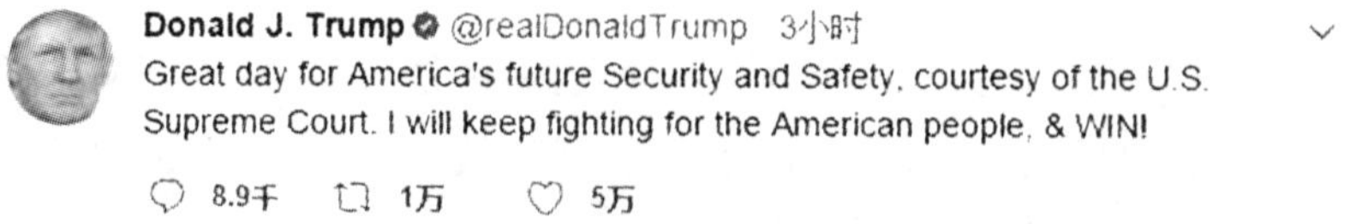

图 1　特朗普推特截图

“今天对于美国未来的国家安全是极为重要的一天,向美国最高法院敬礼!我会继续为了美国人民奋斗! 我们赢了!”——唐纳德·J. 特朗普

可是特朗普总统显然高兴得太早。本案中,联邦最高法院的大法官们并没有明确回答原告提出的问题——总统禁止特定国家的公民入境到底有没有违反宪法第一修正案? 又是否违反了 INA 的相关规定,超越了总统权限?

本案埋下的地雷很快被引爆。2017 年 9 月 27 日,EO-2 到了规定的失效日期。特朗普政府再次发布内容相似的行政命令,禁止 8 个国家(和 EO-2 相比,去掉了伊拉克,添加了朝鲜、乍得和委内瑞拉)的公民入境。夏威夷州政府再次向地区法院起诉特朗普政府,以该行政命令违反宪法第一修正案以及超越总统权限为由,请求法院冻结该行政命令——这又是一个闹进美国最高法院的案子……

1.04.003 北卡罗来纳州诉卡温顿 North Carolina v. Covington ——想以“法”服人，说理要充分

原 案 名：North Carolina, et al. v. Sandra Little Covington, et al.

判决日期：2017年6月5日

案　　号：16－1023

判决原文：https://www.supremecourt.gov/opinions/16pdf/16－1023_m64o.pdf

主　　笔：隐名（本判决为“*Per Curiam*”，是指“全体法官一致意见”判决，这种判决没有署名，代表整个法院的立场）

判决主旨：司法权在干涉行政权时需要注意适当地克制，并对各类相关因素进行充分的衡平和考量。

判决译述

1. 法院纠正种族作假选区

2011年，北卡罗来纳州（以下简称北卡）议会根据2010年的人口普查结果，重新调整了本州的立法选区。

2015年5月，有几个注册在北卡的选民向北卡中区联邦地区法院提起诉讼，认为新选区划分计划中的28个以黑人为主要人口的选区是违宪的，存在种族作假。

2016年8月，地区法院判定种族是前述争议选区划分的主要因素，且没有强有力的证据能够支持这种做法或证明这种划分符合《选举权法》。虽然拒绝

改变当时即将在2016年11月举行的选举的日期,但地区法院要求议会在州政府进行下一次选举前必须重新划分选区。

在2016年11月选举结束的3周后,地区法院再一次发出救济令状,除了确定重新划分选区的截止时间为2017年3月,还要求所有在2016年被选举出的立法者,如果其所在选区在之后的选区划分中被调整,那么该立法者的任期应缩短至1年。如果执行上述令状,在法院要求举行的2017年秋季特别选举中新当选者,将代替在2016年当选的立法者。而在秋季特别选举中当选的立法者的任期也将是1年。

为了能够让这一方案可以落实,地区法院还暂停实施州宪法有关立法者应在当选前在选区内居住满一年的规定。地区法院认为,相比于让市民被错误代表而产生的损失,开展特别选举所耗费的成本不值一提。

2. 文书说理应充分

北卡政府上诉到联邦最高法院,要求撤销地区法院的令状,因为地区法院并没有进行任何有意义的衡平考量。

联邦最高法院的大法官们一致认同州政府的看法,因为对于这类要求重新划分选区的案件都应当遵循衡平原则,地区法院必须充分对"什么是必需的、什么是公平的、什么是有效的"这些因素进行权衡之后,才能对被认定为违法的选举出具救济令状。如果要求政府缩短当选者的任期并要求进行特别选举,那么需要考虑的因素则更多。

举行特别选举是否是解决选区种族作假问题的恰当解决方式,对于这个问题虽然最高法院从来没有解决过,但显然需要考虑衡平的因素,包括政府违宪的严重程度、如果开展早期选举对政府管理的破坏程度,以及司法权在干涉行政权时应适当地自我克制等。最高法院不会对相关要素提出任何建议,但地区法院在平衡个体利益与集体利益时都应加以考量。

3. 武断令状被撤销

联邦最高法院总结道,地区法院发布救济令状的说理太过粗疏,以至于联邦最高法院很难确定地区法院对双方当事人的利益进行了充分的衡量。而且地区法院发出的令状仅适用于其辖区,故不需要联邦最高法院对令状进行一致性审查。

最终,联邦最高法院撤销了地区法院的令状,发回地区法院,须按照联邦最高法院的意见进行重审。

Chapter 2

第二章　主权豁免的界限

一

外国主权豁免

2.01.001 委内瑞拉诉佩恩国际钻井公司 Venezuela v. Helmerich & Payne Int'l Drilling Co.

——主权豁免例外的适用门槛

原 案 名:Bolivarian Republic of Venezuela, et al., v. Helmerich & Payne Internation al Drilling Co., et al.

判决日期:2017 年 5 月 1 日

案　　号:15 - 423

判决原文:https://www.supremecourt.gov/opinions/16pdf/15-423_4357.pdf

主　　笔:布雷耶大法官(全体大法官一致同意;戈萨奇大法官未参与本案的审理与判决)

判决主旨:美国法院只有在外国的征收措施明确违反国际法的情形下,方可依据主权豁免的例外规则对其拥有管辖权。

判决译述

1. 境外美资企业财产被"充公",美国法院管不管?

佩恩国际钻井公司(以下简称 H&P)是一家美国公司,该公司在委内瑞拉拥有一家全资子公司(以下简称 H&P 子公司)。该子公司自 20 世纪 70 年代中期以来,一直为委内瑞拉的一些国有石油公司提供石油钻探设备。2010 年早期,委内瑞拉政府拖欠 H&P 子公司逾 1000 万美元款项,还派兵看守设备堆放场地,以防 H&P 子公司搬走设备,随即又颁布了"征收令",将 H&P 子公司所有的钻探设备国有化。

其后,委内瑞拉国有石油公司的董事长声称该子公司是外国人投资的“美国公司”——可事实上,虽然 H&P 子公司的母公司是美国公司,它本身却是注册在委内瑞拉的公司。

2011 年,H&P 及其子公司以委内瑞拉政府非法征收 H&P 子公司的钻探设备为由,将委内瑞拉政府告到美国哥伦比亚特区联邦地区法院。委内瑞拉则主张其享有主权豁免,要求法院驳回起诉。其依据是美国 1976 年《外国主权豁免法》(Foreign Sovereign Immunities Act of 1976,FSIA)。该法第 1604 节规定外国政府享有豁免权,不受美国联邦和州法院的管辖。同时该法第 1605 节列举了例外情形,包括有关商业活动、违反国际法取得财产、财产继承、赠与以及不动产、侵权行为以及恐怖活动等。其中一个例外是该法第 1605(a)(3)节规定的“征收例外”——当外国政府剥夺了正在美国从事商业活动的该国机构或代理人所有的或经营的财产权利,且该种剥夺行为违反了国际法,那么这种政府行为不享有美国法院的司法管辖豁免权。

本案的争议焦点在于委内瑞拉政府的征收行为是否属于“征收例外”。如果属于,则美国法院具有管辖权,否则美国法院应驳回起诉。双方当事人就美国法院是否享有管辖权争执不下。

2. 初审法院:对子公司的征收不违法

H&P 及其子公司认为,本案适用 FSIA 的征收例外,即委内瑞拉政府的征收违反了国际法,美国的联邦地区法院拥有管辖权。委内瑞拉政府则认为,涉案子公司是委内瑞拉公司,征收本国国民财产不属于国际法调整范围,且涉案征收不违反国际法;另外,母公司并不拥有子公司的资产,因而美国联邦地区法院对其没有管辖权。

初审法院同意委内瑞拉政府的部分主张,认为 H&P 子公司是委内瑞拉的国民,征收本国国民的财产并未违反国际法,因此,本案不适用征收例外,法院对子公司的诉请没有管辖权。

但是,初审法院认为其对母公司的诉请拥有管辖权,因为母公司对子公司享有财产权,委内瑞拉政府的行为剥夺了母公司作为唯一股东的基本权利,如投票权、所有权以及实施控制的权利等。

3. 上诉法院:对子公司的征收很可能违法

H&P 子公司不满一审判决驳回了其主张的违法征收之诉,委内瑞拉政府则不满一审判决维持了母公司之诉,双方均提起上诉。

哥伦比亚特区巡回上诉法院认为子公司和母公司的诉请都属于一般例外的范围,法院都有管辖权。

针对子公司之诉请,上诉法院认为,一般一国政府征收本国国民的财产不会违反国际法,但如果一国政府因为公司股东的国籍而采取不合理的歧视性征收措施,该行为就违反了国际法。在此情形下,征收例外得以适用。

针对母公司的诉请,上诉法院维持一审法院的判决,认为母公司的财产权利是本案争议之一,且非轻率之诉(non-frivolous),[1]因此美国法院有管辖权。

上诉审中,法院没有裁决征收是否违反国际法,而仅认为原告或许(might)有权要求索赔。上诉法院还明确提出,征收例外的适用门槛是尤其低的(exceptionally low bar),只要不是轻率之诉,征收例外规定即可适用。换句话说,只要原告主张的事实和诉请能支持原告提起非法征收之诉即可。对此,委内瑞拉政府请求美国联邦最高法院提审此案,裁决上诉法院提出的征收例外的适用标准是否正确。

4. 被诉行为是否违反国际法才是审理关键

美国联邦最高法院认为,根据 FSIA 第 1605(a)节规定,美国法院对外国政府获得管辖权有两个条件:其一,被违法征收的财产权属存在争议;其二,对涉案财产的征收违反了国际法。当然,在裁定管辖权阶段,法院要明确的只是系争权利是不是针对违反国际法征收的财产所享有的权利。当事人在此阶段无须证明真正的财产权属,这个问题留待审理实体争议时解决。

---

〔1〕 美国法院为避免当事人滥用诉讼程序,要求当事人在起诉或抗辩时不得提出微不足道、毫无法律根据的主张。

从 FSIA 的基本目标来看,该法体现了美国政府长期遵守的国际法基本原则,其中就包括主权独立。FSIA 承认每个主权国家的绝对独立,赋予主权国家豁免权,使其免受美国的司法管辖;同时出于国际礼让精神,注重引导各国互相尊重对方的主权独立和尊严。虽然美国在 20 世纪中叶起采取了“有限豁免”的理论,主权国家进行商业活动不再享受豁免,但 FSIA 仍将主权豁免确定为一般原则。

简言之,一般情况下,一国在本国境内征收或调控本国国民的财产是主权行为,可享有主权豁免;但在有些情形下,一国征收本国国民的财产也会违反国际法,从而落入征收例外的调整范围。是否适用征收例外,关键在于征收行为是否违反国际法。

5.“非轻率之诉”标准太低

原告 H&P 公司提出,根据《美国联邦法典》第 1331 节规定,联邦法院对因宪法、法律或条约产生的诉讼案件拥有管辖权。且根据最高法院在 1946 年作出的判例拜尔诉霍德[1],对因法令而产生的诉讼,只要原告的诉请可获得联邦法律的救济(无论事实上是否可以获得),且非轻率之诉,法院即拥有管辖权。

最高法院认为,《美国联邦法典》第 1331 节的措辞和关注点,与 FSIA 的征收例外规定大相径庭。而且,如果满足非轻率之诉即可起诉外国政府,那么外国政府将会轻易就被起诉,这有损于主权豁免原则。因此,“只要不是轻率之诉,即使最后法院认定征收不违反国际法,法院也可以获得管辖权”的理解与国际法的基本原则以及 FSIA 的立法目的不相符。

原告还认为,采取非轻率之诉这一标准没什么不良影响。在一个管辖权有争议、最后证明没有管辖权的诉讼中,法院可以把“征收行为是否违反国际法”这一问题看作实体争议进行审理,这样诉讼就可以进入对实体争议的裁决阶段,法院会作出原告所提之诉不能获得救济的判决(因为被告的征收行为没有违反国际法);或者,被告可直接请求法院作出即决裁决。总之,被告不一定要走完整个诉讼程序。

---

〔1〕 Bell v. Hood,327 U. S. 678(1946).

对此,联邦最高法院认为,这样会导致外国政府卷入耗时费钱的诉讼。而且本来“是否违反国际法”是审查管辖权阶段需要裁定的问题,法院可以作出中间裁决,被告若不服,可以立刻上诉。但如果这一问题不在管辖权阶段裁定,而是在后续审理实体争议阶段提出,被告就无法即刻上诉。

此外,联邦最高法院还指出,“是否违反国际法”在管辖权审查阶段是一个争议,但在实体审理阶段,却并不一定是一个实体争议,也就是说,管辖权争议和实体争议不一定完全一样。而在这两者不完全一样的情形下,法院不得适用“非轻率之诉”标准受理案件,而应明确法院是否具有管辖权。

综上所述,联邦最高法院认为,征收例外仅在财产征收违反国际法的情形下才赋予美国法院管辖权,仅仅以非轻率之诉作为管辖权依据是不充分的。

最终,联邦最高法院撤销了上诉法院的判决,要求其重新审理。从本案来看,在主权豁免问题上,联邦最高法院还是保持了一定的谨慎与克制。

部落主权豁免

2.02.001 路易斯诉克拉克
Lewis v. Clarke
——印第安部落主权豁免问题

原 案 名:Lewis v. Clarke

判决日期:2017 年 4 月 25 日

案　　号:15 - 1500

判决原文:https://www.supremecourt.gov/opinions/16pdf/15-1500_h3cj.pdf

主　　笔:索托马约尔大法官(罗伯茨、肯尼迪、布雷耶、阿利托和卡根大法官附议;托马斯和金斯伯格大法官分别撰写附和意见;戈萨奇大法官未参与本案的审理和判决)

判决主旨:某一机构享有主权豁免,并不意味着其雇员也当然享有主权豁免。

判决译述

1. 案件的缘起

路易斯夫妇(Lewis)在康涅狄格州的州际 95 号高速公路驾车行驶时,被一名叫克拉克(Clarke)的司机所驾驶的一辆超长豪华轿车从后边撞到。路易斯夫妇遂向康涅狄格州法院提起损害赔偿诉讼。

本来这只是一桩普通的交通事故,涉及过失侵权责任。然而,由于克拉克是印第安人莫希干部落(Mohegan Tribe)博彩局的雇员,事发当时他正在送莫希干太阳赌场的顾客回家。于是问题来了,印第安人保留区有不同于美国其他州的法律,而印第安部落通常享有诉讼豁免权,克拉克能否因此也享有诉讼豁免权呢?

事情还得从莫希干部落说起。

2. 印第安莫希干部落

这个印第安人部落源于1600年,于1994年获得美国联邦政府印第安事务部的承认。之后,康涅狄格州与莫希干部落达成了博彩协议,授权该部落在满足一定条件后可以在其领地从事博彩业,其中一个条件是设立博彩纠纷法庭。

莫希干法律对因博彩行为而起的纠纷规定了主权豁免和补偿政策,即莫希干部落享有诉讼主权豁免,莫希干部落官员或雇员在履行其职责或者在其受雇职责范围内行事时,若因涉讼而承担赔偿责任,则由部落给予补偿。

莫希干部落博彩局作为部落的分支,对博彩行为行使部落权力,因此也享受上述主权豁免并承担补偿义务。然而,法律明确规定,博彩局对于那些从事鲁莽或恶意行为的雇员没有补偿义务。

之后,莫希干部落博彩局放弃其主权豁免,自愿接受莫希干博彩纠纷法庭的管辖;但是,无论是莫希干部落还是其博彩局,都没有同意接受康涅狄格州法院的管辖。

所以,当路易斯向康涅狄格州法院提起诉讼后,克拉克就主张:州法院对此没有管辖权。

3. 康涅狄格州法院:克拉克能享受主权豁免吗?

克拉克以法院缺乏管辖权为由要求法院驳回起诉,因为他是“部落的人”。

博彩局作为部落的分支享有主权豁免,而他是博彩局的雇员,在事故发生时他正在其受雇职责范围内行事,因此也同样应当享受主权豁免。克拉克还提出另一替代理论,即根据部落法,博彩局必须补偿他的损失,因此博彩局享有的诉讼豁免也应延伸适用到他身上。

然而,康涅狄格州法院拒绝了该动议,克拉克提起上诉。

康涅狄格州最高法院推翻了一审法院的裁决,接受了克拉克的第一个理论,认为部落的诉讼豁免权禁止该诉讼的进行,理由是当事故发生时,克拉克正在其受雇职责范围内行事。然而,法院并未考虑克拉克提出的第二个理论,即他是否基于补偿法而应有权享受主权豁免。

因此,在州法院,此案被驳回,也可以说克拉克赢了官司,受伤的路易斯夫妇没有得到损害赔偿。路易斯夫妇遂上诉到美国联邦最高法院。

4. 主权豁免不等于个人豁免

美国联邦最高法院首先对本案进行定性,认为这是一个针对部落雇员、依据州法律在州法院提起的一桩普通的过失侵权案。法院需要解决的问题为:印第安部落的雇员在其受雇职责范围内发生侵权行为,且该雇员有权从部落政府取得补偿时,印第安部落的主权豁免是否能阻止针对该部落雇员本人提起的损害赔偿诉讼?

联邦最高法院认为:要确定某主权实体是否享有豁免权,必须确定该主权实体是否是真正的利益相关方。要确定谁是真正的利益相关方,法院不能仅依赖当事人在诉状中的定性,而必须首先确定原告所寻求的救济是否真正针对主权实体。大法官们将官员个人豁免理论和主权豁免理论作了区分。如果被告以官方身份被起诉——原告所寻求的救济仅在名义上针对该官员,而实际上是针对该官员的公职,那么主权实体本身可以主张主权豁免。然而,当官员以个人身份被诉时,该官员可以主张个人豁免,但不能主张主权豁免。在本案中,克拉克是以个人身份被起诉的。但是法院没有讨论克拉克是否享有个人豁免,因为在之前的诉讼程序中克拉克从未提出过该主张。

法院将上述一般规则在部落主权豁免的情境下进行分析,认为二者都不适用于克拉克,因为本案中真正的利益相关方是克拉克本人而非部落或部落的官员。即使部落规定了对雇员的补偿,也不能认为真正的利益相关方是部落,这是两个问题。虽然在某些情形下,法院也给予了私人医疗保险公司主权豁免,但是这些案件的共同点是,按照法律规定,这些公司实际上是政府机构,因此它们享有主权豁免。本案中,康涅狄格州法院并未对部落或博彩局行使管辖权,他们的判决也不会以任何形式约束部落或其分支机构。另外,如果克拉克败诉,他能否从博彩局得到补偿并不确定,因为根据莫希干部落法,如果博彩局认为克拉克行事鲁莽或出于恶意,则克拉克不会得到任何补偿。综上所述,在事故发生时雇员正在其受雇职责范围内行事这一事实本身并不能阻止对该雇员提起诉讼,只有针对其官方身份提起的诉讼,才能适用主权豁免,如果是针对雇员个人提起的诉讼,就不能适用主权豁免。在此逻辑基础上不能适用主权豁免的话,那么基于补偿法也不能适用部落的主权豁免。

联邦最高法院最终认为,在这起针对部落雇员本人提起的诉讼中,真正的利益相关方是雇员本人,而非部落,因此部落的主权豁免并不适用于该雇员。联邦最高法院撤销了州最高法院的判决,并发回重审。此案又回归为一个普通的、以康涅狄格州法律为准据法的过失侵权案。

Chapter 3

第三章　宪法权利的保护

一

选举权

3.01.001　北卡罗来纳州州长库珀诉哈里斯

Cooper v. Harris

——选区划分的小心思

原 案 名:Cooper,Governor of North Carolina,et al. v. Harris et al.

判决日期:2017 年 5 月 22 日

案　　号:15 - 1262

判决原文:https://www.supremecourt.gov/opinions/16pdf/15-1262_db8e.pdf

主　　笔:卡根大法官(托马斯、金斯伯格、布雷耶和索托马约尔大法官附议;托马斯大法官撰写了附和意见;阿利托大法官撰写了部分符合部分异议意见,首席大法官罗伯茨和肯尼迪大法官附议;戈萨奇大法官没有参与本案的讨论和判决)

判决主旨:上级法院可以对下级法院的法律适用问题进行全面纠错,但在认定事实方面却应当克制,非因"非常明显的错误",不得推翻下级法院对于事实的判断(clear error of review)。

判决译述

详见 1.03.003,见本书第 53 页。

3.01.002 希尔诉弗吉尼亚州选举局

Bethune-Hill v. Virginia State Bd. of Elections

——根据种族划分选区究竟违不违宪?

原 案 名:Bethune-Hill et al. v. Virginia State Board of Elections et al.

判决日期:2017 年 3 月 1 日

案　　号:15－680

判决原文:https://www.supremecourt.gov/opinions/16pdf/15－680_c07d.pdf

主　　笔:肯尼迪大法官(罗伯茨、金斯伯格、布雷耶、索托马约尔和卡根大法官附议;阿利托大法官撰写协同意见,托马斯大法官撰写了部分协同部分异议意见)

判决主旨:以种族作为划分选区的主要考量因素时,需要接受法院严格的司法审查。州立法机关只有举证证明种族因素的考量仅仅是为了保护州重大利益的实现,方能免于被认定为违反了宪法中的平等保护条款。

判决译述

1. 选区划分招致选民不满

2010 年美国人口普查之后,为确保州议员数量的合理分布,弗吉尼亚州(以下简称弗州)立法机关对州内的 12 个选区进行了重新划分,目的是要确保每个选区年满投票年龄的黑人选民人口(black voting-age population,BVAP)至少达到 55%。

部分选民对此不满,提起诉讼,称该方案主要基于种族因素进行选区划分,违反了美国宪法第十四修正案的平等保护条款(平等保护条款禁止各州在没有充分理由的情况下,基于种族因素将公民划分入不同的选区)。

看到这里,读者可能要问了,55%的达到投票年龄的黑人选民人口这个标准是怎么来的呢?

2.55%的BVAP的由来

2011年2月,弗州众议院选举委员会通过决议,确立了重新划分选区的指导标准。这些标准中包含了传统的重新划分选区的考量因素,如人口密集度、地理邻接关系和对共同利益社群的尊重等。但是在这些传统因素之上,委员会优先考虑了两个其他因素:

其一,为符合一人一票原则,每个选区的人口数应和其他选区的人口数尽可能接近相等,差别应控制在1%以内。

其二,新选区方案必须符合《选举权法》(Voting Rights Act)第5节的规定,[1]即"政府只有在为预防少数族裔的选举权式微(retrogression)时,才可以以种族为选区划分的标准"。对于"式微"一词,美国联邦最高法院的阐述是,如果新选区方案与现行有效的选区方案相比,少数族裔群体能够"选出其支持的候选人"的选区(以下简称少数族裔有选举能力的选区)的数量减少了,那么这个新选区方案就会导致少数族裔的选举权式微。

实际情况是,对于涉诉的12个选区,首先,大多数选区的人口数较其他选区而言都不足,因而为符合一人一票的原则,任何新的重新划分选区方案都必须将大量的新选民划入这些选区;其次,在以往的很多选举中,少数族裔都构成投票年龄人口的大多数,因而这12个选区都属于"少数族裔有选举能力的选区",需要考虑预防少数族裔选举权式微的问题。

因此,为了同时满足这两个条件,弗州立法机关想出这样一套方案:12个选区中的每个选区达到投票年龄的BVAP至少都要达到55%。

---

〔1〕 在涉案的重新划分选区流程结束后,联邦最高法院在2013年的谢尔比郡诉霍尔德(Shelby County v. Holder)案中判定,《选举权法》第5节的规定不再适用。但是,法不溯及既往,联邦最高法院大法官们所创设的这项判例法规则并不适用于该判例生效之前的行为,也就是说,本案中弗州立法机关的重新划分选区行为还是要遵守《选举权法》第5节的相关规定。

3. 新选区方案获联邦地区法院支持

首先,官司打到联邦地区法院。法院要求新选区方案的质疑者(作为原告的选民,以下简称原告)必须先证明新选区方案与传统的选区方案原则之间存在实际冲突,以此作为先决条件,来证明种族是重新划分选区的主要考量因素。

其次,地区法院在考虑州立法机关的种族动机时,要求原告证明州立法机关偏离了传统的重新划分选区标准,而主要以种族因素为考量标准。

根据以上要求,地区法院认定,对于涉案的 12 个选区中的 11 个选区的重新区划,种族不是主要考量因素,因而判定州立法机关的行为没有违反宪法中的平等保护条款。

而对于剩下的一个选区,即 75 号选区的重新区划,地区法院认定,种族确实是主要考量因素。法院于是适用严格审查标准对州立法机关的重新区划行为进行司法审查,最终认为,州立法机关举证证明了其重新划分 75 号选区边界时将种族因素严格限定于保护州重大利益实现的目的,因而判定州立法机关的行为并没有违反宪法中的平等保护条款。

经过 4 天的审理,法院最终驳回原告的全部诉讼请求。原告遂向美国联邦最高法院提起上诉。

4. 美国联邦最高法院有不同意见

美国联邦最高法院对联邦地区法院的判决有不同意见。

首先,联邦最高法院认为,地区法院要求原告必须先证明新方案与传统的选区划分原则之间存在实际冲突,然后以此作为先决条件来证明种族是主要考量因素,该要求是对相关判例法的错误解释。最高法院在判例中已明确指出,当事人可以通过提供一个选区的地理形态和人口统计数据这样的间接证据,或能够证明立法目的的更为直接的证据,来证明划分选区的主要考量因素,而且即使在新规划尊重传统选区划分原则的情况下,种族也可能是主要考量因素。正确的法律问题是为划定边界提供重要依据的实际考量因素是什么,而不是立法机关本可以采用而未采用的事后理由。

其次,联邦最高法院认为,地区法院在考虑立法机关的种族动机时,要求原告证明州立法机关以种族因素为考量标准、偏离了传统的重新划分选区标准，这一做法也是错误的。基于种族因素划分选区而提起的诉讼，是按照“对各选区分别不同情况进行分析”的方式进行审理的，法院不应该把涉诉选区的边界中的任何部分（无论与传统原则的关系如何），从该选区的其他边界中分离出来。调查的最终对象，是立法机关对整个选区进行划分的主要动机，对于特定部分边界进行确定的任何解释都必须考虑整个选区的总体情况。整体分析是必要的，应适当考虑整个选区范围内的证据，如进入和移出选区的人口的种族构成，或种族目标的使用等。

联邦最高法院的大法官们最终维持了地区法院对于75号选区的判决，但驳回了地区法院对其余11个选区的判决，将案件发回重审。

5. 托马斯大法官的异议

对联邦最高法院的上述多数意见，托马斯大法官有诸多异议。

首先，对于涉诉的12个选区中的11个选区，他不同意将种族是否是主要考量因素并是否应适用严格的司法审查这个问题发回地区法院重审。他认为，州立法机关承认其特意将所有12个选区重新划分为达到投票年龄的黑人选民人口占多数的选区，这本身就足以表明，种族是重新划分选区的主要考量因素，因而对每个选区的新区划都应该进行严格的司法审查。

其次，联邦最高法院的多数意见认为，剩下的75号选区的新区划满足了严格的司法审查的要求，对此，托马斯大法官表示不同意。他认为，“符合《选举权法》第5节的规定”不属于州重大利益。在阐明理由时，他说到，他曾经在以往的判决中支持《选举权法》第5节的规定，但是自从2009年之后，他就开始认定《选举权法》第5节是违宪的，因为致使国会通过《选举权法》第5节、最高法院支持《选举权法》第5节的暴力、恐吓和花招已经不存在了，《选举权法》第5节不再是实施宪法第十五修正案的合适机制。

此外，他认为，即便“符合《选举权法》第5节的规定”属于州重大利益，州立法机关也没有对使用种族因素进行“严格限定”。对此，他的理由是，最高法院确立的“严格限定”标准存在问题，实际上没有要求州的行为是为实现州重大利益而必须采取的行为；而且，《选举权法》第5节也并没有要求少数族裔占多数的选区的新规划中的人口比例应与先前的规划中的人口比例一样。

最后,托马斯大法官还表达了对州立法机关的同情,因为最高法院甚至拒绝对《选举权法》第 5 节是否合宪作出裁决,尽管已经有两次机会可以对该问题作出裁决。

虽然本案中托马斯大法官的意见没能成为多数意见,但是最高法院在 2013 年审理的谢尔比郡诉霍尔德案中判定《选举权法》第 5 节不再适用,可见,托马斯大法官的异议意见起到了极大作用,此案为司法推动立法的典型代表。

3.01.003 北卡罗来纳州诉卡温顿 North Carolina v. Covington ——想以“法”服人，说理要充分

原 案 名：North Carolina, et al. v. Sandra Little Covington, et al.

判决日期：2017 年 6 月 5 日

案　　号：16－1023

判决原文：https://www.supremecourt.gov/opinions/16pdf/16－1023_m64o.pdf

主　　笔：隐名（Per Curiam，此判决没有署名法官，代表整个法院的立场）

判决主旨：司法权在干涉行政权时需要注意适当地克制，并对各类相关因素进行充分的衡平和考量。

判决译述

详见 1.04.003，见本书第 73 页。

二

移民法

3.02.001 齐格勒诉阿巴希
Ziglar v. Abbasi
——当天赋人权碰上国家安全

原 案 名：Ziglar v. Abbasi et al.

判决日期：2017 年 6 月 19 日

案　　号：15 - 1358

判决原文：https://www.supremecourt.gov/opinions/16pdf/15-1358_6khn.pdf

主　　笔：肯尼迪大法官（罗伯茨、托马斯、阿利托大法官附议；托马斯大法官撰写附和意见；布雷耶大法官撰写异议意见，金斯伯格大法官附议；索托马约尔、卡根和戈萨奇大法官未参与）

判决主旨：对于涉及国家安全的宪法性侵权案件，联邦最高法院拒绝适用比文斯案的类型救济。

判决译述

1. 非法移民受"9·11"牵连

2001 年的"9·11"事件发生之后，美国联邦政府旋即加强了对非法移民的监管力度。在反恐的名义下，大量的非法移民遭到拘留与审查。其中就包括本案的原告，6 名阿拉伯裔及南亚裔非法移民（其中 5 人为伊斯兰教徒）。原告诉称，他们的关押条件十分恶劣，且遭受到极其粗暴的对待。牢房极其狭小，灯光刺眼长亮。在这样的环境下，他们每天要被关押超过 23 小时，基本没有放风的时间。一切私人物品都被禁止携带，甚至包括肥皂、牙刷等最基本的清洁用品。

他们与外界的联系也几乎被完全切断,一出牢房就会被戴上镣铐并严密押送。时不时地,他们就要脱光衣服接受检查,承受来自狱警的虐待与侮辱,如被猛推到墙上、反扭关节和手指、打断骨头,以及粗口辱骂、暴力威胁,被称为“恐怖分子”,宗教信仰也遭到言语侮辱。在被关押 3 ~ 8 个月后,这 6 名非法移民陆续被释放并被驱逐出美国。

2. 起诉,以宪法之名

随后,这 6 名非法移民代表自己及类似遭遇者提起了待定集体诉讼(Putative Class Action[1]),寻求经济补偿及惩罚性赔偿。他们起诉的对象包括两类联邦公务人员,一类为行政官员,包括原司法部长约翰·阿什克罗夫(John Ashcroft)、原联邦调查局长罗伯特·米勒(Robert Mueller)、原移民局长詹姆斯·齐格勒(James Ziglar);另一类为狱长,包括狱长丹尼斯·黑斯蒂(Dennis Hasty)及狱长助理詹姆斯·谢尔曼(James Sherman)。

原告援引 1971 年的比文斯诉 6 名联邦缉毒警察案[2](以下简称比文斯案)判例,提出了四点主张:其一,被告未经审判就以惩罚性目的拘留他们,违反了宪法第五修正案的正当程序原则;其二,被告因为原告的种族、宗教以及国籍之缘故,将其关押于恶劣条件下,违反了宪法第五修正案的平等保护原则;其三,狱长非因法定事由,对非法移民施以脱光搜身等惩罚性措施,违反了宪法第四修正案的禁止无理搜查规定及宪法第五修正案的正当程序原则;其四,狱长明知狱警虐待非法移民却放任不管,违反了宪法第五修正案的正当程序原则。此外,原告还依据《美国联邦法典》第 42 编第 1985(3)节禁止共谋侵犯平等保护的权利的条款,主张被告因原告的种族、宗教以及国籍之缘故,共谋将其置于恶劣处境。

联邦地方法院驳回了原告针对行政官员的诉求,但接受了其针对监狱长的诉求。联邦第二巡回上诉法院同意一审法院针对监狱长的判决,却推翻了其针对行政官员的判决,认为相关行政官员也应接受裁判。最终,该案被上诉至美

---

〔1〕 待定集体诉讼是指尚未取得法院许可的集体诉讼,但预期会满足集体诉讼的要求。

〔2〕 Bivens v. Six Unknown Fed. Narcotics Agents, 403 U. S. 388(1971).

国联邦最高法院。

3. 比文斯判例还能适用吗?

非法移民起诉公务人员违宪,为什么要援引比文斯判例呢?侵权之诉的依据,一般是法律规定的某项具体权利,能否直接援引宪法权利颇具争议。美国在很长一段时间内,除宪法第十三修正案规定的情形外,自然人一般不能成为违宪主体,自然人之间的诉讼也不能直接依据宪法,要求公务人员承担违宪责任的侵权之诉也就更为鲜见。[1]

直到1961年,最高法院通过门罗诉佩普案[2](以下简称门罗案)规定,依据《美国联邦法典》第42编第1983节,判定州公务人员侵犯公民的宪法权利,须承担侵权损害赔偿责任。1971年,联邦最高法院又通过比文斯案,将宪法性侵权损害赔偿责任扩展于联邦层级的行政人员。比文斯判例自此成为宪法性侵权之诉的重要救济渠道。之后几十年内,联邦最高法院又做出了两起比文斯类型的赔偿判决,即戴维斯诉帕斯曼案[3](以下简称戴维斯案)和卡尔森诉格林案[4](以下简称卡尔森案)。那么,本案还可以适用比文斯判例吗?

4. 最高法院:还得看国会

本案涉及"9·11"、国家安全、非法移民、少数族裔等诸多敏感问题,最高法院的态度可谓十分谨慎,其推理论证如下:

第一,比文斯判例有其固有的适用范围,目前司法不倾向于扩大适用,而若不能适用比文斯判例,本案损害赔偿的诉因亦不能成立。比文斯案、戴维斯案和卡尔森案有其特殊的时代背景,当时普遍认为司法需要提供必要的补救措施,以此来彰显法规意志。之后最高法院的态度日趋谨慎,认为在确认诉因时,

---

〔1〕 参见王瑞雪:《美国法上的宪法性侵权之诉》,载姜明安主编:《行政法论丛》(第15卷),法律出版社2014年版,第201页。

〔2〕 Monroe v. Pape, 365 U. S. 167, 171 – 187 (1961).

〔3〕 Davis v. Passman, 442 U. S. 228 (1979).

〔4〕 Carlson v. Green, 446 U. S. 14 (1980).

必须要考虑立法者的意图。若国会无意创设某项诉权(private right of action),[1]法院亦不会据此进行审判。想要引用宪法作为诉因(cause of action),必须要在三权分立的基础上进行考量。在此基础上,显然国会比法院更有发言权。如果某案存在特殊的争议,且国会没有明确意见,则比文斯判例不应扩展适用至该案。如果有理由相信国会不支持某类损害赔偿救济,则法院不应创设该类救济。

第二,本案涉及"9·11"之后的国家安全政策,存在诸多特殊争议,不应扩展适用比文斯判例。与之前的比文斯类型判例相比,若某案存在如所涉宪法权利、所涉官员层级、相关司法指导、特殊争议点等显著差异,可被视为新的案件类型。本案即为新的案件类型,其特殊争议一方面在于,行政官员不宜因下属行为及相关政策涉诉,这样可能会妨碍其正常履职,也有司法干涉行政之嫌。另一方面,本案涉及"9·11"之后的国家安全政策,而国家安全由国会及总统负责,没有国会的授权,法院不宜置喙。在近 16 年的时间内,国会都没有讨论过类似的赔偿救济,这种沉默本身就是一种态度。在保护宪法权利与保卫国家安全之间如何权衡,这应该是国会的事情,而不是法院。第二巡回法院不应参照比文斯判例来处理本案。

第三,在有特殊争议的情况下,上诉法院不应未做分析就同意对黑斯蒂狱长的判决。本案与卡尔森案类似,但却为新的案件类型。一方面,其所涉宪法权利属第五修正案;另一方面,对狱长如何监督下属缺乏具体的司法指导,国会在监狱诉讼改革法中亦未创设针对联邦监狱的赔偿救济。因此,联邦最高法院对本案适用比文斯类型救济持谨慎态度。

第四,对于依据《美国联邦法典》第 42 编第 1985(3)节提出的指控,相关被告满足获得有限豁免权(qualified immunity)的条件。非法移民指控被告共谋将其置于恶劣处境,即使这些指控皆真实可信,也要确认被告能否获得有限豁免。判断的关键在于被告是否"知法犯法",即在当时的法律条件下,处于被告位置上的公正理性的官员是否可知该行为违法,若否,则可获得有限豁免。本案的被告满足这一条件,理由有二。首先,两类被告都可以理解为同一政府部门内

---

[1] 此处应简单理解为"起诉之权利",而并非大陆法系所称之"诉权"。

的同事,而同一政府部门的同事能否构成“共谋”尚未有明确规定。其次,无论在理论上还是实践中,同一政府部门的同事间都需要进行讨论,以推进行政工作和达成政策共识,这在本案中构成对“共谋”的合理抗辩。由此可推断,在当时的法律条件下,处于被告位置上的公正理性的官员不知道该行为违法,其行为可获得有限豁免。

最终,除针对黑斯蒂狱长的判决被发回重审外,上诉法院的其余判决皆被撤销。

5. 争议:法院应该发声

与多数派的小心谨慎相比,布雷耶大法官与金斯伯格大法官显然认为法院应该发挥更大的作用,他们的论证如下:

首先,历史和现实都表明,比文斯判例已是十分成熟的救济手段,在日趋增多的宪法性侵权案件中获得了广泛的应用。对此,包括国会、法院、学者等在内的各界已达成共识。若担忧比文斯判例“妨碍行政”,可通过诉讼合理性要求和有限豁免机制加以避免。多数派声称“比文斯判例有其固有的适用范围,目前司法不倾向于扩大适用”,这与最高法院之前的表态是矛盾的。其次,原告为平民,被告为公务人员,原告的遭遇与之前的比文斯判例颇为类似,甚至可以说更为恶劣。根据既往判例的逻辑,本案就应该属于比文斯判例的适用范围。多数派列出诸多条件,试图定义有“显著差异”的“新的案件类型”。深入分析后,这些“显著差异”都难以成立。至于说国会没有讨论过类似的赔偿救济,可国会也没有明确拒绝过。国会历来允许犯人就体罚求偿,有迹象表明国会支持类似的赔偿救济。最后,众所周知,因种族、宗教以及国籍之缘故,进行区别性调查和惩罚性监禁是违宪的,被告这么做了就是“知法犯法”,不应获得有限豁免。

多数派最有力的论点是,当需要保护国家安全时(如战争或类似危机),相关政策及其行动不应适用比文斯判例。固然,宪法将保护国家安全的主要权力赋予行政和立法机构,可宪法同时也赋予司法机构保卫个人宪法权利的职责。当宪法权利与国家安全发生冲突时,法院不应袖手旁观。在当年的比文斯案中,哈伦大法官就说过:“在一个文明社会里,无论是战时还是和平时期,国家的司法部门都要随时准备为滥用公权造成的违宪提供救济。”以避免干预行政之名义,对比文斯判例进行限制乃至抛弃,实属故步自封、过犹不及。多数派的这种消极不作为,本身已铸成恶劣的先例,如同地雷深埋,随时会在其他案件中引爆。

6. 宪法诉讼之思

面对天赋人权与国家安全的碰撞,最高法院明显倾向于后者,公务人员可以说是大获全胜。而面对原告的悲惨遭遇,以及少数派法官的慷慨激昂,又有多少人能无动于衷呢?

从本案可以看出,宪法诉讼不同于普通的诉讼。一方面,宪法作为母法,规定的是国家性质、政治制度、公民权利等宏观的基本议题,没有普通法律中烦琐细致的规定与相应配套的诉讼法,解读与适用宪法也就具有了更多的主观性;另一方面,宪法诉讼往往涉及敏感的政治议题,法官的政治倾向不可避免会发生作用,司法一旦政治化还能保持超然吗?人民的利益能寄托于法官的自律吗?

3.02.002　马斯连雅克诉美国

Maslenjak v. United States

——移民能不能撒个小谎？

原 案 名：Divna Maslenjak v. United States

判决日期：2017 年 6 月 22 日

案　　号：16－309

判决原文：https://www.supremecourt.gov/opinions/16pdf/16－309_h31i.pdf

主　　笔：卡根大法官（首席大法官罗伯茨、大法官肯尼迪、金斯伯格、布雷耶、索托马约尔附议；戈萨奇大法官撰写部分协同意见，托马斯大法官附议；阿利托大法官另行撰写协同意见）

判决主旨：通过虚假陈述取得美国国籍者，只有当其造假的内容对申请国籍的结果发生关键作用时，美国政府才能剥夺其美国公民身份。

判决译述

1. 移民文件造假事发

迪芙娜·马斯连雅克（Divna Maslenjak）是塞尔维亚人，从 20 世纪 90 年代开始就居住在波斯尼亚。内战爆发后，塞尔维亚人和穆斯林分裂了这个新国家。1998 年，迪芙娜和她的家人［包括她丈夫拉特克·马斯连雅克（Ratko Maslenjak）和他们的两个孩子］向美国政府寻求难民庇护。迪芙娜宣誓后，告诉移民官她害怕受到穆斯林和塞尔维亚人双方的迫害。据她所说，穆斯林可能会因为他们是塞尔维亚人而打击他们，而塞尔维亚人这边，由于她的丈夫逃避波斯尼亚塞尔维亚人军队的兵役并在塞尔维亚躲了 5 年,所以塞尔维亚人也会迫害他们。

考虑到迪芙娜的困境,美国移民官给予了他们难民身份。于是,迪芙娜一家于 2000 年来到了美国。6 年后,迪芙娜又提出入籍申请。经宣誓,她对入籍申请表上的第 23 个问题"是否在申请移民过程中提供虚假或误导信息"和第 24 个问题"是否曾经在申请进入美国时向移民官说谎"的回答均为"否"。在接下来的面试中,她仍然向移民官宣称她所填写的内容全部都是真实的。但是事实上迪芙娜说谎了,她虚构了她的丈夫获取难民身份时的经历。

原来,移民官在与迪芙娜的丈夫拉特克谈话时,发现他并没有在波斯尼亚内战中逃避兵役,他的身份实际上是波斯尼亚塞尔维亚人军队的一名军官。并且,他所在的部队曾参与了斯雷布雷尼察大屠杀(Srebrenica Massacre),这场屠杀导致了约 8000 名穆斯林平民的死亡。

在调查过程中,美国政府还发现,刚刚入籍美国的迪芙娜对她丈夫参战的情况一直都是知情的。于是,美国政府指控迪芙娜在移民文件中造假,并打算将她遣返出境。

2. 美国政府:只要违法即可驱逐

美国政府指控迪芙娜违反了《美国联邦法典》第 18 编第 1425(a)节的规定,即"以违法方式设法获取美国国籍"(procure, contrary to law, naturalization)。具体而言,迪芙娜对入籍申请表上第 23 个问题和第 24 个问题的回答以及她在面试中的宣誓证词均属于虚假陈述,而《美国联邦法典》第 18 编第 1015(a)节禁止入籍宣誓时作虚假陈述。由于迪芙娜违反了该条法律规定,所以她必然违反了第 1425(a)节。同时,政府向初审法院提出,依据第 1425(a)节定罪时,无须考虑这些虚假陈述是否对入籍决定产生影响。

初审法院对美国政府的观点表示同意,并指示陪审团,只要政府证明了迪芙娜存在虚假陈述,即便造假内容对入籍结果并没有产生"实质性影响",也可以定罪。于是,陪审团作出了有罪判决;初审法院基于该判决,判处剥夺迪芙娜的美国公民身份。第六巡回上诉法院对以上观点和判决均持认同态度。迪芙娜为此上诉到美国联邦最高法院。为了统一法律,联邦最高法院决定对此案授予调卷令进行审理。

3. 联邦最高法院：只有违法行为起关键作用时才能驱逐

联邦最高法院的大法官们首先剖析第1425(a)节中的“以违法方式设法获取美国国籍”。在通常用法上，“获取”是指取得占有身份，因此“获取美国国籍”是指取得美国公民身份。副词短语“以违法方式”修饰“获取美国国籍”。将这些短语综合起来看，当某人以违反法律的方式设法获得美国公民身份时，便触犯了这一法条。那么，这整句话意味着什么呢？最通俗的理解就是，违法行为必须在一定程度上与获取公民身份存在因果关系。

在这里，联邦最高法院的大法官们举了一个很有趣的例子。假设有人对你说：“约翰以违法方式获得了那幅画。”你大概会认为他是偷来的或是伪造支票买来的，或是他假冒中标者从拍卖会上拿到的。总之，你能够想象出他的违法行为与他得到画之间应该存在某种方式与目的的联系或是因果关系。但如果有人对你说，“约翰以违法方式获得了那幅画，但是他的违法行为跟获得那幅画没关系”，你八成会听不懂他的话。换言之，如果约翰仅仅是在去拍卖行的路上违反了交通规则，然后再买下了这幅画，没人会认为“约翰以违法的方式获得了那幅画”。

获取美国国籍也同此理。如果发生在入籍过程中的违法行为仅仅是一些偶然因素，并不会影响入籍的结果，那么该行为就不能被指控为“以违法方式设法获取美国国籍”。我们所理解的“以违法方式设法获取美国国籍”是指违法行为与获取国籍之间存在因果关系。

那么在实务中，何种虚假陈述才会触犯第1425(a)节呢？联邦最高法院认为，如果这种虚假陈述能够独立地、显著地影响美国政府在移民调查中的判断，那么该虚假陈述将被视为第1425(a)节中的“违反法律”。陪审团在上述案件中，应当考虑当事人的虚假陈述是否能够显著地影响入籍结果。而本案中的初审法院指示陪审团不必考虑被告的虚假陈述是否对入籍结果产生作用，这种做法是完全错误的。

只有当申请人的虚假陈述本身会导致入籍失格，或者说，申请人为了获取移民利益而做虚假陈述，从而导致自己无法满足“良好道德品格”的条件时，陪审团才能给该申请人定罪。

联邦最高法院撤销了第六巡回法院的判决,发回重审。迪芙娜只暂时赢得一分,她和家人的美国公民身份是否能保得住,还要经过进一步的司法程序检验。

3.02.003 李宰诉美国

Jae Lee v. United States

——律师挖的坑谁来填?

原 案 名:Jae Lee v. United States

判决日期:2017 年 6 月 23 日

案　　号:16 – 327

判决原文:https://www.supremecourt.gov/opinions/16pdf/16 – 327_3eb4.pdf

主　　笔:首席大法官罗伯茨(肯尼迪、金斯伯格、布雷耶、索托马约尔、卡根大法官附议;托马斯大法官撰写异议意见,阿利托大法官附议除第一部分以外的部分;戈萨奇大法官未参与本案的审理和判决)

判决主旨:因律师的建议,被告接受辩诉协议,未经庭审而认罪,导致被告被判刑并被驱逐出境。尽管被告并无有效抗辩理由,但是被告因之丧失了庭审机会本身已然构成损害结果,因此,律师提供了无效辩护,违反了宪法第六修正案。

判决译述

1. 律师挖坑被告跳

1982 年,13 岁的李宰(Jae Lee)跟随父母从韩国来到美国,在纽约定居下来,从此再也没有回到韩国。李宰没有成为美国公民,但他拿到了绿卡。

高中毕业后,李宰独自来到田纳西州的孟菲斯,先后开了两家中餐馆。然而,在经营生意的同时,李宰在背地里还从事了一些非法活动。2008 年,联邦警局接到线人的密报,称李宰在过去的 8 年间向自己出售了大约 200 颗摇头丸以及两盎司的大麻。警察搜查了李宰的家,发现了毒品以及一把上膛的步枪。李宰承认毒品归自己所有,也承认自己曾向朋友提供过毒品。

于是,大陪审团因李宰以传播为目的持有毒品而决定起诉他。在辩诉谈判中,李宰的律师说,如果他认罪,可能只需要短期服刑;而如果拒绝认罪去接受审判,他面临的刑罚会更重。

李宰担心自己不是美国公民,怕因此被驱逐出境,于是反复向律师确认认罪的后果。律师承诺说,只要认罪就不会被遣返。基于律师的承诺,李宰决定认罪。

最终,初审法院判处李宰有期徒刑一年零一天,缓刑两个月。然而,李宰很快得知,认罪的后果并非只有坐牢。实际上,李宰认的罪是《移民和国籍法》(the Immigration and Nationality Act)中的一项"重罪",犯此重罪的非美国公民将依法被强制驱逐出境。他掉进了律师挖的坑里。

于是,李宰迅速提起动议,要求撤销他的认罪协议,并宣称他的律师实质上提供了无效辩护。

2. 进坑容易出坑难

在证据听证会上,李宰和他的律师均作证证明,"被驱逐出境与否是李宰考虑接受辩诉协议的决定性因素"。而李宰作证说,律师曾向他保证,如果辩诉协议中不包含被驱逐出境的后果,那么政府就不会遣返他。李宰的律师也作证说,由于证据确凿,即使李宰不认罪,他在审判中也将难以胜诉。不过,如果他早知道李宰认罪后会被遣返,他会建议李宰接受审判。

基于此,李宰主张自己是因为律师的失职而失去了接受审判的权利,并请求法庭撤销其认罪协议。

可是政府不这么想,拿出了判例斯特里克兰诉华盛顿州案[1](以下简称斯特里克兰案)。早在 1984 年,联邦最高法院曾在此案中明确了无效辩护的二重证明标准:一是辩护缺陷标准,即确定律师的辩护行为是否存在缺陷;二是损害

---

〔1〕 Strickland v. Washington,466 U. S. 668(1984).

结果标准，即确定律师的缺陷行为对被告人的辩护是否带来损害和不利。前一标准为因，后一标准为果。只有律师的辩护行为存在缺陷，才可能存在无效辩护，且只有缺陷行为致使被告人承担了不利后果，才构成无效辩护。

在本案中，政府承认律师确实存在辩护缺陷行为，但是被告却不能证明自己遭受了损害结果。因为李宰的犯罪事实清楚，证据充分，所以就算他接受审判，得到的可能是更长的刑期加上驱逐出境。因此政府主张，就算没有律师的失职，李宰按照自己的意愿去接受审判了，也基本上可以确定不会出现对李宰有利的诉讼结果，故不存在无效辩护。

初审法院和第六巡回上诉法院都赞同政府的主张，于是李宰上诉到联邦最高法院。

3. 最高法院伸援手

美国宪法第六修正案保障被告在刑事诉讼（包括辩诉协议）中有获得律师有效辩护的权利。为了证明律师提供了实质上的无效辩护，被告需要证明律师的辩护存在缺陷，且这种缺陷对诉讼结果产生了不利影响。前者毋庸置疑，本案的争议焦点在于李宰是否能够证明律师的无效辩护使他遭受了不利结果。

在斯特里克兰案中，联邦最高法院将不利结果表述为："如果没有律师的失职，有合理的可能将出现不同的诉讼结果"。其中，"不同的诉讼结果"是指对被告有利的诉讼结果，"可能""合理"是指能够合理期待有不同的诉讼结果的出现。由此，政府主张，由于被告不能证明接受庭审的最终结果对其而言更加有利，那么当然也就不能证明他遭受了不利结果。

然而，联邦最高法院并不打算探究假设被告经过庭审后，审判结果是否比辩诉协议的结果更有利，因为被告根本就没有经过庭审。相反，联邦最高法院认为，律师的辩护缺陷使被告认罪，从而放弃了出庭的权利，这本身就是对其产生了不利结果。

同时，联邦最高法院认为，在审视无效抗辩的二重证明标准时，法官应当根据具体案件中的证据去证实被告的真实意愿。在本案中，李宰声称若知道自己将被驱逐出境，他绝不会作有罪答辩，宁愿在庭审中搏一搏。诚然，认罪必然被遣返，而如果出庭接受庭审，李宰尚有渺茫的机会。对于长久居住在美国而与韩国基本毫无联系的李宰来说,只要能够免于被驱逐出境,刑期长短对他而言其实没有实质性区别。

综上所述,联邦最高法院认为,李宰能够证明“如果没有律师的失职,有可能合理出现不同的诉讼结果”。

最后,联邦最高法院撤销了第六巡回法院的判决,李宰将重新出庭接受法院的审判。对他而言,能在美国的监狱多待上几年,也比被遣返回韩国要好,因为他 30 多年没有回过韩国,也和韩国没有任何联系了。美国已经成了他的故乡。

3.02.004 总检察长塞申斯三世诉莫拉莱斯－桑塔纳 Sessions v. Morales-Santana ——爹妈不同,命运不同

原 案 名:Jefferson B. Sessions, Ⅲ, Attorney General v. Luis Ramon Morales-Santana

判决日期:2017 年 6 月 12 日

案　　号:15－1191

判决原文:https://www.supremecourt.gov/opinions/16pdf/15－1191_2a34.pdf

主　　笔:金斯伯格大法官(首席大法官罗伯茨与肯尼迪、布雷耶、索托马约尔、卡根大法官附议;托马斯大法官另外撰写了部分协同意见,阿利托大法官附议;戈萨奇大法官未参与本案的审理与判决)

判决主旨:在海外出生的非婚生子女,如果其父亲在其出生前具有美国国籍,且在美国居住满5 年,该子女即可获得美国国籍。但是,如果具有美国国籍的一方是该子女的母亲,在其他条件相同的情况下,其母亲只需在美国居住满1年,该子女即可获得美国国籍。这一特别规定违反了美国宪法第五修正案的平等保护条款。

判决译述

1.20 天导致儿子命运天差地别

本案的主人公路易斯·莫拉莱斯－桑塔纳(Luis Ramón Morales-Santana,以下简称莫拉莱斯)是一位从小生活在美国、父亲是美国人,但仍被遣返出国的倒霉蛋。

1962 年,莫拉莱斯在多米尼加共和国出生。他的父亲叫何塞·莫拉莱斯(以下简称何塞),是一名美国公民。1970 年,莫拉莱斯 8 岁时,何塞才和莫拉莱斯的母亲登记结婚。所以,莫拉莱斯出生时是非婚生子。1975 年,13 岁的莫拉莱斯回到了美国。然而仅仅 1 年后,父亲何塞去世,莫拉莱斯搬到纽约市布朗克斯区就读公立学校。

时间转眼到了 2000 年,尽管莫拉莱斯已经在美国居住了这么多年,他还是被政府部门认定为外国公民,面临遣返程序。于是,他以其父何塞是美国公民为由,向美国当局申请公民身份。

《美国联邦法典》第 8 编《移民与国籍法》(Immigration and Nationality Act)第 1401(a)(7)节规定:"如果一位非婚生子女在美国境外出生,其父亲或者母亲中的一方具有美国国籍、另一方没有美国国籍,则在该子女出生前,若该具有美国国籍的父亲或母亲一方实际居住在美国境内的时间至少有 10 年,且其中至少 5 年是在 14 周岁后度过的,在境外出生的该非婚生子女即可获得美国国籍。"[1]

仔细追查,莫拉莱斯发现他父亲何塞的故事竟有些曲折。

首先,何塞的出生地到底是不是美国就是一个问题。因为何塞出生在波多黎各地区的瓜尼卡市,当时的波多黎各并不属于美国领土。不过根据判例波多黎各诉桑切斯·瓦莱案[2]及《美国联邦法典》第 8 编第 1101(a)(38)节的规定,波多黎各自始为美国领土,何塞也根据相关法律成为美国公民。

其次,何塞到底有没有在他儿子出生前在美国居住满一定年限却是个大问题。根据《移民与国籍法》的规定,何塞需要在他 14 周岁之后在美国居住满 5 年才能使他的儿子莫拉莱斯取得美国国籍。可是恰巧,何塞在 1919 年、离他年满 19 周岁还差 20 天的时候离开了波多黎各,前往多米尼加共和国当起了一名建筑工人。

因此,移民法官拒绝了莫拉莱斯以父亲为美国国籍为由的国籍申请,判令

---

〔1〕 法条原文:a person born outside the geographical limits of the United States and its outlying possessions of parents one of whom is an alien, and the other a citizen of the United States who, prior to the birth of such person, was physically present in the United States or its out lying possessions for a period or periods totaling not less than ten years, at least five of which were after attaining the age of fourteen years...

〔2〕 Puerto Rico v. Sanchez Valle, 579 U. S. ___(2016).

其返回多米尼加共和国。

2."区别对待"实属违宪

父母中只有一方为美国公民,就算其子女出生在美国国外,仍可能通过《移民与国籍法》取得美国国籍。随着时间推移,这条规则分别规定在《美国联邦法典》第8编第1401(a)(7)节(1958年版)和第1401(g)节(2012年版)中。两条均要求父母中为美国公民的一方需要在子女出生前在美国居住满10年,且14周岁后在美国居住满5年,才能授予其子女美国公民身份。

但假若拥有美国国籍的是母亲一方,第1409(c)节却作出了例外规定:拥有美国国籍的母亲只需在非婚生子女出生前,在美国连续居住满1年,该出生在美国境外的子女便可获得美国国籍。[1]

2010年,莫拉莱斯突然想到,同样是非婚生子女,父亲一方为美国公民与母亲一方为美国公民,其加入美国国籍的要求竟然不一样,这不违反了美国宪法的平等保护条款吗?(虽然平等保护条款来自美国宪法第十四修正案,但是第十四修正案只要求美国各州给予各州公民平等保护,但本案讨论的是联邦立法机关的问题,因此原告的诉请是基于美国宪法第四修正案,即正当程序原则,来主张权利。根据温伯格诉维森菲尔德案[2]的精神,过于不当的歧视行为会违反第四修正案的正当程序原则中所隐含的平等保护思想。因此本案中的第四修正案和第十四修正案所包含的平等保护思想其实并没有区别。)因此,莫拉莱斯向移民上诉委员会(Board of Immigration Appeals)再次申请美国国籍。但是移民上诉委员会驳回了他的申请。

随后,莫拉莱斯将该案上诉至联邦第二巡回上诉法院。上诉法院认为,莫拉莱斯的主张有道理,这两条规则的确是区别对待不同性别,属于违宪,因此推翻了移民上诉委员会的裁决,判决莫拉莱斯应当取得美国国籍(享受假定他母

---

〔1〕 法条原文:Outside the United States and out of wedlock shall be held to have acquired at birth the nationality status of his mother, if the mother had the nationality of the United States at the time of such person's birth, and if the mother had previously been physically present in the United States or one of its outlying possessions for a continuous period of one year。

〔2〕 Weinberger v. Wiesenfeld, 420 U. S. 636, 648 - 653 (1975).

亲为拥有美国国籍一方时,他所拥有的待遇)。

美国司法部遂向联邦最高法院提起上诉。

3. 父亲的权利,儿子可以主张吗?

美国联邦最高法院的大法官们受理本案后,先解答了一个基础性问题:《美国联邦法典》第 8 编第 1409 节规定的是父母因性别不同有不同的权利,而不是子女遭遇到不同待遇,此时子女是否有权替父母主张权利呢?

通常来说,诉讼参与的双方只能根据自己拥有的权利向法院提出请求,但是大法官们认为,根据 2004 年科瓦斯基诉泰斯莫尔案〔1〕的精神,若诉讼一方与权利所有人有密切关系,且权利所有人因客观障碍无法主张该权利,诉讼一方有权主张他人拥有的权利。

在本案中,莫拉莱斯显然与他的父亲何塞具有密切关系,且何塞已经去世,无法主张自己的权利,因此莫拉莱斯完全有权主张他父亲的权利。

4. 本案应当适用的审查标准

关于第 1401 节、第 1409 节的合宪性问题,大法官们认为应当审查。〔2〕

美国的法律其实有一段时间充斥着诸多男女不平等的条款,如"女性是家庭和生活的中心,因此女性可以免除陪审员义务"(1961 年霍伊特诉佛罗里达州案〔3〕)、"国家对待两性应有明确的区别"(1948 年古萨特诉克利里案〔4〕)

---

〔1〕 Kowalski v. Tesmer,543 U. S. 125,130(2004).

〔2〕 在美国,若一项政策或法律被质疑为违宪,法院可对其进行违宪审查,但是,在涉及划分不同的人群和利益时,应适用三档不同的合宪性审查标准:第一,合理性基础检验法(Rational Basis Test),这是最宽松的审查标准,只要求该政策/法律有合情合理的目的,且与该目的有着合理的联系(Legitimate Purpose + Rationally Related)即可;第二,中等标准审查(Intermediate Scrutiny 或 Heightened Scrutiny),即中间级的审查标准,要求该政策/法律有重要的现实目的,且与该目的有紧密联系(Important Actual Purpose + Substantially Related);第三,严格标准审查(Strict Scrutiny),这是最严格的标准,要求该政策/法律必须是为了极其重要的现实目的,且是实现该目的的必要手段(Compelling Actual Purpose + Necessary)。

〔3〕 Hoyt v. Florida,368 U. S. 57,62(1961).

〔4〕 Goesaert v. Cleary,335 U. S. 464,466(1948).

等。这些基于性别的分类条款在今天都应当接受中等标准的审查。

20 世纪 70 年代,美国联邦最高法院曾针对此类规则是否违反平等保护条款有一次密集的中等标准审查,许多规定被判违宪。比如,1979 年的卡利法诺诉韦斯科案[1]中,联邦最高法院认为,某条文中只有未就业的父亲可以获得津贴而母亲不能的规定违宪;1977 年卡利法诺诉戈德法布案[2]中,联邦最高法院认为,社保规定中"丧偶丈夫不得获取与丧偶妻子性质一致的津贴"违宪;1975 年温伯格诉维森菲尔德案中,社保规定中"母亲因婴儿用品获取的补贴,父亲不得享有"被判违宪;1973 年弗龙捷罗诉理查森案[3]中,"已婚女军官无法享受与已婚男军官性质一致的津贴"的规定被判违宪;1971 年里德诉里德案[4]中,遗嘱检验法中父亲优先担任过世子女遗产管理人的内容被判违宪。

本案中,第 1409 节分别规定了父亲及母亲的相关规则,属于基于性别的分类条款,因此也需要经过中等标准审查,即只有政府证明该法律有重要的现实目的,且与该目的有紧密联系时,该争议法条才具备合宪性。而且按照以往的判例,该规则只有具备极为令人信服的正当性(exceedingly persuasive justification)时才不违宪。

5. 前事不忘,后事之师

接着,大法官们回顾了争议法条的来龙去脉并分析其是否合宪。

美国 1940 年颁布的《国籍法》(Nationality Act of 1940)第 1409 节,终结了持续了一个半世纪的未婚父母在海外所生子女的国籍归属问题。在此之前,美国的行政规章中有两个现在看起来已经站不住脚的规则:

第一个规则(丈夫主导规则),是指在婚姻关系中,丈夫是主导,妻子是附庸。具体来说,就是指当一个家庭中,只有丈夫是美国公民时,其他外国国籍的家庭成员才能转变为美国国籍,而只有妻子是美国公民时则不行。这条规则最早出现在最高法院 1915 年的一个判例中。

---

〔1〕 Califano v. Westcott, 443 U. S. 76, 84 (1979).

〔2〕 Califano v. Goldfarb, 430 U. S. 199, 206 – 207 (1977).

〔3〕 Frontiero v. Richardson, 411 U. S. 677, 688 – 691 (1973).

〔4〕 Reed v. Reed, 404 U. S. 71, 74, 76 – 77 (1971).

历史系的教授们提交的法庭之友(Amici Curiae)答辩书中也阐述了相同的观点:20世纪初,美国男性公民的外国国籍的妻子会自动变更为美国国籍;对比之下,美国女性公民则无法将其丈夫的外国国籍变更为美国国籍,且该美国女性公民的美国国籍会自动丧失。比如,从1790年到1934年,在外国出生的婚生子女只有在其父亲是美国人的情况下才能取得美国国籍。

但第二个规则(非婚生母亲监护人规则)有所不同,对于非婚生子女,只有未婚母亲是该非婚生子女天然且唯一的监护人。在20世纪早期,尽管没有任何法律的授权,政府部门有时还是将美国国籍的未婚母亲的孩子确认为美国国籍。

1940年的《国籍法》废除了丈夫主导规则,但对于后一个规则,当时的罗斯福政府并没有做出太大幅度的修改,仍认为非婚生子女的母亲,有权阻却该子女的父亲的权利而取得监护权,成为该子女的天然监护人。这一规则还基于一个淳朴的价值观:父亲对子女不太负责,但是母亲比较负责。

自20世纪中期之后的半个世纪里,最高法院渐渐发现这些针对不同性别适用不同法律的方法有问题。若立法者仍然根据能力、天赋或特权与性别挂钩的老观念来制定规则,保护或排除某一类性别的利益,法院认为这种规则已经不符合现代的法治观念。

本案也是如此。第1409(a)节和第1409(c)节所代表的观点认为,非婚生子女的父亲并不能像母亲那样对该子女承担起责任,因此应当在子女国籍问题上因父母不同而区别对待。然而,联邦最高法院的大法官们认为,此法条的精神并不具备令人信服的正当性,因为这种法条会促使女性事先预设自己的家庭角色,从而产生恶性循环。因此,基于平等保护条款,大法官们认为该法条不合时宜,且不具备正当性。

6. 有关法条正当性的反驳

被告认为该法条具有正当性,理由主要基于两点:一是保证在国外出生的非婚生子女与美国的联系;二是防止无国籍人的产生。

大法官们对此并不买账,他们认为:

第一,争议法条中,非婚生子女的母亲的待遇与双方均具有美国国籍的夫妻的待遇一致,而针对非婚生子女的父亲的规定与夫妻双方只有一方为美国国籍的夫妻的待遇一致。这种制度设计透露的思想就是天然地认定该非婚生子女的外国籍父亲是不负责任的,不能像美国籍母亲那样承担抚养责任。这种观点必然无法通过平等保护原则的审查。

第二,该法律并不代表就能保证子女与美国的联系。符合条件的母亲即使带着子女嫁给外国国籍的丈夫,此时子女与美国的联系已经微乎其微,但该法律仍可以使该子女获得美国国籍。相比之下,不符合条件的父亲,即使在子女出生那天马上签署了父系确认书,并在美国抚养该子女长大,此时与美国的联系已经很紧密,但该子女仍不能获得美国国籍。因此保证子女与美国的联系这一理由并不能站住脚,无法通过中等标准审查(Heightened Scrutiny)。

第三,该法律与阻止无国籍人的产生也没什么关系。正如上诉法院的法官所说,该法条在制定时,国会并没有根据这一问题完成任何形式的听证会或报告(在几百份备忘录中,只有一份提到了这个问题),而且1940年的《国籍法》中只有其他法条才与阻止无国籍人事件发生有关,争议法条与此并无关联。虽然被告认为,很多外国法律没有规定非婚生子女国籍以父亲为准,因此争议法条这么规定可以防止发生无国籍人的情况,但是法庭之友说明了另外一个事实,其实至少30个国家规定非婚生子女的国籍不能以母亲为准,45个国家规定具有本国国籍的母亲在国外生下的非婚生子女,若其父亲为外国国籍的,则不得登记为该国国籍。因此,大法官们认为,美国国籍未婚父亲所生的子女成为无国籍人,比美国国籍未婚母亲的子女成为无国籍人的可能性更大,这就更不能说明争议法条能阻止无国籍人产生的合理性了。另外,据负责消除无国籍人现象的联合国难民署高级专员透露,无国籍人产生的很大一部分原因就在于各国国籍法中相关法律对父母的区别对待。因此,大法官们实在不能认同这种歧视性的法律能够消除无国籍人的产生。

7. 何以解忧? 唯有消除歧视!

虽然已经确定第1409节的特殊规定导致非婚生子女的父亲遭受了不平等待遇,违反了宪法的平等保护条款,但是最高法院的大法官们还需要解决一个问题,那就是接下来该怎么消除这个不平等?

这个问题实在很难办,以至于一贯睿智的上诉法院法官们都在抱怨这个问题是最让人闹心的事(见本案判决书脚注第 28 条:The Court of Appeals found the remedial issue “the most vexing problem in this case”)。

要消除本案中的不平等,最高法院的大法官们面临两种选择:一是使父亲的权利扩大至与母亲一样;二是将母亲享受的特权规定废除。

一般来说,面对这种情况,最高法院的大法官们一般倾向于将特权的主体扩大而不是废除特权,但是在本案中,如果在第 1409(c)节中将父亲的权利扩大至与母亲一致,这一条就不再是特别规定,而变成一般规定。而一般规定已经在第 1401(a)(7)节和第 1409(a)节中列明,不能被动摇。

因此,联邦最高法院的大法官们认为,将第 1409(c)节中母亲所享受的特权废除更加接近国会的立法精神,还另外建议国会重新修订该条规则,以消除性别歧视。

最后,联邦最高法院作出判决,部分支持、部分撤销原判,判令下级法院根据最高法院的观点重新审理此案。看来,现年 56 岁的莫拉莱斯最终拥有美国国籍的希望非常渺茫。

3.02.005　特朗普总统诉国际难民接纳计划和夏威夷州 Trump v. IRSP & Hawaii ——法院如何平衡禁令所涉各方利益

原 案 名：Donald J. Trump, President of the United States v. International Refugee Assistance Project, et al. ; Donald J. Trump, President of The United States v. Hawaii, et al.

判决日期：2017 年 6 月 26 日

案　　号：16 - 1436(16A1190)、16 - 1540(16A1191)

判决原文：https://www.supremecourt.gov/opinions/16pdf/16 - 1436_l6hc.pdf

主　　笔：隐名(此判决没有署名,代表整个法院的立场;托马斯大法官撰写了部分协同、部分异议意见,阿利托大法官与戈萨奇大法官附议)

判决主旨：与美国个人或实体有真实可信的善意联系的外国公民不受《阻止外国恐怖分子进入美国的国家保护计划》的影响。

判决译述

详见 1.04.002,见本书第 66 页。

3.02.006 胡安诉总检察长塞申斯三世

Juan Esquivel-Quintana v. Attorney General

——关于“未成年人”的界定

原 案 名:Juan Esquivel-Quintana, Petitioner v. Jefferson B. Sessions Ⅲ, Attorney General

判决日期:2017 年 5 月 30 日

案　　号:16 – 54

判决原文:https://www. supremecourt. gov/opinions/16pdf/16 – 54_5i26. pdf

主　　笔:托马斯大法官(除戈萨奇大法官未参与本案的讨论与判决外,其他大法官均附议)

判决主旨:《移民与国籍法》中有关“性侵未成年人”犯罪中的“未成年人”是指“未满 16 岁的人”。

判决译述

1. 尝禁果的代价

21 岁的墨西哥人胡安(Juan Esquivel-Quintana)和一名 17 岁的少女发生了性关系,虽然是两情相悦,但加利福尼亚州的刑法规定,与不满 18 岁且比自己小超过 3 岁的未成年人发生性行为属于法定的强奸行为,可以入罪。这种“法定强奸罪”的要点是,在判断被告人的行为性质时,只看受害人是否低于法律规定的年龄,而不考虑受害者在发生性行为时是否出于自愿。2009 年,胡安在加利福尼亚州最高法院的法庭上对自己触犯“法定强奸罪”的行为供认不讳。

问题是胡安于2000年成为美国合法永久居民，但是美国《移民与国籍法》（Immigration and Nationality Act，INA）规定：任何获得合法永久居民资格的外国人如果被判犯下“恶性重罪”（aggravated felony），美国司法部部长仍可以将其驱逐出境［《美国联邦法典》第8编第1227（a）（2）（A）（iii）节］。同时还规定：无论触犯的是联邦法律还是州法律，“性侵未成年人”属于恶性重罪。至于几岁才算“未成年人”在该法中并无明确的标准。

于是美国国土安全部对胡安启动了驱逐程序。移民法官判定胡安犯下“法定强奸罪”，并发驱逐令要将胡安遣返墨西哥。移民上诉委员会认为胡安所犯的“法定强奸罪”符合“性侵未成年人”的规定，因此驳回了胡安的上诉请求。上诉法院也采纳移民上诉委员会对于“性侵未成年人”的理解，驳回胡安的上诉。

尝禁果的代价忒大了，胡安很憋屈，上诉到联邦最高法院。他认为，INA认定为恶性重罪的“性侵未成年人”中的“未成年人”应当理解为未满16岁的人，而他被判“法定强奸罪”的行为中，受害人已超过17岁。因此他的罪行不属于“性侵未成年人”，也就不属于INA所规定的恶性重罪。

2. 最高法院的剖析

《美国联邦法典》第8编第1227（a）（2）（A）（iii）节规定，驱逐移民是基于该移民所触犯的罪名，而非其犯罪行为。因此，最高法院判断本案主要是运用分类方法审视法律规定，而不是审查具体的犯罪事实，即需要审查触犯了法律的罪行是否属于INA规定的恶性重罪。

联邦最高法院认为本案需要解决的问题为：加利福尼亚州刑法典规定“法定强奸罪”受害人的年龄须不满18周岁。胡安在对方同意且没有其他犯罪行为的情况下，如果只是因为发生性行为的对象未满18周岁而被判“法定强奸罪”，是否构成INA通常意义上的“性侵未成年人”。

（1）概念解释

由于INA对于“性侵未成年人”中“未成年人”的年龄段没有明确规定，最高法院首先用语义解释的方法对含义不明的法律进行解释：国会在1996年将“性侵未成年人”纳入恶性重罪情形，当时的《韦氏法律词典》对于“性侵”的定义是“与低于特定年龄的人或者与在生理或心理上无能力表示同意的人发生性接触”。而INA中有关性侵的对象强调的是“未成年”,说明该法“禁止与低于特定年龄的人发生性行为”。

大部分州有关“法定强奸罪”的规定与上述罪行的定义一致,也都是“禁止与低于特定年龄的人发生性行为”。而其中有关“特定年龄”的定义是指法律规定能够对性行为做出意思表示的年龄,被称为“同意能力年龄”(age of consent)。从1996年至今,大部分州的法律,以及《布莱克法律词典》等权威法律词典都将“同意能力年龄”解释为16岁。

与“同意能力年龄”概念相对应的还有“行为能力年龄”(age of legal competence),大部分州法律将18周岁作为“行为能力年龄”的下限。政府部门主张INA中“未成年人”应按照“行为能力年龄”的标准来确定。这一观点并未获得联邦最高法院的支持。

联邦最高法院认为,第一,政府部门的观点与权威法律词典的定义相冲突。第二,通常“法定强奸罪”中的未成年人都是以“同意能力年龄”为限。第三,如果以“行为能力年龄”作为INA通常意义上的“未成年人”标准,那么只要是被州法律认定为“法定强奸罪”的行为都将构成“性侵未成年人”,也就根本不存在对于INA通常意义上的理解了。

(2)历史与现状解释

另外,与INA“性侵未成年人”密切相关的《美国联邦法典》第18编第2243节几经修改后,在认定“性侵未成年人或被监护人”行为时,将“未成年人”的年龄段从12~16岁扩大到16岁以下,此举说明国会对此是肯定了解的。对于同是联邦法律的INA而言,这可以作为其有关“未成年人”定义的重要参考。此外,最高法院统计了全美各州和地区的刑法典。统计结果显示,有31个州和哥伦比亚特区的刑法典都将16岁定为“法定强奸罪”中“同意能力年龄”的上限,有1个州定为14岁,两个州定为15岁,6个州定为17岁,包括加利福尼亚州在内的10个州定为18岁,以16岁为界的州占有绝对多数。

联邦最高法院认为,前述统计方法有助于更好地了解“大部分人对于联邦法律中的同一个条文的普遍理解方式”。根据这一方法,可以得出INA“性侵未成年人”规定中的“未成年人”应当理解为不满16岁的人。

3. 最终判决结果

因为本案中的法律规定本身很明确,排除了移民上诉委员会的理解,因此不需要适用从宽解释规则(rule of lenity),[1]也不需要引用联邦最高法院在1984年美国雪弗龙公司诉自然资源保护委员会案[2]中的相关判决。

最终,联邦最高法院支持了胡安的诉请,认定胡安所犯罪行不属于INA中的"性侵未成年人"。胡安最终侥幸躲过一劫,保住了他在美国的永久居民身份。

---

〔1〕 从宽解释规则,也称严格解释规则,是指在解释刑法时,如果遇到含混不清的情形,法官应当采取有利于被告人的解释。不同于我国所称的存疑有利于被告原则。参见黄何:《美国刑法解释中的从宽解释规则及其启示》,载《湖北社会科学》2018年第3期。

〔2〕 Chevron U. S. A. Inc. v. Natural Resources Defense Council, Inc., 467 U. S. 837(1984). 810 F. 3d 1019(CA6 2016).

三

财产权

3.03.001 穆尔诉威斯康星州

Murr v. Wisconsin

——政府能否禁止相邻两个地块分割出售？

原 案 名：Murr et al. v. Wisconsin et al.

判决日期：2017 年 6 月 23 日

案　　号：15 – 214

判决原文：https://www.supremecourt.gov/opinions/16pdf/15 – 214_f1gj.pdf

主　　笔：肯尼迪大法官（金斯伯格、布雷耶、索托马约尔和卡根大法官附议。首席大法官罗伯茨撰写了异议意见，托马斯和阿利托大法官附议。托马斯大法官另行撰写了异议意见。戈萨奇大法官没有参与本案的判决）

判决主旨：在审查政府是否存在管制性征收行为时，应首先确定具体受到政府行为影响的土地范围。为此应综合考虑当地法律、土地的物理特征以及被管制的土地的预期价值。

判决译述

1. 祖传土地分割出售受阻

穆尔（Murr）家的 4 个兄弟姐妹从父母那里得到了两块位于威斯康星州圣克罗伊郡的地（在本案中被称为地块 E 和地块 F）。最初，他们的父母是在 1960 年买了地块 F，并在上面建造了一座供休憩的小木屋，然后在 1961 年把这块地转移到家族公司的名下。到了 1962 年，他们的父母又买了地块 E，登记在自己名下。

这两块地相互紧邻并且拥有相同的地理风貌,每块地的中间都被陡峭的悬崖所分隔,但被分隔的地面都非常平坦且适宜开发。两块地之间由流经的河流作为区隔地块的分界线。尽管每一块地都大约占地 1.25 英亩,但由于悬崖以及河流的隔断,即使把所有空地连接在一起,可开发总面积也只有 0.98 英亩。

穆尔兄妹的父母在 1994 年将地块 F 转移登记到穆尔兄妹名下,1995 年又将地块 E 转移登记到穆尔兄妹名下。在得到土地 10 年后,穆尔兄妹想将小木屋从地块 F 的一边平移到另一边,并计划单独出售地块 E,用销售获得的资金来实施这个方案。虽然是这么筹划的,但他们也清楚这个方案存在一些法律上的问题。

圣克罗伊郡所在的威斯康星州的行政法禁止将可开发面积小于 1 英亩的地块分割利用。但是该法中有一条“祖父条款”允许一种例外情形,即如果相邻的两个地块在 1976 年 1 月 1 日(该法颁布日)分属于不同的所有权人,可以不受前述规定的限制。

该法其实蕴含着一个合并条款,即如果两个相邻的地块属于同一个所有权人时,当每个地块的土地可开发面积小于 1 英亩时,两个地块只能合并,不得分割出售或开发。

威斯康星州的行政法要求本州各地方在制定法规时都应当遵守前述规定。因此,圣克罗伊郡的区划法也包含了一模一样的限制性内容。

穆尔兄妹名下的 E、F 两块地就属于被禁止分割转让的情形。好在威斯康星州行政法同时也赋予各地方自主权:如果发现在执行上述规定时会带来不必要的困难,可以豁免当事人不受此限。穆尔兄妹于是向圣克罗伊郡区划调整委员会申请豁免,允许其单独修缮地块 F 和单独出售地块 E。

然而,委员会拒绝了这一请求,州地方法院以及州上诉法院都支持委员会的决定。眼看着无法获得豁免,穆尔兄妹决定另辟蹊径。他们针对威斯康星州政府和圣克洛伊郡的行政法规向州法院提起诉讼,认为该法剥夺了他们单独使用地块 E 的权利,构成了“管制性征收”(regulatory taking)行为。

2. 管制性征收的法律背景

美国联邦宪法第五修正案的征收条款(the Takings Clause)是政府征收私

人财产的重要法律依据。该条款规定,如果没有给予公平的补偿,政府不得为了公共利益征收私人财产。但是,对于政府通过颁布行政规定对私人财产施加负担的行为,征收条款没有作出任何明确的规定。

之前,征收条款只适用于对私人财产的直接征收或剥夺,直到 1922 年联邦最高法院审理的宾夕法尼亚州煤炭公司诉马洪案[1](以下简称马洪案),才出现了霍姆斯大法官提出的"管制性征收"这一法理学上的概念,即"如果行政规定对于私人财产的限制超过一定的限度,那么这项行政规定可以被视为管制性征收"。

联邦最高法院就是否构成"管制性征收"曾确立了两条指导性意见:

(1)若某行政法规否定了土地所有的经济利益或生产价值,则政府应当按照征收条款给予土地所有权人补偿;或者

(2)当某行政法规没有剥夺财产所有权人的所有经济利益,却减损了其财产的利用价值,如果符合下述要素,该行政法规也将被视为对私人财产的征收:①该行政法规对请求权人存在经济上的影响;②该行政法规已显著影响所涉财产的投资回报预期;③具备政府行为的特征。

但即使确立了上述规则,联邦最高法院在 1992 年的卢卡斯诉南卡罗来纳海岸委员会案[2](以下简称卢卡斯案)中指出,如果在州的财产法里已经对土地所有权作出了限制,那么政府限制个人使用私人财产的行为不需要对个人进行补偿。

前述有关"管制性征收"的法理是联邦最高法院平衡个人财产权利与政府为公共利益所享有的权力间的方法。

3. 镜头回放

镜头回放到州初审法院。诉讼双方都向法院递交了争议地块的估值报告。应诉方州政府和郡政府递交的评估报告中写明,E、F 两块地打包出售可以卖 69.83 万美元,而如果作为可以开发的土地分开出售后获得的总价款则为77.10

---

〔1〕 Pennsylvania Coal Co. v. Mahon, 260 U. S. 393(1922).

〔2〕 Lucas v. South Carolina Coastal Council, 505 U. S. 1003, 1014(1992).

万美元,单独出售地块 F 则可获得价款 37.30 万美元。

穆尔兄妹提供的评估报告中却提到,尚未开发的 E 地块单独出售仅值 4 万美元。

在初审时,圣克罗伊郡巡回法院认为,威斯康星州以及圣克罗伊郡的行政规定并未剥夺穆尔兄妹对争议地块加以利用的所有权利,而争议地块合并出售的价格相较于单独出售的价值,降幅小于 10%,说明争议地块的经济价值并未受到严重的损害。

威斯康星州上诉法院支持巡回法院的观点,同时还认为,要讨论是否存在“管制性征收”,首先要解决“是哪一块土地受到了限制”这一问题,即上诉法院将地块 E 和 F 作为一个整体来审查是否受到了限制。此外,根据州以及郡的规定,穆尔兄妹在 1995 年受让地块 E 时,就理应知道将来无法将其单独出售。因此上诉法院拒绝将地块 E 作为单独的审查对象,而将两块地作为整体,认为当地政府制定的法律并未形成对作为整体的这两块土地的管制性征收。

威斯康星州最高法院驳回了穆尔兄妹的上诉。兄妹们不服,向联邦最高法院提起诉讼。

4. 联邦最高法院的终审裁判

联邦最高法院认为,在解决本案中州以及郡政府制定的法规是否存在管制性征收私人财产这个问题前,必须先弄清楚:受法律规定影响的是哪一部分财产?因为要认定管制性征收,需比较财产中被征收部分的价值与剩余部分的价值。

联邦最高法院虽然并没有就如何确定受“管制性征收”影响的财产部分提供指导意见,但却对两个问题有自己的观点:第一,联邦最高法院拒绝人为地将财产的范围限定在受相关规定规制的部分;第二,联邦最高法院认为州法律的规定应当符合美国联邦宪法的“征收条款”规定。

联邦最高法院认为,要解决“受法律规定影响的是哪一部分财产”这个问题,应当综合考虑各种因素,包括争议土地所在地和州的法律、土地的物理特征以及被管制的土地的预期价值。而双方当事人都没有抓住本案的关键问题。

首先,要对争议土地所在地区和州的相关法律规定给予足够的重视。因为土地的买家一定会对其所购买土地所在区域的相关限制性规定有所了解。而且一项针对管制性征收的有效指控不会因为买家是在管制规定颁布后购买土地而消失。本案中威斯康星州以及圣克洛伊郡关于相邻地块所有权人为同一人时视为合并为同一块地的规定合法合理,穆尔兄妹从父母处受让地块 E 时,就应当知道存在这一规定,并对于地块 E、F 将被当地法律视为同一块地有合理的预期。

其次,法院需要考虑土地的物理特征,包括土地中可分割部分之间的地理关系、土地的地势地形以及周边生态环境。特别是土地所处地段可能会受到环境或者其他法律规定的影响。本案中的争议地块 E、F 不平坦且狭长的地形使该地块可预期的利用价值非常有限。而且争议地块位于圣克洛伊河的下游,此处在历史上就属于风景名胜区。联邦政府、州政府及当地政府都会为保护此处风貌而对土地的开发利用做出必要的限制,穆尔兄妹早应对此有所预期。

最后,法院还需要评估涉案的行政法规究竟会对相关财产增加多少负担。也许尽管管制性的规定会减损土地的市场价值,但如果这种限制会为土地带来其他方面的利益,那么这种价值减损的弊端将会被削弱。此外,不同地块间是否存在特殊关系,也是法院在审查管制性征收时,是将所有地块作为一个整体,还是将每一地块作为独立个体时重要的参考依据。本案根据双方提供的评估报告,地块 E 的单价为 4 万美元(最高法院并不对该估值的有效性发表意见。事实上根据现有的法律,地块 E 即使单独出售,也由于面积不达标准而不能单独开发),地块 F 的单价为 37.3 万美元,单独出售这两个地块所获得的总收入还不及将这两块地一并出售时的总价。地块 E、F 之间存在相互紧邻、相互增值的关系。穆尔兄妹并没有遭受到如马洪案或是卢卡斯案的当事人所遭受的损失。

鉴于威斯康星州以及圣克罗伊郡有关限制特定面积地块的分割利用规定早在 E、F 两地块合并前就已存在,穆尔兄妹们没有任何合理预期可以分别出售或开发争议地块,双方当事人提供的评估报告也并不能证明穆尔兄妹的经济利益受到严重的损害。而且本案中涉及制定限制性法规的政府行为是为了保护河流和周边环境,属于合理范围。因此本案中并不存在“管制性征收”。

联邦最高法院认为,法院在确定“受法律规定影响的是哪一部分财产”这一问题时,应当考虑到有关财产的合理预期,并符合美国联邦宪法“征收条款”的精神。威斯康星州上诉法院将 E、F 地块作为一个整体来审查是合法的,且由此可以得出当地政府制定的行政法规不存在管制性征收问题的判决也是正确的。因此维持了威斯康星州上诉法院的判决。

对于涉及私人财产权利的问题,联邦最高法院始终在保护个人财产权益与政府为公共利益行使征收权之间进行平衡。

3.03.002 豪威尔诉豪威尔

Howell v. Howell

——残疾津贴是夫妻共同财产吗?

原 案 名:John Howell v. Sandra Howell

判决日期:2017 年 5 月 15 日

案　　号:15 – 1031

判决原文:https://www.supremecourt.gov/opinions/16pdf/15 – 1031_hejm.pdf

主　　笔:布雷耶大法官(首席大法官罗伯茨、大法官肯尼迪、金斯伯格、阿利托、索托马约尔、卡根附议;托马斯大法官撰写部分协同意见;戈萨奇大法官没有参与审理)

判决主旨:在配偶一方是军人的离婚案件中,军人的退休金可以作为夫妻共同财产进行分割,但是服役过程中身有残疾的军人为领取残疾津贴而放弃的那部分退休金不在可分割范围之内。

判决译述

1. 残疾老兵离婚,钱怎么分?

俗话说"清官难断家务事",本案就是一件非常特殊的"家务事"——一位美国残疾老兵的离婚财产分割。

本案的主人公约翰·豪威尔(John Howell),是一位曾在美国空军服役的老兵。长年累月的军旅生涯,使约翰与他的前妻桑德拉·豪威尔(Sandra Howell)感情日渐淡薄,二人的婚姻于 1991 年走向末路。然而此时,约翰还未从美国空军退伍。

审理该离婚案件的法院预计到约翰从美国空军退伍是迟早的事儿,便在做离婚判决时将约翰未来享有的军队退休金也纳入"夫妻共同财产"一并进行分割。根据法院判决,二人的离婚财产分割以约翰的退伍日期为节点:在退休金发放之前,约翰每个月需要支付给前妻桑德拉 150 美元的扶养费和 585 美元的子女抚养费;一旦约翰的军队退休金开始发放,桑德拉便享有约翰全部退休金 50% 的份额。

1992 年,老兵约翰退伍,按照之前的离婚判决,他每个月需要从退休金中拿出一半来支付给自己的前妻。转眼到 2005 年,美国退伍老兵事务中心发现:约翰在空军服役期间受过肩伤,造成了 20% 的残疾,符合领取军人残疾津贴的条件。但根据美国联邦法律规定,退伍军人若选择领取残疾津贴,就必须相应的放弃同等数额的退休金,避免同一款项的二次发放。考虑到残疾津贴是一笔免税的收入,约翰选择放弃每月 250 美元的军队退休金,转而领取同等数额的残疾津贴。这样一来,约翰实际的军队退休金就从原来的每月 1500 美元减至每月 1250 美元。该变化也影响了之前离婚判决的执行,此后前妻每个月能够领取的金额也就从原来的 750 美元减少到 625 美元(1250 美元的 50%)。

每月凭空少了 125 美元的收入,前妻桑德拉甚为不悦,便向亚利桑那州家事法院起诉。她要求法院继续执行原离婚判决,每月所分财产中缩水的部分需由前夫补偿。

家事法院认为,原离婚判决赋予了桑德拉分享财产的"既得利益"(vested interests),该利益针对的是前夫约翰未因领取残疾津贴而放弃部分退休金之前的退休金数额(1500 美元),因此法院要求约翰确保桑德拉可以得到全额退休金的 50%,即每月 750 美元。

约翰不服该判决,上诉至亚利桑那州最高法院。该法院认为,家事法院只是要求约翰补偿(reimburse)前妻的损失,而非分割约翰的残疾津贴;同时,不同于先例曼塞尔诉曼塞尔案[1](以下简称曼塞尔案),约翰是在离婚判决已分割退休金后才放弃部分退休金的,而曼塞尔案中却是在分割之前就已经放弃,因

---

〔1〕 Mansell v. Mansell, 490 U. S. 581, 594 – 595 (1989).

此曼塞尔案与该案情形不同,先例判决对该案没有拘束力,联邦法律无法因此推翻州家事法院的判决。

查出残疾的约翰本就很难过,哪想到申请领取的残疾津贴又要被法院分割,愤怒之下这位残疾老兵最终找到美国联邦最高法院主持公道。

2. 老兵的退休金是不是"夫妻共同财产"?

联邦最高法院结合案情分析,本案的核心问题其实是美国退伍军人的退休金,尤其是为领取残疾津贴而放弃的部分,是否可以被当作夫妻共同财产进行分割的问题。对于这个问题,美国的成文法和判例法已经做出了解释。

起初对于该问题的判断仅仅停留在"军人退休金的整体"能否作为"夫妻共同财产"在离婚时被分割,并未考虑到"为领取残疾津贴而放弃的部分"。1981年,在联邦最高法院审判的麦卡蒂诉麦卡蒂案[1](以下简称麦卡蒂案)中,通过考察立法历史,联邦最高法院认为,国会在联邦退休金立法过程中旨在让退伍军人真正地获得军人退休金,退休金是退伍军人的一项"个人权利"(personal entitlement),并不具有可分性。然而,由于联邦退休金制度和各州对夫妻共同财产的规定存在冲突,军人退休金有时会被各州法院在离婚判决中进行分割,这将明显地、实质性地威胁到联邦利益。因此,最高法院认定,对于军人退休金这个问题,联邦法律将取代州法律,各州不能将"军人的退休金"作为"夫妻共同财产"进行分割。

1982年,国会通过了《军人前配偶保护法》(Uniformed Services Former Spouses Protection Act),作为《美国联邦法典》的第10编第1408节,对于麦卡蒂案判决中的规定进行了部分修改。首先,该法第1408(c)(1)节明确了"各州在处理军人离婚问题时,可以将军人退伍后享有的税后退休金作为夫妻共同财产进行分割";其次,该法还将视角进一步扩展到"军人为获得残疾津贴而放弃的退休金部分",在第1408(a)(4)(A)(ii)节中规定,"可被分割的退休金不包括退伍老兵为了获得残疾津贴而依法放弃的那部分退休金"。

1989年,联邦最高法院通过曼塞尔案的判决进一步明确了对新法的解释和

---

〔1〕 McCarty v. McCarty,453 U.S.210,211-215(1981).

适用。此案中,曼塞尔夫妇离婚财产分割协议中约定了曼塞尔先生于离婚后将其全额军人退休金的一半支付给前妻。后来,曼塞尔先生意识到他为获得残疾津贴而放弃的退休金份额是可以排除在夫妻共同财产之外免于分割的,最高法院最终支持了曼塞尔先生的请求。主笔该案判决书的联邦最高法院马歇尔大法官认为,依照麦卡蒂案的判决,在处理"军人退休金是否能作为可分割的夫妻共同财产"这一问题时,联邦法律将完全取代州法律。但国会通过《军人前配偶保护法》对各州进行了一定程度的授权:在限定的范围内,允许军人退休金作为夫妻共同财产被分割;对于军人为获得残疾津贴而放弃的部分,则不属于可分割财产的范围,麦卡蒂案中的"联邦法律取代州法律"的规则依旧适用,该部分退休金不能作为夫妻共同财产进行分割。

3. 历史的倒车开不得——退休金放弃部分依旧不可分割

依照美国成文法和判例法的历史情况看,美国联邦最高法院对于军人退休金分割这个问题的态度其实已经十分明确,本案所涉及的"为获得残疾津贴而放弃的部分退休金"是不能作为夫妻共同财产被州法院分割的。然而,亚利桑那州最高法院却对此再一次提出了质疑,这究竟有没有道理呢?联邦最高法院针对亚利桑那州最高法院的意见一一作出了回应。

(1)时间节点差异是否影响曼塞尔案的先例判决适用?

亚利桑那州最高法院最先提出的是因本案和曼塞尔案中时间节点差异而引起的质疑。在曼塞尔案中退伍军人曼塞尔先生为获得残疾津贴而对原退休金的部分放弃发生在离婚之前,而本案中被告对退休金的部分放弃则发生在离婚之后。由于直到离婚时本案被告的退休金都没有被部分放弃,前妻桑德拉和作出离婚判决的家事法庭会假定在离婚判决分割财产后被告未来获得的全部退休金都将保持可分,即前妻所能获得的扶养费是固定的。所以,亚利桑那州最高法院认为,正是这个时间节点的差异导致本案与曼塞尔案的事实存在很大差异,故曼塞尔案的判决无法适用于本案。

然而,联邦最高法院却不支持这个理由,认为时间节点的差异仅仅强调了原案被告向前妻支付的退休金需要符合离婚后发生的减损。考虑到军人退休金和残疾津贴制度,法院在作出离婚判决时,就应该考虑到部分退休金在离婚后有可能会被放弃,进而导致前妻所分享到的退休金份额较离婚之时有所减损。这种未来发生减损的可能性(future contingency)是法院可以所预见的,且无法通过法院的判决而消灭。因此,单纯从时间节点的差异性这个角度,无法撼动曼塞尔案对该案的指引。

(2)无法律支撑,则无既得权利〔1〕

亚利桑那州最高法院认定,依照先前的离婚判决,前妻对于退休金的分享部分拥有"既得权利",当然也包括了退休金中后来被放弃掉的那部分,因此实际上前妻因被告在离婚后的弃权行为受到了财产损失,需要得到赔偿。

但此观点也未被联邦最高法院所认可。联邦最高法院认为,获得"既得权利"的前提是作出判决的法院依法有此权限,然而本案中"为获得残疾津贴而放弃的那部分军人退休金"正是国会立法中明令禁止州法院作为夫妻共同财产分割的部分,故依照联邦法律作出离婚判决的州法院无权对此部分进行分割,前妻对这部分的"既得权利"也就无从谈起。尽管离婚判决授予了前妻桑德拉分享前夫约翰在退伍后全额退休金50%的"既得权利",但因之所获得利益的数量需由离婚后具体状况所决定。若离婚后存在放弃退休金以获得残疾津贴的情形,该利益将会相应减损,前妻对减损部分就不享有"既得权利"。因此,州法院所支持的前妻对放弃部分的既得权利无法律基础,故也不能作为影响案件结果的理由。

(3)命令的形式怎能比实质更重要?

亚利桑那州最高法院还认为,初审的家事法院对前夫约翰作出的命令是一种弥补妻子所受损失的"补偿"命令(reimbursement order),而非"分割退休金"的命令,因此不能以法律规定"退休金的弃权部分不可分割"为由,撤销该补偿命令。

但联邦最高法院认为,这两者仅仅是形式上的差异和字面意思的不同,州法院作出命令的实质原因是为了弥补先前作为夫妻共同财产分割、但随后被放弃的那部分军人退休金,其实质结果也是对联邦法律的违反,最终阻碍了国会立法目的的实现。因此,无论这种类型的命令采用何种形式,都需要被排除和

〔1〕 依照韦氏字典的解释,英美法中的既得权利(vested right)是指"未经权利人同意,不可被减损、剥夺的财产利益",这种权利是完全、无条件地归于所有人的。

撤销。

最终,联邦最高法院认定“为获得残疾津贴而放弃的部分退休金”是不能作为夫妻共同财产被州法院分割的,因此撤销了亚利桑那州最高法院的判决,将案件发回重审。

3.03.003 促进卫生保健网诉斯泰普尔顿 Advocate Health Care Network v. Stapleton ——谁动了我的退休金?

原 案 名: Advocate Health Care Network et al. v. Stapleton et al.; Saint Peter's Healthcare System, et al. v. Laurence Kaplan; Dignity Health, et al. v. Starla Rollins

判决日期: 2017年6月5日

案 号: 16-74、16-86、16-258

判决原文: https://www.supremecourt.gov/opinions/16pdf/16-74_5i36.pdf

主 笔: 卡根大法官(除戈萨奇大法官未参与本案审理和判决外,其余大法官均一致附议;索托马约尔大法官撰写了协同意见)

判决主旨: 宗教性组织即便并非由教会所设立,其管理的退休金计划仍适用ERISA中的"教会退休金计划"豁免条款,雇主无须依法采取措施保障退休金计划的资金安全。

判决译述

1. 教会养老有例外规则

美国国会颁布了一系列法律来规范、保障企业雇员退休金的运行,其中最重要的是《1974年雇员退休收入保障法》(Employee Retirement Income Securities Act, ERISA),要求所有雇主应为雇员提供退休金计划,并依法采取相应措施,保证该退休金计划具有充足资金,从而保障参与该计划的雇员的利益。

但是ERISA第1003(b)(2)节规定,“教会雇员退休金计划”(church plans)(以下简称教会计划)不受该法约束,从而雇主无须严格遵守ERISA的要求,采取措施保障退休金计划的资金安全。

一家名为促进卫生保健网(Advocate Health Care Network)的医疗组织就因没有严格遵守ERISA的规定产生了纠纷。玛利亚·斯泰普尔顿(Maria Stapleton)、茱蒂丝·卢卡斯(Judith Lukas)等人是这家医疗组织的在职或退休员工。他们发现促进卫生保健网在管理雇员退休金时存在不符合ERISA规定的行为,因此代表全体员工,以该企业违反了ERISA为由,发起了集体诉讼。

然而,促进卫生保健网以其退休金计划属于教会计划为由,抗辩说其管理雇员退休金的行为不受ERISA的约束。该医疗组织于1995年由两家宗教性质的医疗机构合并而成。简单来说,这家医疗组织名义上隶属于教会,但不是教会。那么,促进卫生保健网的退休金计划是否属于教会计划呢?

ERISA第1002(33)(A)节规定了教会计划的范围,即“教会计划”是“教会所设立(established)和管理(maintained)的退休金计划”。

然而,第1002(33)(C)(i)节拓展了教会计划的定义,规定“教会设立和管理的退休金计划”包括“与教会有关联的宗教性组织(以下简称为宗教性组织)所管理的退休金计划”。

这句话,是不是可以这么理解:因为促进卫生保健网的雇员退休金计划属于宗教性组织管理的退休金计划,属于教会所设立和管理的退休金计划,于是可以得出该雇员退休金计划属于教会计划,因此不受ERISA约束的结论。

不仅被告企业是这么理解的,而且国税局、劳工部和联邦养老金保障公司也都是这么理解和执行的。

2. 原告的主张

事情没有想象得这么简单。

原告举的一个例子让所有人陷入了深思:如果法律规定,国家给伤残退役军人免费提供社会保险福利,并同时规定伤残退役军人包括国民警卫队的退役军人,在该语境下,是不是所有国民警卫队的退役军人(包括伤残的和不伤残的)都属于伤残退役军人,都可以享受免费的社会保险福利?

明显不是。第二句的意思是国民警卫队的退役军人必须伤残才能享有该福利。

按照这种思路重读一遍第1002(33)(C)(i)节:“教会设立和管理的退休金计划包括与教会有关联的宗教性组织所管理的退休金计划。”

原告认为,这可以得出,并不是所有宗教性组织管理的退休金计划都属于教会计划。“管理”这一行为可以由“宗教性组织”或“教会”完成,但“设立”这一行为必须只能由“教会”完成才能符合教会计划的定义。

原告据此要求法院判定他们的雇员退休金计划不属于教会计划,因此被告企业需要受ERISA的约束,依法为退休金计划采取保障措施。

联邦地区法院和第七巡回上诉法院都认为原告很有道理:促进卫生保健网的雇员退休金计划的“设立”和“管理”都是由自身的委员会完成,该委员会只属于“宗教性组织”,不是教会,因此,该退休金计划并非由教会所设立,须受ERISA约束。

据此,第七巡回法院对促进卫生保健网处以巨额罚金。

第三巡回法院和第九巡回法院在两个类似的案件上也都做出了相同的判决。这3个案子均上诉至美国联邦最高法院。

3. 最高法院的解读

美国联邦最高法院的大法官们认为,虽然原告有关“伤残退役军人”的例子举得很好,但是并不具备全面性,不能直接类比。

大法官们举了另外一个例子:

某法律规定国家给已登记并实际服役的美国海陆空三军军人免费提供社会保险待遇,并同时规定已登记并实际服役的美国海陆空三军军人包括国民警卫队的服役军人。

从这条法律来看,国民警卫队的服役军人并不要求其必须登记在美国海陆空三军名下才能享受社会保险待遇。

为什么两个句子结构差不多的例子会得出完全不同的结论呢?

大法官们解释道,原告对“伤残退役军人”例子中的理解需要满足两点:

第一,符合语境。“伤残”和“退役”是完全不相关的两个条件。因此,当规定伤残退役军人包括国民警卫队的退役军人时,只是扩大了“退役军人”的范围,所以还是要符合“伤残”的条件。但是“登记服役军人”的例子中,“登记”和“服役”的相关性非常高,当法律规定登记且在美国海陆空三军服役的军人包括在国民警卫队服役的军人时,语义会变为国民警卫队的服役军人享受与前者一样的待遇,得出与原告不一致的结论。

第二,符合立法目的。“伤残退役军人”的例子中,立法目的显然不可能让所有国民警卫队的退役军人都取得和伤残退役军人一样的待遇,因此可以明确得出国民警卫队退役军人还需要符合伤残的条件才能享受法定待遇。而“登记服役军人”的例子里,立法目的是将待遇惠及国民警卫队的军人,因此便可以得出不需要登记的结论。

而 ERISA 第 1002(33)(C)(i)节的规定并不满足上述两点要求:

首先,从语境上看,“设立”和“管理”的相关性高,当第 1002(33)(C)(i)节规定教会所设立和管理的退休金计划包括宗教性组织所管理的退休金计划时,可以理解为:“宗教性组织所管理的退休金计划”享受与“教会所设立和管理的退休金计划”一致的待遇。

其次,原告主张的观点并不符合立法目的。假设国会的立法目的与原告所主张的一致,法条完全不用规定得这么复杂,只要明确写明宗教性组织管理的退休金计划属于教会管理的退休金计划即可。可是法条并没有这么规定,所以立法目的与原告观点并不一致;法院还根据当时立法听证会的记录及该条立法时的来龙去脉,得出国会当时设立这一条的目的就在于消除宗教性组织管理与教会设立并管理的退休金计划之间的区别,以使那些由宗教性组织管理但并非由教会设立的退休金计划也免于 ERISA 的限制。

大法官们还利用三段论来进一步分析:

大前提:由教会设立和管理的退休金计划属于享受 ERISA 豁免条款的教会计划。

小前提:由教会设立和管理的退休金计划包括由与教会有关联的宗教性组织所管理的退休金计划。

结论:由与教会有关联的宗教性组织所管理的退休金计划属于享受 ERISA 法豁免的教会计划。

又换句话说:A 享受豁免,且 A 包含 C,则 C 享受豁免。

因此,原告持有的观点是错误的。

最后,联邦最高法院认为,ERISA 第 1002(33)(C)(i)节扩大了教会计划的范围,只要是由宗教性组织所管理的养老金计划就应享受与教会计划同等的待遇,因此推翻了原审法院的判决,并判令被告胜诉,即这些与教会相关联的企业不受 ERISA 的限制,可以不必采取 ERISA 中所要求的相关措施保证其雇员退休金计划的资金不受损害。

这样一来,那些参与退休金计划的雇员们可得另想办法养老了。

四

特殊群体保护

3.04.001 巴克诉得克萨斯州劳教部刑事司法科科长戴维斯

Buck v. Davis

——黑人就该判重刑?

原 案 名:Buck v. Davis, Director, Texas Department of Criminal Justice, Correctional Institutions Division

判决日期:2017 年 2 月 22 日

案　　号:15 - 8049

判决原文:https://www.supremecourt.gov/opinions/16pdf/15-8049_f2ah.pdf

主　　笔:罗伯茨大法官(肯尼迪、金斯伯格、布雷耶、索托马约尔和卡根大法官附议,托马斯大法官撰写异议意见,阿利托附议)

判决主旨:刑事法律的基本原则是因为人们做了什么而惩罚他们,而非因为人们是什么而惩罚他们。认为黑人更有暴力倾向?采纳这样的专家证言,律师负有不可推卸的责任。

判决译述

1. 冷面杀手

1995 年 7 月 30 日,美国得克萨斯州的黑人巴克(Buck)持枪射杀了他的前女友和一个熟人,并打伤自己的继妹。在他射杀前女友之前,前女友的两个孩子曾哀求他放过妈妈,可是他置若罔闻。

警察到来后,巴克大笑,在去警察局的路上一直"喜形于色",坐在警车后座上“乐不可支”。

所以,毫无悬念,巴克被诉谋杀,一审法院判定巴克有罪。

2. 死刑还是无期徒刑?

然而,是判决巴克死刑,还是终身监禁呢?

根据得克萨斯州《刑事诉讼法》第 37.071 条第 2(b)(1)款的规定,决定谋杀犯死刑还是终身监禁的主要问题是被告今后是否会继续从事暴力行为给社会带来威胁。

如果陪审团的所有成员都对“被告会继续从事暴力行为给社会带来威胁”这一点不存在合理怀疑时,就可以裁决被告死刑。

巴克以后还会给社会带来威胁吗?围绕这个问题,控辩双方各自传唤证人作证。

控方的证人主要强调巴克犯罪行为的残忍以及事后的缺乏同情心。控方还传唤巴克的另一前女友,作证说在他们相处期间巴克经常殴打她,并两次用枪指过她。最后,控方证明巴克以前就有案底,包括运输可卡因和非法持有武器。

巴克的律师传唤了巴克的父亲和继母,发誓说他们从来不知道巴克有暴力行为。巴克的律师还请了两位心理学家作为专家证人。此案之所以日后上诉到联邦最高法院,主要原因就出在其中一位专家证人身上。

第一位专家认为,巴克的犯罪发生于男女关系中,是“激情犯罪”。考虑到之前巴克被关进监狱后的情况,得出结论:如果巴克被判终身监禁,他不大可能成为危害社会的因素。

第二位专家是由法官指定的基亚诺医生。基亚诺医生也认为,巴克之前的暴力行为主要因男女关系而起,如被收监,自然不会再陷入任何这种关系中。基亚诺医生也承认巴克之前在监狱中的表现记录说明他将来也不太可能有暴力行为。

然而,在确定巴克以后是否有可能给社会带来威胁时,基亚诺医生在报告中分析了 7 个“数据因素”,其中第四个因素是“种族”:“……4. 种族。黑人:可能性提高。在暴力犯中黑人居多。”

3. 直接讯问和交叉讯问

开庭之前，基亚诺医生就给巴克的律师看过他的报告，所以巴克的律师明知这一报告里包括上述种族因素，还是传唤其上庭作证，并在直接讯问时要求他介绍做出结论时所考虑的“数据因素”。

基亚诺医生回答说：人们已知某些因素能够预测未来的危险，种族正是其中一个因素。“很悲哀的是，少数民族、西班牙裔和黑人”，在刑事被告中占了多数。然而，经进一步讯问，被告律师从基亚诺医生口里得出对巴克有利的证词，其最终意见为：巴克不太可能日后再给社会带来威胁。

巴克的律师传唤基亚诺医生上庭作证，不亚于给巴克挖了个坑，所以检察官在交叉讯问时，当仁不让地就性别和种族因素提问：“你认为性别因素有关，即男性比女性更加暴力，也认为种族因素有关，即黑人（种族）能增加……对社会的危险性，没错吧？”

基亚诺回答：“没错。”

在做结案陈词时，巴克的律师强调说巴克在监狱中是属于可被控制的一类，他的犯罪是出于嫉妒和激情，不大可能在监狱中重复发生。

而控方在重申犯罪的严重情节和巴克的缺少同情心之外，强调说巴克自己的专家证人都无法保证他将来不会再发生暴力行为：“你们亲耳听到了基亚诺医生所说的……巴克将会继续威胁社会这种可能性是存在的。”

4. 一审和上诉

陪审团讨论了两天，中间要求调看心理学专家的报告。看完报告后不久，陪审团一致同意判处巴克死刑。

巴克上诉后，上诉法院维持原判，自此，这一谋杀案似乎尘埃落定。

接下来，巴克一边在等待死刑的执行，一边不断地申诉，没想到一不小心，他的案子在得克萨斯州法院和美国联邦法院之间来回游走了 20 年。

5. 第一次州内人身保护令程序

1999 年，巴克在得克萨斯州法院第一次提起人身保护令程序，可惜在申请中所提出的 4 点主张均为无理取闹,对于他的律师在一审中采纳的专家证言中涉及种族与暴力行为之间的关系一事只字未提。

该申请被驳回。

6. 有偏见的基亚诺医生与有错就改的得克萨斯州总检察长

有意思的是,基亚诺医生作为职业专家证人,频频在刑事审判中出镜。1999 年,在巴克提出的第一次州内人身保护令程序待决之时,由基亚诺医生作过证的萨丹奴案被上诉到联邦最高法院。

该案的被告叫雨果·萨丹奴(Hugo Saldano),是西班牙族裔。基亚诺医生在证词中提到萨丹奴系西班牙裔这一事实会得出萨丹奴将来有可能给社会带来威胁的结论,因此,他也被判处死刑。萨丹奴据此主张该证词对他的死刑判决起到了负面作用。

更有意思的是,得克萨斯州公诉机关承认在此问题上他们犯了错误,要求联邦最高法院准许萨丹奴的调卷申请,撤销州法院的判决,并发回重审。

2000 年 6 月,联邦最高法院做出了如此判决。

数日后,得克萨斯州总检察长考南恩就基亚诺医生作过证的案件发布了一份公开声明,说在刑事司法制度中允许种族作为一个考量因素是不合适的,他的办公室已经做了全面审查,发现在另外 8 个案子中基亚诺医生也作证认为种族是陪审团做出死刑裁决的一个考量因素,其中 6 个案子与萨丹奴的案子类似,总检察长已经通知了相关律师。

声明的最后点了那 6 个案件中被告的名字,巴克是其中之一。

2002 年年底,得克萨斯州总检察长再次承认错误,放弃了有关程序性的抗辩理由,同意重新考虑上述 6 个案件中 5 个被告的刑期。然而,巴克的案子不在其中。

7. 第二次州内人身保护令程序

2002 年,巴克再次提起州内人身保护令程序,声称一审的被告律师因采纳基亚诺的证言而未能为当事人提供有效的法律帮助。

然而,得克萨斯州政府并未承认在巴克的一审中有错误,并且由于巴克的第二次申请紧挨着第一次(无理取闹的)申请,因此得克萨斯州刑事上诉法院基于滥用人身保护令的原因于2003年驳回该申请。

8. 第一次联邦法院人身保护令程序

虽然巴克在残忍杀害前女友时眼睛都没眨一下,但是在自己面临死刑时却心有不甘,求生欲特别强烈。在州法院遇到挫折,巴克开始瞄向联邦法院。

2004年,巴克基于《美国联邦法典》第28编第2254节提出人身保护令申请,被告戴维斯是得克萨斯州刑事司法部劳教科的负责人。申请理由是一审时他的律师采纳基亚诺医生的证词的做法根据宪法第六修正案为无效辩护。

州政府抗辩说:对于此案,联邦法院无权审理,因为涉及的法律问题是充分和独立的州法问题。而州法院先前之所以驳回巴克的申请,是因为他在第一次申请中没有提出过这个主张,根据州程序法,在第二次申请中首次提出这一主张是不适当的,有程序上的瑕疵。

得克萨斯州政府不是在萨丹奴案中已经放弃了程序法抗辩理由了吗?

得克萨斯州政府认为,巴克的案子不一样。在萨丹奴案中,基亚诺是作为州政府的证人作证;而在巴克一案中,是巴克自己传唤基亚诺出庭作证的。

巴克反驳说:尽管在程序上有瑕疵,联邦地区法院应当考虑一下他的主张的具体情况,否则会导致不公。

2006年,距离巴克杀人11年之后,联邦地区法院判定:因程序上的瑕疵,巴克的无效辩护主张不能重审。

2009年,巴克要求上诉法院重新考虑地区法院的裁定,2010年被驳回。

2011年巴克再次要求联邦法院重审此案,认为检方在交叉讯问基亚诺医生时问及种族与未来暴力行为之间的关系,违反了宪法的平等保护条款和正当程序条款,另外,州政府决定对他与受基亚诺证词影响的其他被告区别对待,仅凭这一点,地区法院的判决就应当撤销。

第五巡回上诉法院不同意,2011年巴克上诉到最高法院,同年,联邦最高法院拒绝了调卷令。

9. 法律的发展和变化

巴克的律师在之前的人身保护令申请程序中都没有申请豁免巴克一案的程序瑕疵,原因是美国联邦最高法院在 1991 年的库曼诉汤姆森案[1](以下简称库曼案)中确立了一个规则:律师在州法院的后判决程序中没能提出(一审)律师无效辩护的主张本身不构成赦免程序瑕疵的理由。

人身保护令程序即是所谓的后判决程序。

2012 年,联邦最高法院在马丁尼诉赖安案[2](以下简称马丁尼案)中修改了库曼案中的上述规则,新规则为:当某州的法律规定,有关一审律师无效辩护的案件只能在附带程序中审理时,被收监的囚犯在以下情况可以主张豁免程序瑕疵:

(1)州法院没有在初次审理的附带程序中指定律师,或者指定的律师在该程序中没能达到 1984 年最高法院在斯特里克兰诉华盛顿州案[3](以下简称斯特里克兰案)中确定的标准;且

(2)其主张具有实质性内容,亦即有价值。

2013 年,联邦最高法院在特维诺诉泰勒案[4](以下简称特维诺案)中将上述原则扩大适用,如果刑事被告在直接上诉中提出律师无效辩护的主张而被驳回,那么上述原则也可适用。

巴克被判刑和上诉之时,得克萨斯州并未正式要求这类案件只能在附带程序中审理。所以,如果马丁尼案和特维诺案两个案子在巴克提出申请之前就判下来,就能适用上述原则,联邦法院应该会审理巴克的律师无效辩护一案,只要他能证明州内后判决程序(人身保护令程序)中的律师没能提出该主张,因而根据宪法规定为无效辩护,且该主张有实质性内容。

---

〔1〕 Coleman v. Thompson,501 U. S. 722,752 - 753(1991).

〔2〕 Martinez v. Ryan,566 U. S. 1(2012).

〔3〕 Strickland v. Washington,466 U. S. 668(1984).

〔4〕 Trevino v. Thaler,569 U. S. ___(2013).

10. 第三次州内人身保护令程序

当特维诺案作出判决时，巴克的第三个州内人身保护令程序正在得克萨斯州法院待决。2013 年该申请再次被拒绝。

11. 第二次联邦法院人身保护令程序

两个月后，巴克重返联邦法院，提出根据《联邦民事诉讼程序法》第 60(b)(6)节提出动议重审他的人身保护令申请。

《联邦民事诉讼程序法》第 60(b)节规定了当事人可以不受判决约束的具体情形，如发生错误、有新发现的证据、欺诈，等等。该规则最后有个兜底条款，规定法院可以为任何值得救济的其他原因而撤销某判决，然而，只能在“情节特别严重”的情形下才可以使用这一兜底条款。

联邦最高法院曾说过在人身保护令程序中很少会有这种情节特别严重的情形。

巴克列出了 11 个值得重新审视一审判决的因素，包括：

他的一审律师采纳了将其种族与暴力行为进行关联的专家证词，而该专家证词成为刑期考量的中心问题；

检方在交叉讯问中存在有关种族和暴力行为的问题以及对基亚诺证词的依赖；

州政府在基亚诺作证过的其他案件中承认错误但唯独拒绝承认在巴克案中所犯的错误；

马丁尼案和特维诺案两个判例对法律做出的改变——如果这两个判例更早一些做出，将会允许联邦法院审理巴克的人身保护令案。

联邦地区法院再次拒绝了巴克的申请。原因如下：

第一，法院认为巴克没能证明存在“特别严重情节”。判例法的变化本身不是“特别严重的情节”，而州政府做出的不反对重新考量刑期的承诺并不重要，因为巴克案的主要问题与得克萨斯州政府承认有差错的其他案子不同，因为是巴克自己的律师，而非控方，首先诱导专家证人提供了受到质疑的证词。

关于基亚诺的证词的性质决定了本案需要重新审理的主张，法院认为，尽管采纳任何提及种族的证词都不明智且令人讨厌,但这微不足道,因为基亚诺仅仅在直接讯问和交叉讯问中两次提到种族与暴力行为的关系。

第二,即便情节足够严重,巴克的主张也输在其实质性内容上。法院注意到根据斯特里克兰案,巴克有义务证明律师的工作既不到位,又有偏见。法院认为,巴克的律师的确在传唤基亚诺作证一事上表现不够好,足以让陪审团做出不公正的决定,但是巴克没能证明偏见的存在。

既然巴克的犯罪令人发指,且法院已得出结论说采纳任何提及种族的证据均微不足道,因此,法院认为,巴克没能证明"如果没有基亚诺的有关种族与暴力之间关系的证词的话,巴克将不会被判处死刑"。

12. 申请上诉令

巴克向第五巡回法院申请上诉令。

根据联邦法律规定,一个州的监狱囚犯申请人身保护令,如被联邦地区法院拒绝,则没有绝对的上诉权,他们必须首先从巡回法院取得上诉令。而上诉令只有当申请人能实质性证明其宪法权利被拒绝后才能颁发。

第五巡回法院认为巴克案不属于情节特别严重的情形,同时,也认为马丁尼案和特维诺案两个判例并非重要的分析要素,因此法院拒绝颁发上诉令。

巴克要求上诉法院全体法官重新听证,结果两个法官持反对意见,从而要求被拒绝。

巴克抱着最后一丝希望上诉到联邦最高法院。

13. 联邦最高法院:不可基于种族施罚

联邦最高法院认为下级法院的判决不当。

第一,根据联邦法律规定,有关人身保护令程序,在申请人没有得到上诉令之前,上诉法院不可以针对案件的实质性内容做任何裁定。在申请上诉令阶段,唯一的问题是,申请人能否证明一个理性的裁判者可以据此认为所提出的主张值得进入下一步程序。

要回答这一基本问题,不应考虑为支持该主张而提供的实质性或法律性基础。如果上诉法院首先决定上诉的实质性问题,然后解释说其对上诉令的拒绝是基于对实质性问题的裁决,那么实质上就是法院未经审理对上诉案件作出了判决。

第五巡回上诉法院面临的问题并非巴克能否证明特别严重情节的存在或者为何得克萨斯州政府之违背承诺足以让巴克不受判决的约束。这些是最终的实质性问题,决定是否颁发上诉令的法官们不应决定这些问题。上诉法院在决定是否颁发上诉令时超出了应有的分析范围。

第二,巴克根据斯特里克兰案的标准,已经证明了其律师的辩护为无效。首先,巴克证明该律师的行为有缺陷。他明知基亚诺的报告中包含有种族偏见,仍然传唤基亚诺出庭作证,并特意导引出其证词中有关种族与暴力行为之间的关联性问题。任何一个合格的辩护律师都不会将这样一份报告作为证据。

斯特里克兰案中还要求被告证明有偏见的存在,即非因律师的错误,诉讼结果可能完全不同。事实上,如果没有基亚诺的证词,至少会有一个陪审员可能会对巴克的未来危险性存有合理怀疑。这一问题要求陪审团基于推测作出预测性的判断。巴克的种族并不需要推测,但是根据基亚诺的证词,该种族的特点将会提高未来暴力行为的可能性。该证词会引导陪审团成员认为该医学专家的意见可能会得到法院的认可。因此,该证词的后果并非微不足道。

另外,政府认为该证言是由巴克自己的律师导引出的,这个理解也不正确。假如基亚诺的证言首先由控方导引出,陪审团明白控方的目的是让被告获罪,他们会根据控方的动机来衡量证词。然而,当伤害性的证词出自被告自己的律师时,就构成不利于己的供认,往往会被陪审团成员按字面意思接受,显然危害更大。

第三,地区法院拒绝巴克的第60(b)(6)节规则的动议属于滥用自由裁量权。判定是否存在特别严重的情形,需要考虑很多因素,包括对当事人不公正的风险和颠覆公众对司法程序的信心的风险。地方法院之所以驳回申请,主要因为他们认为种族仅仅在量刑过程中起到了微不足道的作用。然而,有一种合理的可能性,即巴克之所以被判处死刑,部分原因就是因为他的种族。

刑事法律的基本原则是因人们做了什么而惩罚他们,而非因人们是什么而惩罚他们。基于种族而施加刑事处罚将会毒害公众对司法程序的信心。这个错误十分严重。

14. 案件结果

下级法院的判决被推翻,发回重审。

巴克的前女友和熟人已经死了 22 年了,而杀人凶手巴克是死是活,却仍然会有新的变数。

3.04.002　潘拿·西德里格斯诉科罗拉多州 Pena-Rodriguez v. Colorado ——陪审员种族歧视怎么办?

原 案 名: Pena-Rodriguez v. Colorado

判决日期:2017 年 3 月 6 日

案　　号:15 – 606

判决原文:https://www. supremecourt. gov/opinions/16pdf/15 – 606_886b. pdf

主　　笔:肯尼迪大法官(金斯伯格、布雷耶、索托马约尔和卡根大法官附议;托马斯大法官撰写异议意见;阿利托大法官撰写异议意见,首席大法官罗伯茨和托马斯大法官附议)

判决主旨:陪审员在判案中的言论只享有有限豁免权,涉嫌种族歧视的言辞不享受豁免。

判决译述

1. 故事是这么开始的

2007 年,在科罗拉多州的一个赛马场,一名男子在卫生间性侵了两名十几岁的姐妹。两个女孩告诉父亲后,指认该男子正是赛马场的雇员。后来警察逮捕了潘拿(Peña-Rodriguez),两个女孩也分别指认潘拿就是性侵者。

于是,州政府起诉潘拿犯有针对儿童的性骚扰(harassment)、非法性接触(unlawful sexual contact)与意图性侵犯(attempted sexual assault)3 项罪名,此案由陪审团参与审理案件事实。

在筛选陪审员时,法官、律师多次问每个候选人:“你们在判案时能做到公正无私吗?”大家都纷纷点头,没有一个人表现出有种族或其他偏见。于是,陪审团选定,庭审开始。

经过3天审理,陪审团认定潘拿犯有性骚扰和非法性接触,但是没有构成意图性侵犯。

2. 案子结了,新的纠纷却出现了

陪审团解散时,法官根据科罗拉多州的法律,给予陪审团如下指示:

> 现在……你们是否与其他人谈论[本案]完全取决于你们自己的决定……如果你们不愿谈,但是有人坚持要与你们谈,或者在谈话开始之前或之后有任何人指责你们[作为陪审员]的工作[做得不好],请向我报告。

陪审团解散后,被告潘拿的律师走进陪审团的房间开始与陪审员们讨论起来。

这时,有两个陪审员私下告诉律师,在陪审团讨论时,陪审员HC——一位前执法人员对潘拿和证明其不在场的证人表达出针对拉美裔的种族偏见。HC说他认为被告有罪,因为根据其以前的工作经验,墨西哥人总以为自己了不起,以为他们可以对女人想干什么就干什么。并说,10个墨西哥男人里,9个都对妇女和小孩有侵略性。HC还说证明潘拿不在场的证人的证言不可信,因为他是非法入境者。但事实上,证人已经在法庭上证明了自己是合法定居在美国的。

潘拿的律师立即告知法庭,并在法庭监督下,让这两位陪审员签署了书面宣誓证词,同时向法院提出重新审理的动议。

看了证词,一审法院承认HC有明显的偏见,然而却拒绝重审,理由是陪审员之间的讨论受《科罗拉多州证据法》第606(b)节保护,不受他人盘问。这条规定和联邦法类似,在质疑陪审团裁决是否有效的程序中,禁止陪审员就其在陪审团讨论中的任何言论进行作证。

因此,潘拿被判2年缓刑,并被注册为性侵者。

潘拿不服并上诉。科罗拉多州上诉法院的法官们虽然对此意见不一致，但最终维持了原判。

潘拿仍不服，继续上诉。科罗拉多州最高法院还是以 4:3 的表决维持了原判。

潘拿依旧不服，一鼓作气上诉到美国联邦最高法院。问题是，因某个陪审员表达了对拉美裔被告的种族歧视，导致陪审团做出被告有罪的裁决，是否可以要求该陪审员对自己的言行出庭作证？

3. 陪审团是什么？

为回答这个问题，最高法院把陪审团的历史和重要性整个梳理了一遍。

简单来说，陪审制度是美国司法与民主体系的基石，是对个人自由的基本保护。尽管在某一特定案件中该制度也许有各种不完善的情形，然而陪审制度是对政府权力的必要制约。数世纪以来，陪审团作为一个深受信任且高效的机制，用以解决事实纠纷，并在刑事案件中决定被告有罪无罪这一终极问题。陪审制度践行了“法律来自于人民”这一原则。

和所有人造机制一样，陪审团制度也有其缺点。然而经验证明，如果陪审团遵从法院的指示，并且在讨论案件时诚实、坦诚、积极且基于常识，则可以作出公正合理的裁决。

那么，陪审团作出裁决之后，陪审员个人在做出裁决过程中的言行是否能被质疑呢？

4. 陪审员是否可以被质疑？

(1)“曼斯菲尔德规则”

英美普通法有一个古老的规则：保护陪审团裁决的终局性，并保障陪审员一旦作出裁决，今后将不会因其在陪审团讨论中所作出的评论或结论而被质疑。

这一原则被称为“排除质疑原则”，又称为“曼斯菲尔德规则”，因为它始于

1785 年英国曼斯菲尔德大法官在瓦伊瑟诉德拉瓦尔案[1]中所作出的判决。此案所针对的问题为:陪审团通过抛硬币作出裁决,败诉方要求陪审员出庭对此作证,以期推翻该裁决。曼斯菲尔德大法官拒绝让陪审员就这一事实作证。

具体而言,该规则禁止陪审员在陪审团裁决作出之后,对审议案件之时的主观思维过程,或者对在陪审团讨论过程中发生的客观事件作证。

(2)"艾奥瓦规则"

日后美国法院也采纳了上述规则,尽管内容不完全一样,每个州也都不同。有些州采纳了更灵活的"艾奥瓦规则",即只禁止陪审员就自己在陪审团讨论案件时表达的主观信仰、思想或动机进行作证。然而,陪审员可以就审议中所发生的客观事实作证,理由是其他陪审员可以证实该证言的真实性。

(3)"联邦法规则"

1975 年是"排除质疑规则"发展的一个里程碑,因为这一年,美国国会制定了《联邦证据法》。

在考虑陪审员是否可以就陪审程序作证这一问题时,当时的众议院倾向于采纳"艾奥瓦规则",但是参议院却担心"艾奥瓦规则"未能充分考虑裁决终局性的政策利益,遂最终采纳了现在的"联邦法规则",编为该法的第 606(b)节:

> (1)禁止的证言或其他证据。在调查陪审团裁决或刑事起诉书时,陪审员不得就在陪审团审议案件中发表的任何言论或发生的任何事件作证;不得就对该陪审员或其他陪审员的表决有影响的任何事件作证;也不得就陪审员与裁决或刑事起诉书有关的思维过程作证。法院不得接受任何陪审员作出的与上述事件相关的宣誓证言或证据。[2]

美国每个州和首都华盛顿都采纳了"排除质疑规则"的某种版本。42 个州

---

〔1〕 Vaise v. Delaval, 1 T. R. 11, 99 Eng. Rep. 944(K. B. 1785).

〔2〕 法条原文:(b)(1) Prohibited Testimony or Other Evidence. During an inquiry into the validity of a verdict or indictment, a juror may not testify about any statement made or incident that occurred during the jury's deliberations; the effect of anything on that juror's or another juror's vote; or any juror's mental processes concerning the verdict or indictment. The court may not receive a juror's affidavit or evidence of a juror's statement on these matters。

采纳了“联邦规则”,9 个州采纳了“艾奥瓦规则”。

5.“不得质疑规则”有例外吗?

再看美国《联邦证据法》的第 606(b)节:

(2)例外。陪审员可以就下述事项作证:

(A)不公正的外部信息不恰当地引起了陪审团的注意;

(B)任何陪审员不当承受了外部的影响;

(C)在作出裁决时,裁决书有笔误。[1]

有 9 个州除采纳联邦规则中的例外情形外,还增加了其他例外情形。至少有 16 个州(其中 11 个州采纳了联邦规则)承认,类似本案的情形可以成为例外情形(陪审员的证词证明在陪审团讨论中种族偏见起到了一定作用)。除科罗拉多州外,只有一个州明确拒绝承认种族偏见是规则的例外。

虽然各州法院可以采纳“联邦法规则”,也可以不采纳,但是联邦上诉法院理应遵守《联邦证据法》第 606(b)节的规定。

经过梳理,联邦最高法院发现,判过类似案子的若干上诉法院已经考虑过种族偏见例外规则,但作出的判决各有不同。有 3 个联邦上诉法院认为种族偏见证据应属于宪法例外;有一个上诉法院拒绝接受这样的例外,认为审判程序中的内在保障足以保护被告的宪法利益;另外一个上诉法院认为在人身保护令案件中种族偏见例外并未明确确立;还有一个上诉法院判定种族偏见例外被第 606(b)节所排除,但该法院并未明确该情形是否属于宪法例外。

其实,联邦最高法院之所以接受此案的上诉,是因为各州法院和各联邦上诉法院的判决大相径庭,联邦最高法院认为是时候统一相关法律了。

---

[1] 法条原文:(2) *Exceptions*. A juror may testify about whether:(A) extraneous prejudicial information was improperly brought to the jury's attention;(B) an outside influence was improperly brought to bear on any juror; or (C) a mistake was made in entering the verdict on the verdict form。

6. 适用种族偏见例外规则有先例吗?

联邦最高法院回顾了《联邦证据法》第606(b)节颁布后判过的两个案子。

(1)坦纳诉美国案[1](以下简称坦纳案)

坦纳案中,在讨论某些陪审员在审判过程中受药品和酒精影响的证据是否能入证时,当事人提出应根据联邦宪法第六修正案的例外规则允许入证的意见被法院驳回。

法院的理由为:如果律师可以利用陪审员的证言来攻击陪审团的裁决,陪审员们将会被败诉方骚扰,从而摧毁他们在讨论案件时的坦诚和自由。这样做,还可能会破坏司法程序的终极性,削弱陪审员作出不受欢迎的裁决的意愿和社会对陪审团制度的信任。

法院分析了现存的保护被告利益的其他措施,包括庭审前的陪审员筛选程序;庭审中,法院、律师和法庭工作人员都有机会注意到陪审员的不当行为;在裁决作出之前,陪审员们也可以向法庭报告任何不当行为;即便裁决作出之后,陪审员的证词之外的其他证据也可以用来质疑裁决。

权衡上述利益与被告在第六修正案中的利益,法院决定排除与陪审员的醉酒状态相关的宣誓证词。

(2)瓦吉尔诉肖尔斯案[2](以下简称瓦吉尔案)

第二个案子是瓦吉尔案。裁决作出后,败诉方试图呈上证据证明陪审团团长在陪审员选拔过程中没能披露其偏袒被告的倾向。

法院依赖现存的保障公平审判的措施,认为即使陪审员在选拔过程中隐瞒了自己的偏见,当事人也有能力在裁决作出之前把任何偏见证据呈交法庭;即便在裁决作出之后也可以利用陪审员之外的证据证明偏见的存在,如此,仍然可以充分保障陪审员的公正性。

然而在此案中,法院重申"不得质疑规则"可能会有例外,如果陪审员的偏见十分极端,以至于剥夺了当事人的陪审团审判权,此时,法院会考虑通常的保护措施是否足以保障程序的完整性。

---

〔1〕 Tanner v. United States, 483 U. S. 107(1987).

〔2〕 Warger v. Shauers, 574 U. S. ___(2014).

7. 本案确立了种族偏见例外规则

联邦最高法院认为,本案即是先例不曾涉及的极端情形之一,因为陪审员声称其种族偏见是其判定被告有罪的主要促动因素。而种族偏见是一个熟悉且一再出现的恶魔,如果不解决,将会危及整个司法体系。

本案让联邦最高法院走到了十字路口,一方面,法院需要遵从"不得质疑规则";另一方面,法院还试图消除陪审制度中的种族偏见。

最高法院在考虑了承认种族歧视例外规则的 17 个州的经验之后,作出判决:

> 当某陪审员明确表示,其在作出刑事被告有罪的裁决时依赖的是种族偏见或敌意时,"不得质疑规则"应向宪法第六修正案让步,允许一审法院采纳证词或证据,以证明该陪审员的相关言辞以及因此导致的任何对陪审团审判保护的否定。

法院也警告说,并非所有的有关种族偏见或敌意的随口评论都可以要求适用例外规则。必须证明一个或多个陪审员的言论表明了公开的种族偏见,并使人对陪审团的讨论以及其后的裁决的公正与公平产生怀疑。该言论必须能证明种族敌意是该陪审员表决判定被告有罪的主要激发因素。

上述标准是否满足,需要一审法院在考虑所有情形之后作出判断,这些情形包括该言论的内容和说话的时机,以及该证据的可靠性。

最终,科罗拉多州最高法院的判决被推翻,案件发回重审。也就是说,被诉性侵两位未成年女孩的被告潘拿是否有罪,又要经历新的一轮陪审团审判之后才能知道结果。

3.04.003 美洲银行诉迈阿密市

Bank of America v. Miami

——路遇银行歧视,政府拔刀相助

原 案 名:Bank of America Corp, et al. v. Miami

判决日期:2017 年 5 月 1 日

案　　号:15 - 1111

判决原文:https://www.supremecourt.gov/opinions/16pdf/15 - 1111_5i36.pdf

主　　笔:布雷耶大法官(罗伯茨、金斯伯格、索托马约尔和卡根大法官附议;托马斯大法官撰写了部分协同部分反对意见,肯尼迪和阿利托大法官附议;戈萨奇大法官未参与该案的审理与判决)

判决主旨:银行按揭贷款歧视少数族裔导致当地房产税收减少、公共服务支出增多,市政府属于《公平住房法》中的"受害人"范畴;然而,银行的歧视行为是否是市政府所遭受损失的直接原因尚需一审法院进一步确定,"可以预见"标准不足为凭。

判决译述

1. 市政府:该出手时就出手

种族歧视是一个非常令人头疼的问题,在美国社会的方方面面都能看见它的影子。

在佛罗里达州的迈阿密市,美洲银行(Bank of America Corporation)和富国银行(Wells Fargo)完成了一次金融型种族歧视。这两家银行与非洲裔和拉美裔公民签订的贷款合同条款比对白人的条款苛刻得多，如在相同的信用条件下，白人能享受更优惠的贷款利率和更低的还款违约金，而黑人则还需要缴纳不合理的额外费用以及高额的提前预付罚金。一些非洲裔和拉美裔公民因为这些歧视性条款而放弃贷款购买房产，而与他们经济条件相同的白人却能成功贷款买房。这件事直接改变了当地不动产市场行情和房屋所有者的种族比例。

这时候，迈阿密市政府站出来，将这两家银行告到了联邦地区法院。

2."干卿底事?"

两家银行一头雾水——我和别人谈生意，与你何干？

迈阿密市政府找出了《公平住宅法》(Fair Housing Act)的几项规定：

(1)第3604(b)节和第3605(a)节规定：禁止在不动产买卖和出租合同中设立歧视性条款或因歧视而拒绝交易。[1]

(2)第3613(a)(1)(A)节和第3613(c)(1)节规定：由本法所保护的受害人(aggrieved person)都可以通过法律程序获得赔偿。[2]

那么问题来了，迈阿密市政府算不算受害人呢？

3.一波三折

市政府认为自己当然是受害人，虽然推导起来有点长：

贷款的歧视性条款造成很多贷款人放弃还款，丧失房屋回赎权(foreclosure)，把房产还给银行偿债，由此导致许多房屋空置，造成市场对房屋需求的进一步下降，进而带来不动产价格下跌，市政府收取的房产税总额也因

---

〔1〕 The Fair Housing Act(FHA or Act) forbids "discriminat[ing] against any person in the terms, conditions, or privileges of sale or rental of a dwelling, or in the provision of services or facilities in connection therewith, because of race..." 42 U.S.C. §3604(b).

It further makes it unlawful for "any person or other entity whose business includes engaging in residential real estate-related transactions to discriminate against any person in making available such a transaction, or in the terms or conditions of such a transaction, because of race..." §3605(a).

〔2〕 The statute allows any "aggrieved person" to file a civil action seeking damages for a violation of the statute. §§3613(a)(1)(A), 3613(c)(1). And it defines an "aggrieved person" to include "any person who ... claims to have been injured by a discriminatory housing practice". §3602(i).

此下降。空置房屋增多还导致消防、公安、市政等公共服务费用的增加。于是,市政府遭受了损失。

联邦地区法院的法官不同意这种观点:首先,《公平住宅法》的目的在于消除歧视,而市政府承受的不是歧视性损害,而是经济性损害,不属于《公平住宅法》的保护范围;其次,法院还认为市政府受到的损害和银行的行为之间没有直接的因果联系(proximate cause,也译为"近因");最后,市政府也并没有成功地证明银行行为的违法性。因此,地区法院判决市政府败诉。

案件被上诉后,第十一巡回上诉法院的观点与地区法院完全相反。根据几个重要的判例,上诉法院认为市政府遭受的损害属于《公平住宅法》的保护范围,并且根据损害的可预见性(foreseeability),法院认为银行的行为直接导致市政府遭受损害,符合近因原则。

于是,两家银行上诉到联邦最高法院。双方的争议焦点:一是市政府是否属于《公平住宅法》中所保护的受害人?二是市政府的损失是否由银行的歧视行为直接造成?

4. 市政府就是受害人

关于市政府是否是适格的受害人,最高法院的多数大法官们认为需要通过判断原告市政府的请求权基础(cause of action)是否在《公平住宅法》的范围内来认定,而认定请求权基础需要确认市政府的利益是否在《公平住宅法》所要保护的利益范围(zone of interests)内。

经谨慎考虑,联邦最高法院认为,市政府声称所遭受的经济损失的确在《公平住宅法》的保护范围之内,原因是该法将"受害人"的范围扩展得非常广泛——其中第 3602(i)节规定"受害人是因歧视性房屋交易受到损害或者即将受到损害的任何人"。

法院对该条的解读为:只要符合美国宪法第三修正案的规定,"受害人"的范围可以尽可能扩展。例如,在 1972 年特拉菲康特诉都布人寿保险公司案[1]中房产租赁公司歧视非洲裔公民等少数族裔时,法院承认白人租户也拥有诉

〔1〕 Trafficante v. Metropolitan Life Ins. Co. ,409 U. S. 205(1972).

权。又如,在 1979 年格莱斯顿诉拜尔伍德村案[1]中,房地产商以种族社区为卖点引导顾客购买房产时,法院承认地方政府也拥有诉权。在 1988 年《公平住宅法》重修时,美国国会在意识到上述案件存在的情况下却仍没有改变该法中“受害人”的定义,说明国会认同法院的观点。

此时两家银行反驳道:照这么说,餐馆、水管工、电力和自来水公司也会因为同样的原因遭受经济上的损失,那是不是大街上随便哪个人都可以找我索赔?对此,最高法院非常高冷:我们不需要费神考虑这事儿(We need not discuss the Banks' argument at length)。

5. 银行的歧视性做法是市政府遭受损失的直接原因吗?

对于这一问题,大法官们一致认为巡回上诉法院单凭结果的可预见性,不足以说明行为和损害满足近因原则的标准。

侵权行为往往会产生蝴蝶效应,其造成的损害会像湖面被投入石子产生的水晕一样逐层扩大,但这些水晕其实都是可预见的。如果法院仅凭行为与结果的可预见性就判断其满足近因原则,那么可能会导致更多的诉讼。因此,最高法院认为《公平住宅法》的立法目的并不要求侵权行为人修复这种扩大后的损害,只需赔偿其造成的“第一层损失”(the First Step)就可以了。但是因银行的行为造成政府的税收损失和额外的公共开支到底算不算第一层损失呢?最高法院认为这个问题仍需要由地区法院在一审时具体问题具体分析才能得出结论。

因此,联邦最高法院撤销州上诉法院的判决,发回下级法院,按照联邦最高法院的意见重审。

6. 两派之争

本案的第一个争议焦点,即迈阿密市政府是否有权向在贷款中歧视少数族裔的银行索赔这一问题,最高法院的观点有着非常重要的意义。

---

〔1〕 Gladstone, Realtors v. Village of Bellwood, 441 U. S. 91(1979).

如果法院认为市政府有权索赔,在自由派的眼中,会有更多的人可以参与阻止种族歧视的行动中来;而在保守派眼中,银行所担心的大街上随便哪个人都可以找他要钱的忧虑就很可能会变成现实。

因此,在这一重要问题上,联邦最高法院的大法官并没有达成一致意见,而是旗帜鲜明地坚守自己各自的阵地。在 9 位大法官之中,4 位自由派大法官(布雷耶、金斯伯格、索托马约尔和卡根大法官),2 位保守派大法官(阿利托和托马斯大法官)各自抱团站在对立的观点,而保守派的戈萨奇大法官代替了斯卡利亚大法官(Antonin Scalia),但由于没有参与本案审理,因此就算摇摆派肯尼迪和罗伯茨大法官倾向于保守派的观点,也只是 4∶4 平局。而实际上,肯尼迪和罗伯茨大法官各站一边,最终自由派以 5∶3 的票数获胜。

3.04.004 总检察长塞申斯三世诉莫拉莱斯-桑塔纳 Sessions v. Morales-Santana ——爹妈不同，命运不同

原 案 名:Jefferson B. Sessions, Ⅲ, Attorney General v. Luis Ramon Morales-Santana

判决日期:2017年6月12日

案　　号:15－1191

判决原文:https://www.supremecourt.gov/opinions/16pdf/15－1191_2a34.pdf

主　　笔:金斯伯格大法官(首席大法官罗伯茨与肯尼迪、布雷耶、索托马约尔、卡根大法官附议;托马斯大法官另外撰写了部分协同意见,阿利托大法官附议;戈萨奇大法官未参与本案的审理与判决)

判决主旨:在海外出生的非婚生子女,如果其父亲在其出生前具有美国国籍,且在美国居住满5年,该子女即可获得美国国籍。但是,如果具有美国国籍的一方是该子女的母亲,在其他条件相同的情况下,其母亲只需在美国居住满1年,该子女即可获得美国国籍。这一特别规定违反了美国宪法第五修正案的平等保护条款。

判决译述

详见3.02.004,见本书第121页。

3.04.005　弗莱诉拿破仑社区学校
Fry v. Napoleon Community Schools
——残障儿童需要尊严

原 案 名:Stacy Fry, Et vir, as next friends of minor E. F. v. Napoleon Community Schools

判决日期:2017 年 2 月 22 日

案　　号:15－497

判决原文:https://www.supremecourt.gov/opinions/16pdf/15－497_p8k0.pdf

主　　笔:卡根大法官(罗伯茨、肯尼迪、金斯伯格、布雷耶和索托马约尔大法官附议;阿利托大法官撰写部分同意的附和意见,托马斯大法官附议)

判决主旨:学校拒绝脑瘫儿童的辅助犬随同入校,该残障儿童无须穷尽行政程序,便可基于其他联邦法律提起诉讼。

判决译述

1. 脑瘫儿能否上学?

为鼓励各州政府向残障儿童提供"自由而适当的公共教育"(free appropriate public education,以下简称为"便利教育"),美国国会制定了一部《残障人士教育法》(Individuals with Disabilities Education Act),规定向做出"便利教育"承诺的州提供联邦资金。

"特殊教育及其相关服务"是"便利教育"的重要组成部分,为每一位残障儿童提供"个性化的教育方案"是实施此部分的主要方式。个性化方案由校领导、教师和家长组成小组共同制定；当家长和校方意见不一致时，家长可针对与“便利教育”相关的任何事项向当地或州的教育部门投诉。投诉后首先由争议各方初步会面，如果纠纷无法解决，则进入听证会程序，由一位中立的官员主持。对于听证会的结果，家长可要求由州政府复审；如果家长还不满意，则可到州法院或联邦法院提起民事诉讼。

2. 辅助犬能否入校？

弗莱（Fry）是一个脑瘫女孩儿，日常行动不便。5 岁时，弗莱的父母帮她买了一条名叫万德的辅助犬，照料弗莱的生活。聪明的万德能帮弗莱捡拾掉落的物品、开关门、开关灯、掌控走路时的平衡、脱外套、领她进出洗手间，等等。转眼弗莱到了上学的年龄，万德已经成为弗莱生活中形影不离的伙伴。然而，当弗莱去上学时，EzraEby 小学（以下简称 EE 小学）拒绝辅助犬万德陪弗莱一同入校。不过学校根据弗莱的情况制定了个性化安排，即白天有一对一的帮助者，校领导认为这已经足够，带万德入校纯属多余。不得已，父母只好把弗莱带回家在家上学。

愤愤不平之余，弗莱的父母开始研究法律。他们发现，除了《残障人士教育法》（Disabilities Education Act）外，美国还有两部反歧视法也涉及“残障儿童保护”，即《美国残障人士保护法》（Americans with Disabilities Act）第 2 编和《康复法》（Rehabilitation Act of 1973）第 504 节。前者禁止公共机构基于残障而歧视，后者禁止任何联邦资助的项目或行为基于残障而歧视，二者均要求公共机构对其政策、实践或程序进行合理修改以避免歧视，否则被歧视者可向法院提起诉讼，要求颁发禁制令或金钱赔偿。

于是，弗莱的父母向美国教育部民权办公室（Office of Civil Rights，OCR）投诉，认为 EE 小学拒绝弗莱的辅助犬入校侵犯了弗莱根据《美国残障人士保护法》第 2 编与《康复法》第 504 节所规定的权利。

3. 教育部：学校虽安排了专人，仍构成歧视

OCR 经过调查，认为 EE 小学根据上述几部法律所承担的义务远不止提供

教育服务这一项。学校虽已为残障儿童提供了“便利教育”,但却仍可能违反了不得歧视的禁令。EE小学为弗莱提供人工辅助的行为满足了“便利教育”的标准,但不允许辅助犬入校在事实上仍构成了歧视,该校的做法就好比要求坐轮椅的学生只能被人抬着出入,或者要求盲人学生被老师领着走路,而不能用辅助犬或拐杖一样。无论这种做法是否违反了“便利教育”标准,都因对残障儿童采取了歧视做法而违反了《美国残障人士保护法》第2编和美国《康复法》第504节。

在OCR做出决定后,EE小学领导勉强同意弗莱带着万德一起上学。但弗莱的父母担心学校管理人员为难弗莱。因此,他们把弗莱送到另外一个学区的一所公立小学,那里的管理人员和教师非常欢迎弗莱和万德的到来。

4. 反戈一击:前置行政程序需要用尽吗?

辅助犬风波平息了,然而弗莱的父母却没有停止维权。

在弗莱到另一所学校上学后,其父母决定向联邦法院起诉EE小学的校长及当地校区,声称由于EE小学的歧视行为,导致弗莱情绪抑郁、痛苦、难堪和精神困扰,要求法院判定EE小学违反了《美国残障人士保护法》和《康复法》,并要求其赔偿弗莱的损失。被告EE小学则要求联邦法院驳回起诉,理由是弗莱没有用尽《残障人士教育法》第1415(l)节所要求的前置行政程序。

我们先来看看这个《残障人士教育法》的第1415(l)节。该节规定:本法中的任何规定都不得限制或限定其他包括反歧视法在内的联邦法律对残障儿童所赋予的权利或救济。同时,如果依据上述联邦法律所要求的救济依据本法也同样可以获得,那么原告必须首先穷尽本法所规定的行政程序。(If a suit brought under such a law seeks relief that is also available under the IDEA, the plaintiff must first exhaust the IDEA' s administrative procedures.)简言之,只要原告想要得到的救济是《残障人士教育法》可以提供的救济,那么,必须首先经过《残障人士教育法》所规定的前置行政程序,之后才可以依据其他联邦法律提起诉讼,不得径直起诉。

联邦地区法院考虑后觉得被告有理,所以就驳回了起诉。弗莱上诉到联邦第六巡回法院,法官们虽然意见不一致,但最终还是维持了原判。

最后案子上诉到美国联邦最高法院，摆在大法官们眼前的问题就是“前置行政程序的适用范围”。

5. 联邦最高法院：前置行政程序在此案中不适用！

联邦最高法院大法官们首先承认，《残障人士教育法》第 1415(1) 节的确要求原告首先必须通过《残障人士教育法》的程序，然后才能根据《美国残障人士保护法》和《康复法》提起诉讼，但原告的诉求必须是根据《残障人士教育法》也能获得的救济时，该前置程序才适用。而根据《残障人士教育法》规定，原告所能得到的救济只能是因违反提供“便利教育”的要求而得到的救济，因为提供“便利教育”才是《残障人士教育法》的目的宗旨。只要诉求并非该种救济，前置行政程序就不是必需的。

所以问题的实质是原告的诉求是否基于学校对弗莱“便利教育”的拒绝。大法官们认为，这要看原告起诉的中心内容，且内容重于形式：首先，要考虑被诉行为发生地。如果被诉行为发生在学校以外的公共场所，如剧院或公共图书馆时，原告是否可以提出本质上相同的诉求？其次，要分析被诉行为对象。例如，学校的雇员或访客，是否可能提出本质上同样的诉求？如果对上述问题的答案均为肯定，那么原告诉求的中心内容并不与“便利教育”相关，不需要穷尽行政程序。而如果答案均为否定，那么原告诉求的中心内容也许的确与“便利教育”相关，则需要穷尽行政程序。

联邦最高法院的大法官们举了两个例子来进一步阐述这一标准。

第一个例子是，一个坐轮椅的小孩因学校没有设置轮椅专用滑坡而起诉学校，同样也是基于《美国残障人士保护法》，同样也没有先行提起行政救济。试想一下，如果是城市图书馆或者剧院没有设置滑坡，这位小朋友也可以提起一样的诉讼。同样地，即使这位坐轮椅的小朋友没有提起诉讼，学校的访客或雇员也可以针对这件事提起诉讼。可见，这一诉求的本质是对公共设施的平等使用权，而非对于特殊教育的获得权，因此这一诉讼并不基于“便利教育”，因而无须前置行政程序。

第二个例子是，一位残疾学生认为老师没有提供数学辅导补习，便基于《美国残障人士保护法》起诉了他的学校。但是他不可能对城市图书馆或剧院提起上述诉讼,学校的来访者或其雇员也不可能提起上述诉讼,这说明这一诉讼的本质是“便利教育”诉讼,因此就必须经过前置行政程序。

弗莱的诉状仅对基于残障的歧视提出诉讼,没有提到 EE 小学所提供的特殊教育服务是否充分。而弗莱完全可能针对其他场所,如拒绝辅助犬入内的公共图书馆或戏院提出同样的诉讼。同样,一个残障成年人或学校的访客也有可能针对 EE 小学拒绝辅助犬入内的政策提起诉讼。因此,弗莱的诉讼并非基于《残障人士教育法》所提供的救济,前置行政程序不适用。

最终,联邦最高法院撤销了上诉法院的判决,发回地区法院,按照联邦最高法院的意见重审。

3.04.006 恩德路诉道格拉斯郡 Re－1 学区

Endrew v. Douglas County School District Re－1

——残障儿童需要进步

原 案 名:Endrew F. ,A Minor,By and Through His Parents and Next Friends,Joseph F. et al. v. Douglas County School District Re－1

判决日期:2017 年 3 月 22 日

案　　号:15－827

判决原文:https://www.supremecourt.gov/opinions/16pdf/15－827_0pm1.pdf

主　　笔:首席大法官罗伯茨(全体大法官一致同意)

判决主旨:如果学校为残障学生设计的"个性化教育方案"没能让学生取得学习成绩和行为能力上的进步,则该方案不合理,应当修正。

判决译述

1. 一个月内被两次提及的残障儿童教育问题

残障儿童的保护一直以来在美国都是一个备受瞩目的话题。2017 年 2 月 22 日,美国联邦最高法院已作出弗莱诉拿破仑社区学校案[1]的判决。在此案中,最高法院梳理了《残障人士教育法》(Disabilities Education Act)对各州政府的要求,后者需为残障儿童提供"自由而适当的公共教育"(Free Appropriate Public Education,以下简称"便利教育"),其主要内容是公立学校必须为每一位

[1] Fry v. Napoleon Community Schools,580 U. S. ___,n. 1(2017).

残障儿童量身定做一个“个性化教育方案”(Individualized Education Program)。该方案由学校领导、教师和家长共同制订,如果家长和校方的意见无法达成一致,则家长可以向当地或州的教育部门投诉。

刚过一个月,2017 年 3 月 22 日,联邦最高法院又做出了一份有关《残障人士教育法》和残障儿童保护的判决,那么此次联邦最高法院面对的是怎样的案情?又将做出何种指导呢?

2. 学习没有进步能否要求更换教学方案?

本案中的原告叫恩德鲁(Endrew),他 2 岁时被诊断患有自闭症,属于《残障人士教育法》所保护的残障儿童。从学前班至四年级,恩德鲁所在的学校根据他的情况制定了“个性化教育方案”,然而恩德鲁的学习与行为均没有进步。恩德鲁的父母心急如焚,要求校方改变方案,然而校方对恩德鲁五年级的个性化教育方案仍没有改进。于是,恩德鲁的父母将其转学至一家专门教育自闭症孩子的私立学校。在该所私立学校,恩德鲁取得了很大进步。

私立学校的教育出色,但费用高昂。因此,6 个月后,恩德鲁的父母再次与原公立学校联系,结果学校制订的个性化方案与之前如出一辙。于是,恩德鲁的父母向科罗拉多州教育部投诉,认为学校在恩德鲁转学前所提出的个性化教育方案未能使恩德鲁获得应有的教育利益,不符合《残障人士教育法》中的“便利教育”要求,因此要求公立学校报销恩德鲁在私立学校所交的学费。

科罗拉多州教育部拒绝了恩德鲁父母的要求。恩德鲁父母转而向联邦地区法院提起诉讼,但联邦地区法院和联邦第十巡回上诉法院均基于最高法院在 1982 年作出的亨德里克·哈德森中心学区诉罗莉案[1](以下简称罗莉案)维持了科罗拉多州教育部的观点。

那么,因为“个性化教育方案”无法使残障儿童的学习与行为能力得到提高,家长是否有权要求学校负责提供更有效的方案呢?问题摆到了联邦最高法院的 9 位大法官面前。

---

〔1〕 Board of Ed. of Hendrick Hudson Central School Dist., Westchester Cty. v. Rowley, 458 U. S. 176, 203, n. 25(1982).

3. 追根溯源:35年前的罗莉案

1982年,美国联邦最高法院已经遇到过一个有关残障儿童受教育权遭受侵害的案子,即罗莉案。原告罗莉(Rowley)是有听力缺陷的一年级学生,学校为她设计了"个性化教育方案",据此罗莉可以坐在普通教室里上课,上课时老师通过无线传送器讲课,罗莉佩戴调频助听器,可以放大老师的声音;另外,每周会有一位特别的辅导员和语言康复师与其交流。所有这些设施全由当地学区负责提供。

然而,罗莉的父母认为,学校所提供的教育方案仍不够完善,还应在罗莉的所有课上都提供哑语翻译,但此要求遭到了学校的拒绝。一气之下,罗莉父母根据《残障人士教育法》,以"学校拒绝给罗莉提供便利教育"为由提起诉讼。

初审法院通过调查发现罗莉确实在学校取得了卓越进步,甚至比同班其他同学的平均水平要高,并且很容易从低年级升到高年级;但是,罗莉对班上发生的事情的理解,却比正常学生要少很多。因此,初审法院认为罗莉没能获得适当的教育,判决被告学校败诉。联邦第二巡回上诉法院维持原判。

罗莉案最终上诉到联邦最高法院。联邦最高法院考虑到罗莉在学习中取得的突出进步,以及"个性化教育方案"所提供的实质性的特殊教育与服务,认为该方案适当,满足了"便利教育"的要求,因而撤销了原判。

用一句话总结罗莉案:听力障碍学生罗莉在学习上的进步说明学校满足了"便利教育"的要求,因而不需要配备哑语翻译,现有的助听设施足矣。然而,在罗莉案中,最高法院拒绝制定一个明晰的标准来确定残障儿童基于《残障人士教育法》所获得的教育利益是否充分。

因此,直接引用罗莉案似乎不是合理之举,联邦最高法院需进一步分析。

4. 联邦最高法院:方案是否合理得看能否取得适当进步

联邦最高法院认为,学校为履行其《残障人士教育法》项下的义务,必须合理地设计一个"个性化教育方案",以使残障儿童能取得与其自身状况相适应的进步,教育方法必须为满足该儿童的独特需求而特定设计。联邦最高法院强调道,在审视一个"个性化教育方案"是否合理时,应看该方案是否致力于让儿童在学习成绩和行为能力上取得进步。

《残障人士教育法》有个宏大的目标,那便是彻底解决全美残障儿童难以正常接受教育的问题。为解决这个难题,“个性化教育方案”所着眼的进步还应与儿童的实际情况相适当,即必须是在对儿童目前的成绩水平、残障情况以及潜在成长进行仔细考量后做出的。若方案只能使残障学生每年取得“比最少多一点点”的进步,那么根本不能说是为该学生提供了“便利教育”,而是几乎等同于延迟退学时间。

联邦最高法院总结道,《残障人士教育法》要求的“个性化教育方案”必须合理设计,不仅要追求儿童学习和行为的进步,该进步更要与儿童的状况相适应。然而,像罗莉案一样,联邦最高法院仍然拒绝制定一个判断“个性化教育方案”是否适当的标准,认为需要根据个案确定。

最终,联邦最高法院推翻了上诉法院的判决,发回地区法院,按照联邦最高法院的意见重审。

5. 案后思考:保护残障儿童教育不能只做表面文章

从 1982 年的罗莉案,到 2017 年的弗莱案和恩德路案,我们可以看到美国对残障儿童的保护的确不是做表面文章,而是有实质性的要求。针对残障儿童的受教育权,法律要求获得联邦资助的每个州的公立学校都要为本州内的残障儿童提供“便利教育”,要为每位残障儿童量身定制个性化的教育方案,这个方案不是走程序,而是要切切实实保障能让残障儿童在学习上以及行为表现上取得平均以上的成绩。

如果达到了这个结果,即便学校没有为聋哑学生配备哑语翻译也不违反法律(罗莉案);如果没有达到这个结果,如自闭症孩子没有取得进步,那么就违反了法律(罗莉案)。

最后,笔者对残障儿童的父母致以最崇高的敬意,抚养照料残障儿童本就是一件极其艰难的事。如果没有他们不辞劳苦地起诉、上诉,这些案子永远不会引起社会的关注,残障儿童的权益也永远无法得到有效保障。

3.04.007 摩尔诉得克萨斯州

Moore v. Texas

——智商低免死刑?

原 案 名:Bobby James Moore v. Texas

判决日期:2017 年 3 月 28 日

案　　号:15 – 797

判决原文:https://www.supremecourt.gov/opinions/16pdf/15 – 797_n7io.pdf

主　　笔:金斯伯格大法官(肯尼迪、布雷耶、索托马约尔和卡根大法官附议;首席大法官罗伯茨、托马斯大法官撰写异议意见,托马斯和阿利托大法官附议)

判决主旨:关于智障人士能否被判死刑的问题,每个州的法院对此都有一定的裁量权,但该权利必须受到一定限制,否则第八修正案对人类尊严的保护便无法兑现。

判决译述

1. 死还是生? 智障青年大悲大喜

1980 年 4 月,年仅 20 岁的波比 · 詹姆斯 · 摩尔(Bobby James Moore)和其他两个人一同抢劫一家杂货店,在实施抢劫的过程中,摩尔枪杀了一名店员。两个月后,摩尔被判故意杀人罪并被判处死刑。

后来,联邦人身保护法院因摩尔的律师提供了无效辩护,否决了该死刑判决,且被联邦第五巡回上诉法院认可。然而,2001 年摩尔被重新判处了死刑,得克萨斯州刑事案件的最高上诉法院(Court of Criminal Appeals,CCA)直接维持了该判决。

于是摩尔以自己有智力残障为由寻求得克萨斯州人身保护法院的救济。

2014年,得克萨斯州人身保护法院用了两天时间开听证会,参考摩尔的家庭成员、以前的律师及数个法庭指派的精神健康专家的证词来决定摩尔是否有智力残障。所有的证词都显示摩尔在少年时期已经表现出严重的智力及社交障碍。13岁时,人们发现摩尔没有时间观念,分不清年、月、周、日和季节。上学期间因为欠缺阅读和写作能力,他无法跟上课堂进展,所以经常被老师和同学孤立,他的父亲、老师和同学因为他说话和阅读速度慢,骂他是笨蛋。九年级的时候,摩尔因为挂了所有的课便主动退学。之后他被赶出家门流浪街头,吃垃圾桶里的食物果腹。

得克萨斯州人身保护法院为了明确摩尔是否智力残障,参考了现行的医疗诊断标准,即第11版《美国智力与发展障碍协会医疗手册》(以下简称AAIDD-11)和美国精神医学学会(American Psychiatric Associatio,APA)出版的第5版《精神疾病诊断与统计手册》(以下简称DSM-5)。法院采纳了被普遍接受的智力残障的定义,具体包含三个元素:(1)智力功能有缺陷(IQ值低于70分);(2)适应能力有缺陷(无法学习基本技能且无法根据周围环境调整自己的行为);(3)小时候已经展示出这种缺陷。

该法院对摩尔进行了6次智力测试,6次测试的平均分为70.66分,据此认为摩尔属于轻度智力残障。而且基于精神健康专家的证言,法院认为摩尔在认知技能、社交技能及实际技能上都存在严重的适应能力缺陷。

基于上述发现,州人身保护法院认为摩尔符合智力残障的标准,对他判处死刑正是第八修正案所禁止的"残酷与异常的惩罚"。因此,州人身保护法院建议得克萨斯州CCA将其死刑减刑至终身监禁,或以智力残障为由重新审判该案。

至此,摩尔又燃起了生的希望。

2. CCA:摩尔不符合智残标准

然而,得克萨斯州CCA拒绝接受州人身保护法院的意见,认为州人身保护法院没有遵循得克萨斯州 CCA 在 2004 年的布里泽诺案[1]中所作的判决。该案采用的对智力残障的定义及评估标准是美国智力缺陷者协会手册 1992 年的版本(第 9 版)(以下简称 AAMR－9),是现在 AAIDD－11 的前身。布里泽诺案要求适应能力缺陷一定要和智力功能缺陷有关,而且还列举了与智力残障调查有关的 7 个证据性要素。

仅仅基于摩尔的两个 IQ 值 74 分和 78 分,CCA 认为不能证明摩尔的智力功能严重低于平均水平,即使他的智力功能真的低于平均水平,他的适应能力上的优势也可以弥补他其他适应能力上的缺陷。同时,CCA 还认为州人身保护法院没能就关联性进行调查。CCA 认为,有许多其他原因导致了摩尔的适应能力缺陷,如充满暴力和虐待的童年、未被检测出的学习障碍、小学多次转学、在学校因为种族原因被骚扰及暴力对待、学习上的失败、长期滥用药物及无故旷课等。因此,CCA 认为布里泽诺案中确立的 7 个证据性因素更有说服力。

看来摩尔又必死无疑了。

3. 峰回路转:联邦最高法院推翻 CCA 的判决

摩尔锲而不舍,上诉到美国联邦最高法院,联邦最高法院最终推翻了 CCA 的判决。

联邦最高法院首先重申了联邦宪法第八修正案禁止“残酷与异常的惩罚”并重申了“政府有职责尊重所有人的尊严”。因为宪法需要不断强化对人类尊严的保护,而标准的不断演进是成熟社会不断进步的彰显,所以第八修正案并非一成不变,而是在随着时代的发展不断演进。法院举出了若干判例。

在 2002 年审理的阿特金斯诉弗吉尼亚州案[2]中,联邦最高法院认为“各州对智障人士判处死刑的权力受到联邦宪法的限制”。因为判处智障人士死刑并不会产生威慑力,这样死刑就失去了其原有的意义。在 2014 年审理的霍尔诉佛罗里达州案[3]中,佛罗里达州规定,只要犯人的智商超过 70 就可以判决死

---

[1] Ex parte Briseno, 135 S. W. 3d(2004).

[2] Atkins v. Virginia, 536 U. S. 304(2002).

[3] Hall v. Florida, 572 U. S. ___(2014).

刑。联邦最高法院认为这个界限将“IQ 值作为最终且决定性的证据来证明被告的智力能力”是不对的,还应考虑其他证据,因此,否定了佛罗里达州采纳的严格的智商界限。

所以,联邦最高法院不会仅仅基于摩尔的 IQ 值高于 70 分就停止对他的智力缺陷进行进一步调查,而是应将“测试标准误差”考虑在内,并考虑其他能够证明其智力缺陷的证据。

另外,联邦最高法院认为,CCA 对摩尔适应能力的考量既与现行医疗标准不同,与其声称适用的老的医疗标准也不同。而对布里泽诺案中确立的七大要素的适用进一步阻碍了其对摩尔的适应能力的评估。联邦最高法院认为,布里泽诺案中七大要素的设计和运用“使智障人士陷入了极大的被处决的风险中”。CCA 在考察了患有“轻度”智力残障的人士依据得克萨斯州的死刑制度和医疗标准可能会有什么不同的待遇后,将其目的定义为“得克萨斯州人民的共同意志”来识别“什么样的人应该被免于死刑”。尽管轻微程度的智力残障可能不在得克萨斯州人民的共同意志范围内,但是轻度的智力缺陷仍然是智力缺陷,所以州政府不应该处决任何符合智力残障标准的犯人。

最后,大法官们警告说,如果每个州想如何定义智力残障就如何定义,那第八修正案对人类尊严的保护也就无法兑现。所以,需要当代医学的标准来限制每个州对智力残障的定义,使各州无法在定义时随心所欲。

在之前的案件审理中,州人身保护法院适用了当下的医疗标准,得出摩尔是智力残障人士因此不适用死刑的结论。然而 CCA 却鸡蛋里挑骨头,认为州人身保护法院枉顾之前的判例,擅自适用了 AAIDD -11 中对智障的定义是不对的,而应该适用布里泽诺案中所适用的 AAMR -9 对智障的定义。CCA 还否定了州人身保护法院所采取的医疗标准,固执地使用了布里泽诺案中的标准,所以 CCA 的判决不能成立。

看来 CCA 对死刑从严,而联邦最高法院则希望从轻。

最后,联邦最高法院撤销了 CCA 的判决,发回下级法院,按照最高法院的意见重审。

摩尔杀人时只有 20 岁,现在 37 年过去了,虽已过不惑之年,然而是生是死,却仍悬而未决,焉得不惑。

3.04.008 麦克威廉斯诉邓恩 McWilliams v. Dunn ——精神病杀人的特殊待遇

原 案 名：Mcwilliams v. Dunn, Commissioner, Alabama Department of Corrections, et al.

判决日期：2017 年 6 月 19 日

案 号：16 – 5294

判决原文：https://www.supremecourt.gov/opinions/16pdf/16 – 5294_h3dj.pdf

主 笔：布雷耶大法官（肯尼迪、金斯伯格、索托马约尔和卡根大法官附议，阿利托大法官撰写异议意见，罗伯茨、托马斯和戈萨奇大法官附议）

判决主旨：贫穷的精神病被告有权获得"称职专家"的"适当协助"，"适当协助"须贯穿精神鉴定以及辩护的评估、准备和陈述。

判决译述

1. 贫穷的精神病人

萧伯纳曾说，贫穷和疾病是世上两大罪恶。那如果将贫穷、精神病与犯罪集于一身，这样的人还有救吗？美国联邦最高法院显然认为还可以抢救一下。

在 1985 年的阿克诉俄克拉何马州案[1]中（以下简称阿克案），联邦最高法院明确指出，若被告家境贫穷，且其犯罪时的精神状态是审判的关键，则国家必

[1] Ake v. Oklahoma, 470 U.S. 68 (1985).

须为其提供“称职的精神病专家”,以对被告“进行适当的精神鉴定,并对辩护的评估、准备和陈述提供协助”。

但是,下级法院在适用该判例时,就何为“称职专家”产生了分歧,有的认为应该为辩方单独聘请精神病专家,有的认为控辩双方共用的中立专家就已足够。在“适当协助”的判断标准上,实践中也有着不同的理解,由此产生了一系列争议。

2. 令人发指的杀人犯

1984 年的一天,雷诺兹女士如往常一样,在亚拉巴马州塔斯卡卢萨市的一家便利店上班,完全没想到厄运即将降临。麦克威廉斯带着一支 38 口径的手枪,将便利店洗劫一空,将唯一的目击者雷诺兹女士拖至里屋进行了强暴,之后更是残忍地向她连射 6 发子弹结束了她的生命。被捕后,麦克威廉斯仍不知悔改,甚至向狱友大肆吹嘘其所作所为。亚拉巴马州以强奸及谋杀罪起诉麦克威廉斯,此时距离联邦最高法院做出阿克案判决刚刚过去一个月。

3. 我没钱,还有病

鉴于麦克威廉斯家境贫穷,初审法院为其指派了辩护律师,该律师要求对被告进行精神鉴定。经法院允许,亚拉巴马州政府召集了 3 位精神病专家组成了专家委员会。该委员会在对被告检查后,认为其犯罪时并未患有精神疾病,且其表现有装病的嫌疑,因此可以接受审判。

1986 年 8 月下旬,麦克威廉斯案开始审判。在定罪阶段,辩护律师申请调看被告关押期间的精神健康记录,可这份记录一直到 8 月 27 日才拿到,而陪审团于 8 月 26 日即裁定被告一级谋杀罪成立。随后案件进入量刑程序。

在量刑阶段,被告的母亲出庭作证,试图证明被告幼时脑部曾受到损伤并因此有心理与精神方面的问题。但陪审团还是以 10:2 通过了对其实施死刑的建议。接下来,如果法院也同意,麦克威廉斯的死刑就算确定了。

法院把量刑程序安排到 6 周后的 1986 年 10 月 9 日。在此期间,被告申请进行全面的神经病与神经心理学鉴定。经法院批准,一位来自官方的高夫医生进行了鉴定。他的鉴定报告认为,被告尽管倾向于夸大其症状,但似乎也确实有一些神经心理问题。种种迹象表明被告的右脑功能存在障碍,其可能患有“器质性人格综合征”。同时,被告律师也收到了更新版的精神病专家委员会的评估记录,以及姗姗来迟的亚拉巴马州狱方精神健康记录。狱方记录显示被告正在接受一系列的精神药物治疗,此时距量刑程序开庭只剩下11小时。

10月9日量刑程序开庭。被告律师认为他刚刚拿到上述两份记录,来不及准备,因此无法当日开庭。然而,法官却说:“好吧,我们现在就开庭。”在控方陈述完毕后,被告律师再次请求法官延期,法官同意延至下午2点钟。被告律师认为时间不够,但法官说:“我已经给过你机会了。”下午2点以后,被告律师第三次请求延期,仍未果。控方结案陈词,认为被告没有任何减轻刑罚的情节。被告律师认为,这是因为他没有时间研究新的证据。但法官再次拒绝了辩方律师的要求,认为被告并未患精神疾病,不存在减轻情节。基于其在抢劫和强奸过程中杀害了雷诺兹女士,手段极其残忍冷酷,加害过程中及之后的行为都显示出被告缺乏对生命的敬畏及对受害者的同情,法官对被告判处死刑。

被告上诉至亚拉巴马州刑事上诉法院,诉称其被剥夺了阿克案赋予他的权利,州政府没有为其提供“称职的精神病专家”与“适当的协助”。上诉法院驳回了被告的上诉,亚拉巴马州最高法院亦维持原判。眼见州法院定罪后救济无望,被告转向联邦地区法院申请人身保护。联邦地区法院认为被告已获得了阿克案所要求的适当协助,因此拒绝了被告的人身保护申请。之后联邦第十一巡回上诉法院也维持了地区法院的判决。生死系于一线,被告背水一战,上诉到联邦最高法院。

4. 联邦最高法院:未满足“适当协助”

联邦最高法院认为,本案的核心问题为:亚拉巴马州法院认为麦克威廉姆斯已获得阿克案所要求的“适当协助”,这一点是否违背或曲解(不合理地适用)了联邦法律?

麦克威廉斯的申诉有两点主张:其一,根据阿克案,可以推导出政府应为贫穷被告人单独聘请精神病专家,而不是聘请中立的专家由控辩双方共用,因此,亚拉巴马州未为其聘请“称职专家”;其二,亚拉巴马州未能给被告提供“适当协助”。

对此,联邦最高法院认为并不需要考虑第一点,因为在本案中,亚拉巴马州政府并未尽到阿克案所要求的最基本的协助义务。阿克案要求的不仅仅是鉴定,而是“进行适当的精神鉴定并协助其进行辩护的评估、准备和陈述”,即便亚拉巴马州尽到了精神鉴定的义务,其他三点也是完全没有做到:没有专家来协助被告评估高夫医生的报告和繁杂的医疗记录,并将这些数据应用到法庭辩护中;没有专家来协助被告准备及陈述对其有利的观点,如被告所谓的装病表现与精神疾病有一定的关系等;没有专家来协助被告准备对证人的直接或交叉质询,或者在法院的审判中作证。因此,亚拉巴马州提供的专家协助与阿克案所要求的适当协助相距甚远。

最终,联邦最高法院大法官们以 5∶4 判定亚拉巴马州法院对麦克威廉斯的判决构成对联邦法律的违背或不合理的适用。联邦最高法院撤销州上诉法院的判决,发回下级法院,按照联邦最高法院的意见重新审理。

5. 反对意见

该案在联邦最高法院大法官中引发了巨大的争议,多数派以 5∶4 的微弱优势通过了判决意见,可见,少数派的反对意见分量也很重,主要集中在以下三个方面:

第一,麦克威廉斯有两点主张,一是其未获得“称职专家”,二是其未获得“适当协助”。最高法院是基于麦克威廉斯的第一点主张来接受该案复核的,而不是第二点。虽然阿克案的部分文字描述暗示应为被告特聘专家,但该案的其他文字描述及案件的幕后资料都显示出这一问题有巨大争议。阿克案在这点上的模糊规定是当年各方妥协下的有意为之,即将此判断交给下级法院进行。实践中各法院对此有不同的看法,最高法院应该接受下级法院的判决,抑或对此作出明确的规定来正本清源。最高法院根据第一点主张接受复核,却依据自己驳回过的第二点主张作出判决,岂不是自坏规矩?多数派不去裁判意义重大、分歧严重的第一点法律问题,而是纠结在第二点的事实论证上,岂不是要延续阿克案 32 年以来的争议?

第二,麦克威廉斯的第二点主张涉及过于细致的事实论证,最高法院并不直接掌握事实证据,本身就不适宜裁断此类问题。最高法院不去质疑高夫医生的资质与客观性，却聚焦在他未给被告进一步协助上——要知道也没人要求过他这么做。最高法院一开始就驳回了事实问题，判决却依据事实问题，这样对亚拉巴马州政府极不公平——州政府根本没意识到需要阐述事实，最高法院也没给它反驳的机会。

第三，上诉法院已经就相关事实问题做出判决，即相关问题的失误并不重要，不影响案件判决的结果。即便高夫医生充分协助被告进行辩护，他也会受到精神病专家委员会的强烈反驳，其减轻情节很难成立；退一步讲，即便其减轻情节成立，与另外三个加重情节比起来也是不值一提，初审法院还是会做出相同的判决。

6. 有意义地接近正义

精神病人犯罪，是沉重而敏感的话题。一面是罪犯穷凶极恶，罪行令人发指，任何说辞似乎都只是罪恶的挡箭牌；另一面是被告已处于弱势，尤其是贫穷、精神病更加剧了这种弱势时，法律又应该做些什么来保障其合法权益。从阿克案到本案，美国的各级法院已纷争了 30 多年。最高法院的这次判决，也仅针对“适当协助”的落实，指出须完整包括精神鉴定以及辩护的评估、准备和陈述。从气势汹汹的反对意见也可以看出，分歧仍然存在，纷争仍将继续。

我国在相关领域亦在艰难地探索，迄今为止唯一的专门性立法是 1989 年颁布的《精神疾病司法鉴定暂行规定》。虽然该规定意在涵盖与精神病鉴定有关的所有重大问题，但从总体上看，该规定非常笼统，缺乏具体的程序标准与可操作性。[1] 2001 年颁布，并于 2007 年、2016 年修订的《司法鉴定程序通则》，在某些程序方面进行了修补与改进，但仍未解决一些关键问题，如谁有权启动鉴定程序等。徒善不足以为政，徒法不能以自行。正是在这样的探索与纷争中，人们一步一步地，如阿克案中马歇尔大法官所言：“有意义地接近正义”（meaningful access to justice）。

---

〔1〕 参见郭志媛：《死刑案件精神病鉴定的程序保障：立法缺失与完善建议》，载《政治与法律》2012 年第 9 期。

3.04.009 帕万诉斯密斯

Marisa N. Pavan v. Nathaniel Smith

——新生儿的父母只能是异性夫妻吗?

原 案 名:Marisa N. Pavan, et al. v. Nathaniel Smith

判决日期:2017年6月26日

案　　号:16－992

判决原文:https://www.supremecourt.gov/opinions/16pdf/16－992_868c.pdf

主　　笔:隐名(本判决为"*Per Curiam*",是指"全体法官一致意见"判决,这种判决没有署名,代表整个法院的立场;戈萨奇大法官撰写异议意见,托马斯大法官和阿利托大法官附议)

判决主旨:当同性夫妻选择通过人工授精生育子女时,需要得到与异性夫妻同等的待遇,同性夫妻二人均应作为新生儿的父母亲登记在出生证明中。

判决译述

1. 同性夫妻的"单亲"宝宝

话说阿肯色州有两对女同性恋夫妻分别叫作利·雅各布和亚娜·雅各布夫妇(Leigh and Jana Jacobs)、塔拉·帕万和玛丽莎·帕万夫妇(Terrah and Marisa Pavan)。因为求子心切,她们希望通过接受匿名捐精,配合人工授精技术,孕育自己的后代。2015年,两个妈妈利和塔拉生下了两个可爱的宝宝。在为这两位宝宝进行出生证明登记时,两对同性夫妻在新生儿父母栏中不仅填写了宝宝的生母,同时包括了妈妈们的同性配偶。然而,阿肯色州卫生部门在正式授予上述两位新生儿的出生证明时，都只保留了生母的信息；生母的同性配偶信息则皆被排除。这样一来，原本是双亲家庭的新生儿，却在出生证明上成了“单亲”宝宝。

2. 州法律：只能登记一个合法妈妈

通过考察阿肯色州州法，可以发现卫生部门的决定并非凭空存在的性取向歧视，实际上是有确切法律依据的。

2014 年阿肯色州州法第 20－18－401(e) 节对于新生儿出生证明中的适格父母亲做出了明确规定，孩子的母亲为分娩婴儿的女性。第 20－18－401(f)(1) 节规定，若母亲在怀孕或分娩时已婚，则其丈夫应作为孩子的父亲登记在出生证明上。

阿肯色州州法第 20－18－401(f)(1) 节同时规定了例外情形，其中包括：若孩子的生母、生母的丈夫和被推定为孩子生父的人都签署了宣誓文件，证实孩子生父的身份时，则不是生母丈夫，但作为推定的生父也能出现在新生儿出生证明的父亲栏中。

根据 2015 年阿肯色州州法第 9－10－201(a) 节规定，当夫妇接受他人匿名捐赠的精子，通过人工授精而怀孕生育，婴儿生母的丈夫将有权作为新生儿父亲出现在出生证明上。

阿肯色州卫生部门在解释和适用上述规则时，认为新生儿生母的同性伴侣并不符合上述规定的适用要求，因此在为本案原告的子女进行出生证明登记时，只在父母栏中列入了新生儿的生母，而未列入生母的同性伴侣。

3. 州最高法院：卫生部没毛病

两对同性配偶不服阿肯色州卫生部门的决定，心想同为人工授精所孕育的宝宝，为何异性夫妻就可以同时登记在新生儿的出生证明上，自己却不可以。因而向阿肯色州法院提起诉讼，认为阿肯色州卫生部门在颁发新生儿出生证明时所依据的州法违宪。

初审法院支持了原告的诉求，认为阿肯色州州法第 20－18－401 节的规定并不符合最高法院在2015年审判的奥伯奇菲尔诉霍奇斯案[1](以下简称奥伯奇菲尔案)中的判决意见。在奥伯奇菲尔案中,最高法院强调,“宪法赋予同性伴侣在缔结婚姻关系时享有与异性伴侣相同的结婚条件和地位”。而在本案中,阿肯色州州法却剥夺了同性夫妻的权利,以至于他们无法享有其他异性夫妻皆可享有的权利。

此后被告向阿肯色州最高法院上诉,该法院却认为阿肯色州州法符合宪法要求。因为该规定旨在规定新生儿与生母、生父的亲子关系,而非夫妻间的婚姻关系,所以并不能说该规定僭越了奥伯奇菲尔案的先例判决。

4. 联邦最高法院:州法违宪

联邦最高法院的大法官们认为,阿肯色州最高法院的判决否认了宪法所赋予同性配偶的婚姻权利。基于阿肯色州州法,当已婚女性通过人工授精怀孕生子后,对于孩子生母的异性配偶,阿肯色州卫生部门肯定会登记在新生儿的出生证明上;而根据下级法院对州法的解释,对于身处同样境地的生母之同性配偶,卫生部门则不予登记。这无疑使今后在子女出生证明问题上,阿肯色州的同性夫妻将遭到与异性夫妻不同的待遇:同性夫妻将有一方无法在其子女的出生证明上作为父母亲出现。

联邦最高法院不认同州政府“出生证明仅仅是一种对父母子女间血缘关系的确认,与婚姻关系无涉”的观点,认为阿肯色州法律对于新生儿的出生证明并不限于血缘关系,如果是异性夫妻通过他人匿名捐精受孕生育,不是小孩亲生父亲的养父却可以登记在出生证明上。若允许这种差异性对待,同性配偶一方将缺失对子女的医疗、教育等方面的合法亲权。结合最高法院在先例奥伯奇菲尔案中的判决,“同性夫妻与异性夫妻的同等婚姻权利与义务也将无例外的适用于其子女的出生、死亡证明等问题上”,州法造成的差异性待遇实际上违背了奥伯奇菲尔案判决中体现出的宪法精神。

因此,联邦最高法院认为,在有关新生儿出生证明这一问题上,阿肯色州州法的部分规定违宪。阿肯色州最高法院的判决被驳回,案件被发回重审。

---

[1] Obergefell v. Hodges,576 U.S. ___(2015).

五

宪法第一修正案

（一）宗教自由与限制

3.05.001 哥伦比亚三一路德教会诉密苏里州自然资源部主管康莫
Trinity Lutheran Church of Columbia v. Comer
——让上帝的归凯撒？

原 案 名:Trinity Lutheran Church of Columbia Inc. v. Comer, Director, Missouri Department of Natural Resources

判决日期:2017 年 6 月 26 日

案　　号:15 - 577

判决原文:https://www.supremecourt.gov/opinions/16pdf/15 - 577_khlp.pdf

主　　笔:首席大法官罗伯茨(该判决肯尼迪、阿利托、卡根大法官附议;托马斯和戈萨奇大法官虽亦附议,唯不同意该判决的脚注三。托马斯大法官另行撰写协同意见,戈萨奇大法官附议;戈萨齐大法官亦撰写部分同意的协同意见,托马斯大法官附议;布雷耶大法官另行撰写同意判决结果的协同意见;索托马约尔大法官撰写了异议意见,金斯伯格大法官附议)

判决主旨:州政府拒绝给予教会及其相关组织提供政府补助的行为违反了第一修正案的宗教活动自由条款。

判决译述

1. 教会学校就得不到政府补助吗?

三一路德教会儿童学习中心(以下简称学习中心)是密苏里州布恩郡的一间为工薪家庭儿童开设的全日制托儿所。该学习中心于1980年建立之初为非营利组织,1985年被三一路德教会兼并后成为教会资产。托儿所招收了90名有不同宗教信仰的儿童,年龄为2~5周岁。学习中心有一个由粗沙砾填成的操场,孩子们一旦在操场上摔跤或磕碰很容易受伤,所以学习中心准备重修操场。

2012年,密苏里州自然资源部组织了一个废旧轮胎项目,用废旧轮胎做成橡胶地面可以用于操场。符合条件的非营利组织在购买了这些橡胶地面后,可以到自然资源部报销。因为资源有限,自然资源部对审核的要求非常高,对所有申请者进行评分和排名。学习中心也参与其中,申请报销2万多美元。

学习中心以三一路德教会的部门的身份参加申请,并强调该中心的目标是为儿童提供一个安全整洁的校园设施,现有的操场地面对儿童的身体健康是一个隐患,而且这个操场并不只是开放给该中心的学生使用,整个社区的孩子在非上学时段都可以使用。

最终,学习中心在44名申请者中排名第5。尽管排名靠前,但是自然资源部却拒绝了学习中心的申请,理由是根据密苏里州宪法第1节第7条规定:"公款不应被直接或间接用来帮助任何教会或教派,或任何牧师、传教士或教师等;不得对任何教会或教派、宗教信仰或宗教崇拜表现出任何偏爱或歧视。"学习中心认为自然资源部的决定违反了美国联邦宪法第一修正案的宗教信仰自由条款(the Free Exercise Clause),对该部门主管康莫提起诉讼。

地区法院认为,宗教活动自由条款禁止政府限制宗教活动,但是政府出于宗教因素考虑不予发放福利并不为自由条款所禁止。地区法院引用了美国联邦最高法院就洛克诉戴维案[1]（以下简称洛克案）所作判决，该判决中最高法院支持了华盛顿州拒绝为攻读神学学位提供奖学金资助的政策。所以地区法院认为，宗教活动自由条款并不强制密苏里州为三一路德教会提供废旧轮胎项目的财政支持，因此驳回起诉。联邦第八巡回上诉法院也以相同的理由支持了地区法院的裁定。案件上诉到最高法院。

2. 宗教背景与公共福利

联邦最高法院此前的判例都再三确认了因宗教原因而剥夺个人或组织获得公共福利的做法违反了宗教信仰自由条款。在麦克丹尼尔诉帕蒂案[2]（以下简称麦克丹尼尔案）中，联邦最高法院认定，田纳西州禁止牧师出任州制宪会议代表的法律无效。联邦最高法院的多数大法官们认为该法歧视麦克丹尼尔（McDaniel），仅因为他的牧师身份而剥夺了他担任州制宪会议代表的权利。麦克丹尼尔要参加州制宪会议就不能再担任牧师，担任了牧师就不能参加会议。也就是说，该法对麦克丹尼尔行使宗教自由权利施加了惩罚（penalty）。近年来，联邦最高法院仔细甄别了对宗教人士或团体予以不公正待遇的法律。

3. 公平竞争的机会

学习中心本来可以获得补助，自然资源部仅因为该中心的宗教身份而取消其获得补助的资格，其政策明显带有歧视。类似于麦克丹尼尔案中剥夺麦克丹尼尔先生制宪会议代表资格的法律，自然资源部的政策逼学习中心做出选择，要么维持其宗教组织的身份但不享受公共福利，要么放弃宗教组织的身份来参加公共福利项目。当州政府在提供公共福利时对宗教背景进行限制，也就实际上惩罚了宗教活动自由。

自然资源部辩称其只是单纯拒绝为学习中心提供州政府本来没有义务提供的补助，该决定并非意图要侵犯教会的活动自由权利，但它也承认宗教活动

---

〔1〕 Locke v. Davey,540 U. S. 712(2004).

〔2〕 McDaniel v. Paty,435 U. S. 618,628(1978).

自由条款保护人们或团体在行使宗教活动自由的权利时不受直接或间接的逼迫或惩罚。学习中心并不是在要求其享受补贴的权利,而是在主张它能以宗教身份参与政府福利项目的权利。这里对宗教活动的歧视不是自然资源部拒绝给予政府补助而是自然资源部没让教会与其他非宗教组织就获得政府补助进行公平竞争。

4. 洛克案

自然资源部辩称本案应遵循洛克案的判决。但是最高法院不予认可。在洛克案中,华盛顿州创设了一个奖学金项目来资助优秀学生。奖学金的申请者可以在宗教学校或非宗教学校使用该笔奖学金,但是他们不能用这笔钱攻读神学学位。最高法院在判决中已经表明洛克案和其他案子不同,在其他案子中,最高法院否决的法律或者规则都是要求当事人在获得政府补助和坚持自己的宗教信仰两者中进行选择,而在洛克案中,戴维(Davey)被奖学金项目拒绝并非因为他本身的宗教信仰,而是他使用这笔奖学金的目的。但在本案中,学习中心是因为它自身的宗教背景而被州政府拒绝。

联邦最高法院在洛克案中认为,华盛顿州对该奖学金项目设置的禁止条款与该州反对将纳税人的钱用在培训神职人员的立场是一致的。但是在本案中,废旧轮胎项目中用回收旧轮胎重新填平操场地面和宗教信仰之间并无关联。总而言之,在洛克案中,华盛顿州并不要求申请人在他们自身的宗教信仰和获得政府补助之间进行抉择,但是在本案中,学习中心很明显需要在教会和获得政府补助之间进行选择。

5. 上帝的归上帝,凯撒的归凯撒

美国联邦宪法第一修正案规定了国会不能制定有关设立宗教的法律,也不能禁止宗教信仰自由。该修正案包含了禁止设立宗教条款(Establishment Clause,又称"政教分离条款")和宗教信仰自由条款(the Free Exercise Clause)。根据禁止设立宗教条款,最高法院实际上允许各州制定一些区别对待涉及宗教因素的法律。不过,要证明这种歧视性法律的正当性,必须经过严格标准审查

(most rigorous scrutiny)——只有为了一州最重要的利益(a state interest of the highest order)方得制定歧视性的政策。

但是在本案中,除了想要尽量遵从政教分离原则外,自然资源部并没有就本案中这个歧视性政策给出更多合理的解释。最高法院认为各州在遵从政教分离原则的情况下也必须保证宗教信仰自由不受侵害。如上所述,本案中自然资源部的政策已经明显侵害了宗教活动自由,它所提供的解释无法令人信服。因此,联邦最高法院认为:自然资源部的这个政策侵犯了第一修正案下的宗教活动自由条款所赋予学习中心的权利,政府部门不能因为教会的宗教背景就排挤其可能获得公共福利的机会,因此推翻了上诉法院的判决,发回重审。

6. 脚注三

由首席大法官罗伯茨撰写的本案多数意见中的脚注三只得到4∶5的表决票,托马斯和戈萨奇大法官不同意脚注三。这个脚注三到底写了什么呢?请看:

> 本案就重修操场事宜,涉及对宗教身份的明显歧视。

戈萨奇和托马斯大法官认为该脚注完全正确,然而担心这会引起误解,让人以为仅仅是有关重修操场的案子,或者与儿童健康安全有关的案子,或者其他社会公益的案子才受本案约束。事实上,最高法院的判例应当提供普遍性的原则而非临时性的规则。而这里的普遍性原则是不允许针对宗教活动的歧视,无论在操场上还是在任何其他地方。

3.05.002 促进卫生保健网诉斯泰普尔顿 Advocate Health Care Network v. Stapleton ——谁动了我的退休金?

原 案 名: Advocate Health Care Network et al. v. Stapleton et al. ; Saint Peter's Healthcare System, et al. v. Laurence Kaplan; Dignity Health, et al. v. Starla Rollins

判决日期:2017 年 6 月 5 日

案　　号:16 - 74、16 - 86、16 - 258

判决原文:https://www.supremecourt.gov/opinions/16pdf/16-74_5i36.pdf

主　　笔:卡根大法官(除戈萨奇大法官未参与本案审理和判决外,其余大法官均一致附议;索托马约尔大法官撰写了协同意见)

判决主旨:宗教性组织即便并非由教会所设立,其管理的退休金计划仍适用 ERISA 中的"教会退休金计划"豁免条款,雇主无须依法采取措施保障退休金计划的资金安全。

判决译述

详见 3.03.003,见本书第 149 页。

（二）言论自由与限制

3.05.003 潘拿·西德里格斯诉科罗拉多州
Pena-Rodriguez v. Colorado
——陪审员种族歧视怎么办?

原 案 名:Pena-Rodriguez v. Colorado

判决日期:2017 年 3 月 6 日

案　　号:15 – 606

判决原文:https://www.supremecourt.gov/opinions/16pdf/15 – 606_886b.pdf

主　　笔:肯尼迪大法官(金斯伯格、布雷耶、索托马约尔和卡根大法官附议;托马斯大法官撰写异议意见;阿利托大法官撰写异议意见,首席大法官罗伯茨和托马斯大法官附议)

判决主旨:陪审员在判案中的言论只享有有限豁免权,涉嫌种族歧视的言辞不享受豁免。

判决译述

详见 3.04.002,见本书第 167 页。

3.05.004 马泰尔诉谭西蒙

Matal v. Simon Shiao Tam

——亚裔乐队歧视了谁?

原 案 名:Joseph Matal, Interim Director, United States Patent and Trademark Office v. Simon Shiao Tam

判决日期:2017 年 6 月 19 日

案 号:15 - 1293

判决原文:https://www.supremecourt.gov/opinions/16pdf/15-1293_1o13.pdf

主 笔:阿利托大法官(其中第Ⅰ部分、第Ⅱ部分及第Ⅲ-A 部分的内容,首席大法官罗伯茨及肯尼迪、金斯伯格、布雷耶、索托马约尔和卡根大法官附议,托马斯虽附议,却不同意第Ⅱ部分;其中第Ⅲ-B 部分、第Ⅲ-C 部分、第Ⅳ部分,首席大法官罗伯茨及托马斯和布雷耶大法官附议;肯尼迪大法官对观点和判决结果撰写了部分协同意见,金斯伯格、索托马约尔和卡根大法官附议;托马斯大法官对观点和判决结果撰写了部分协同意见。戈萨奇大法官未参与本案的审理和判决)

判决主旨:商标法中的禁止贬损条款违反了第一修正案中的言论自由条款。禁止注册冒犯他人的商标是一种观点的歧视,是对商标的言论表达而非商业表达方面的管制。

判决译述

1. 奇葩的乐队

2006 年,美国亚裔歌手谭西蒙(Simon Shiao Tam)与其他 3 位亚裔歌手在俄勒冈州波特兰市组建了一支名为“The Slants”的乐队，自称其音乐为“唐人街摇滚”。问题是“Slants”这个词有多重含义，既表示一种生活态度，也是美国普遍对亚裔族群的一种侮辱性称呼，直译为“吊梢眼”。[1]

乐队成员希望通过使用这个歧视性词汇作为乐队的名字来改变大家对亚裔人的看法，抹去该词语所隐含的贬损含义，而赋予其新的意义。该乐队的唱片起名也特立独行，如“The Yellow Album”（“黄色专辑”）、“Slanted Eyes, Slanted Hearts”（“丹凤眼，丹凤心”）等。令人意想不到的是，比起音乐界，这支乐队首先在法律界名声大噪。缘起何故？

2. 特立独行的商标

2009 年，谭西蒙申请将“The Slants”注册为商标，没想到遭到美国专利商标局（Patent and Trademark Office，PTO）的拒绝。因为 1946 年颁布的美国《联邦商标法》（Lanham Act，以下简称《兰纳姆法》）中有一个“禁止贬损条款”（the disparagement clause），禁止把对任何“活着的或死去的人、机构、信仰或国家的象征”加以“贬损或为其带来蔑视或不光彩名声”的词语注册为商标。显然，“吊梢眼”正是这样一个对亚裔人有贬损含义的词汇，完全撞在该禁止贬损条款的枪口上。

在审查某商标是否为贬损性商标时，PTO 一般适用一个“两步分析法”。首先审查问题事项可能具有的含义是否涉及可识别的个人、机构、信仰或国家的标志等。如果答案为肯定，开始第二步审查，即这一含义是否可能贬低了所涉及团体的实质性组成部分（无须为该团体的大部分成员）。如果答案仍然为肯定，则该商标具有贬损性的表面证据成立，举证责任转移至申请人，来证明该商标不具贬损性。

PTO 还认为“即使申请人可能是该团体的成员或者使用该术语的意愿为良善，均不能改变该术语有可能冒犯所涉团体中大部分成员的事实”。

本案正是如此，因为将要注册的商标是对亚裔的侮辱性称呼，即便乐队所有成员均为亚裔歌手，PTO 拒绝将其注册为商标也于理有据。如此一来，“吊梢

---

[1] 亦可译为“丹凤眼”，但为了契合本案的背景事实，故采用具有贬损色彩的“吊梢眼”。

眼”乐队誓要打破对亚裔族群固有歧视的想法被粉碎了。谭西蒙对PTO的拒绝提出异议,未果,遂于联邦法院起诉。

3. 上诉法院支持“吊梢眼”注册为商标

联邦巡回上诉法院一致认为,《兰纳姆法》中的禁止贬损条款违反了美国联邦宪法第一修正案中的言论自由条款。禁止贬损条款体现出了基于观点的歧视(viewpoint-based discrimination),是对商标的言论表达而非商业表达方面的管制,从而无法通过保障言论自由的“严格审查”标准,甚至也不能通过商业言论案件中确立的“适中审查”标准。所以上诉法院支持“吊梢眼”能够被注册为商标,政府不服,遂上诉至美国联邦最高法院。

在该案被上诉至最高法院后,谭西蒙提出“禁止贬损条款”的适用范围仅限于自然人和法律上拟制的人或组织,不包括非法律规定的团体(如种族群体),并要求最高法院对其观点进行审查。虽然按照程序规定,谭西蒙未在前审提出的观点,最高法院可以不予审查。但由于如果按照谭西蒙的理解去解释法律,那就不存在后续的违宪审查,因此联邦最高法院对该条款进行了解释,无论用文义解释,还是体系解释,都无法得出谭西蒙的结论。

经过慎重考虑,联邦最高法院维持原判,认为禁止贬损条款的确违反了宪法第一修正案中的言论自由条款,违背了宪法第一修正案原则的基石,即不能因言论所表达的观点会冒犯他人而禁止该言论(原文是一句诗:Speech may not be banned on the ground that it expresses ideas that offend)。

4. 最高法院的理由

联邦最高法院的大法官们逐一驳斥了政府在上诉状中所列举的主要理由。

政府认为商标构成政府言论而非私人言论,而过往最高法院判例确认政府言论不受宪法第一修正案的保护。最高法院旗帜鲜明地予以了驳斥,假如通过联邦政府注册就能将商标转化为政府言论,那么联邦政府差不多整天都在喋喋不休地把些毫无条理的话说得天花乱坠了。如果商标代表了政府言论,那么当政府建议美国人民“make. believe”(索尼)、“Think different”(苹果)、“Just do it"(耐克)或者"Have it your way"(汉堡王)时,政府在想什么呢?当政府将"End Time Ministries"注册为商标时,难道政府正在警告大家灾难将会降临吗?(上述均为美国联邦注册商标)

在过往被判为政府言论的先例中,约翰斯诉家畜销售协会案[1]中政府部门参与了一则牛肉广告的创作;快乐果园市诉萨姆案[2]中,政府自古以来就用碑文传递公共信息,公共花园也通常被视为政府设立的公共领域,公园内设立的碑文代表了政府传递出的信息;瓦克尔诉退伍军人联合公司得克萨斯分部案[3]中,将特种车牌视为政府言论是因为车牌长期以来被各州用于传递州信息,且由各州制造、由各州拥有,并作为州政府的身份证明,此外得克萨斯州直接控制了车牌所传递的信息。本案完全不属于前述3个案例中的情形。

另外,如果通过政府注册就可以把私人行为转化为政府行为,那么政府还注册版权、专利权甚至房地产所有权呢,都转化为政府行为可不得了,尤其是版权注册,后果将不堪设想。

政府认为,商标注册是一种由政府资助的行为,因为注册商标过程中是由政府提供审查、公告、颁发证书,这些费用都不是由申请注册者承担的。最高法院认为,政府所说的前述项目涉及的费用和政府提供的警力、消防等一样,都是公共产品,而不是政府提供的特别补助,因此,由此产生的言论不应受到限制。

政府认为对于禁止贬损条款的审查应当适用"政府项目"相关的判例。在联邦最高法院看来,政府所依据的《兰纳姆法》中的禁止贬损条款是一种基于"观点"的歧视。这种歧视在"政府项目"中都是被禁止的。该条款拒绝注册一个有可能冒犯任一团体中大多数成员的商标。冒犯他人正是一种观点,而禁止注册冒犯他人的商标正是基于观点的歧视。最高法院反复强调"公众的思想表达不能仅仅因为该思想本身冒犯了他们的部分听众就被禁止"。宪法第一修正案的基石,正是要保护这些可能会冒犯他人的观点。在阿利托大法官看来,"吊梢眼"所定义的不仅是一支乐队,而是对社会问题的一种观点。

政府还提出商标属于商业言论,因此只要满足一个比较宽松的审查标准即

---

〔1〕 Johanns v. Livestock Marketing Assn. ,544 U. S. 550,553(2005).

〔2〕 Pleasant Grove City v. Summum,555 U. S. 460,467(2009).

〔3〕 Walker v. Texas Div. ,Sons of Confederate Veterans,Inc. ,576 U. S. ___(2015).

可。大法官们不同意,因为禁止贬损条款涉及贬损任何人、团体或机构的商标,比如,该条款适用于"打倒种族主义者""打倒性别歧视者""打倒憎恨同性恋者"等商标。商业市场充满了各种贬损著名人士和团体的商品,区分商业言论与非商业言论的界限并不总是很清晰。如果加上商业的标签,就可以允许压制任何可能导致政治或社会"不安定"的言论,那么言论自由将会受到威胁。

5."吊梢眼"如愿以偿

出于上述原因,联邦最高法院维持了联邦巡回法院的判决,认定禁止贬损条款违反了宪法第一修正案中的言论自由条款。或许此时应该把它翻译成相对褒义的"丹凤眼"乐队了。正如肯尼迪大法官所言,期待这支乐队用一种揶揄,一种全新的视野,一种音乐才能,来去除"The Slants"上的嘲讽,将它变成所有亚裔的骄傲,而不是对他们的冒犯。

3.05.005 表达发型屋诉纽约州总检察长施耐德玛 Expressions Hair Design v. Schneiderma ——卖家报价也跟言论相关?

原 案 名:Expressions Hair Design et al. v. Schneiderma, Attorney General of New York

判决日期:2017 年 3 月 29 日

案　　号:15 – 1391

判决原文:https://www.supremecourt.gov/opinions/16pdf/15 – 1391_g31i.pdf

主　　笔:首席大法官罗伯茨(肯尼迪、托马斯、金斯伯格和卡根大法官附议;布雷耶大法官撰写了协同意见;索托马约尔大法官也另行撰写了协同意见,阿利托大法官附议)

判决主旨:限制卖家报价方式的州法律被认定为"限制卖家的言论",从而违反了美国联邦宪法第一修正案中所保护的"言论自由"。

判决译述

1. 信用卡买买买背后的法律之争

在刷信用卡买买买的路上,不仅有消费者透支着自己的信用,还有商家承担着每次刷卡都会产生的交易费用。总有卖家不想为这些费用埋单,怎样才能让"羊毛出在羊身上"呢?他们通常有两种薅羊毛方式:第一种是"多收费"——让刷信用卡消费的顾客(以下简称信用卡顾客)比用现金的顾客(以下简称现金顾客)多付费;第二种则是"打折扣"——给现金顾客打折。

对于卖家转嫁成本的行为,发卡商一般会与卖家签订合同,约定卖家不得

“多收费”。1974年,美国国会修改的《诚信贷款法》(Truth in Lending Act)规定不允许发卡商通过签合同来限制卖家“打折扣”。但是能否限制卖家向信用卡顾客“多收费”呢?《诚信贷款法》没有规定。

1976年,国会再度修改《诚信贷款法》,开始禁止卖家采用“多收费”的方式。同时还定义了什么为“打折扣”和“多收费”。修改后的法律规定,卖家以低于“正常价格”(regular price)的价格出售商品或服务,减少的收费叫作“打折扣”;卖家向信用卡顾客收取比“正常价格”多的费用,且多收的部分从不向现金顾客收取,那么这部分多收的费用就叫作“多收费”。但法律并没有解释什么是“正常价格”。

1981年,国会在《现金折扣法》(Cash Discount Act)里解释了什么是“正常价格”:如果卖家就商品或服务仅粘贴或摆放了一个价格标签,那么这个标签上显示的价格就是“正常价格”;但如果卖家没有提供任何显示价格的标签,或者卖家运用“双价格制”,即对同一个商品或服务摆出两个价格标签,一个针对信用卡顾客,另一个针对现金顾客,那么针对信用卡顾客收取的价格就是“正常价格”。

总之,根据《诚信贷款法》禁止“多收费”,可以“打折扣”的规定,结合《现金折扣法》中“正常价格”的概念,卖家把信用卡交易费用转嫁给顾客的违法操作只有一种——卖家在提供的商品或服务上只写明了一个价格,却让信用卡顾客支付比标签价更高的费用。

然而才过了3年,1984年,有关禁止“多收费”的联邦法律就被国会叫停。虽然没有了联邦层面的法律禁令,纽约州却有针对“多收费”问题的自行立法。《纽约经济法》第518节采纳了原来联邦的禁止性规定的条文,规定“卖家不能向信用卡顾客多收费”,但至于怎么算“多收费”,纽约州的法律并没有说清楚。

时间到了2013年,发卡商也开始让步,在和卖家签订的合同中不再禁止卖家“多收费”。于是在纽约,只剩下了《纽约经济法》第518节仍在禁止卖家“多收费”。

2. 报价也是一种言论?

纽约的5个卖家不高兴了——我们也就是做个小本生意,每年却不得不向发卡商支付成千上万的交易费用，负担很重。向信用卡顾客“多收费”，是因为发卡商要收交易费用的缘故，发卡商才是“坏人”。虽然法律允许我们给现金顾客“打折扣”，但这种方式不如直接向信用卡顾客“多收费”的效果好。

于是在2013年，这5个卖家联手将纽约州总法律顾问施耐德曼以及3名地区律师告上联邦地区法院的法庭。他们认为，《纽约经济法》第518节违反了美国联邦宪法第一修正案，侵犯了他们言论自由的权利，而且该法律条文对于“多收费”和“打折扣”的语义模糊，也属违宪。

地方法院支持了卖家的诉请，判决第518节违反了联邦宪法第一修正案，限制了卖家的言论自由。地方法院的法官认为第518节并不是按照经济的实际情况制定法律，而只是按照字面意思禁止“多收费”却允许“打折扣”。此外，第518节的规定语义过于模糊，属于不合宪。

败诉方随后上诉到联邦第二巡回上诉法院。上诉法院认为，第518节的规定只是对卖家的收费行为进行规范，并没有就卖家的言论作出规定。上诉法院认为第518节的语义并不模糊——该条禁止卖家在已经给商品或服务明码标出一个价格的情况下向信用卡顾客“多收费”。但是如果卖家针对信用卡顾客和现金顾客，分别标出两个价格，第518节并不禁止。5个卖家未能证明第518节有超越联邦法律规定的范围。因此，第518节并没有违反联邦宪法第一修正案。于是，上诉法院撤销了一审的判决。

3. 报价也和言论相关

5个卖家当然不服二审判决，上诉到美国联邦最高法院，并且认为二审法院只是审理了第518节是如何规定定价方式这个表面问题。其中一个卖家是“表达”发型设计屋，认为他们为了符合第518节的规定，最近摆放的价格牌为“现金10美元，信用卡10.3美元”。而在此前，他们只摆放“现金10美元”这一个标价，并且在价格旁边提示顾客如果刷信用卡需多支付3%的费用。他们因为受到第518节的限制，而不能沿用原来的标价方式，这实质上是对卖家言论的限制。

联邦最高法院的大法官们认为，通常情况下，下级法院肯定比上级法院更了解其辖区所在的州法律的内容，因此只要下级法院不存在明显的错误，最高法院尊重上诉法院对于第 518 节的理解,即第 518 节禁止卖家在只设置一个标签价格时向信用卡顾客“多收费”。故第 518 节不存在法律规定语义模糊的问题。

在第 518 节是否限制卖家言论的问题上,最高法院支持了卖家的主张。最高法院举例分析“言论自由”和“定价行为”的区别,如果法律规定所有纽约的熟食店只能以 10 美元的价格卖三明治,那么熟食店可以通过标价,或者店员口述报价 10 美元。用标价还是口述方式是与言论相关,但此类的价格规定只是限制的定价行为,而不会被视为限制言论自由。但是,恰恰相反,第 518 节虽然没有规定卖家向顾客收取多少费用,却规定了卖家与顾客交流有关收费信息的方式:如果卖家向信用卡顾客表示“收费 10 美元,另需附加 3% 的交易费”,第 518 节是禁止的,因为这种报价意味着“正常价格”是 10 美元,法律禁止卖家在正常价格之外向信用卡顾客“多收费”。如果卖家只想展示一个价格,又希望转嫁交易费,根据第 518 节的规定,卖家只能标价“10. 3 美元”。由此,联邦最高法院认为第 518 节的规定确实涉及卖家言论自由的问题。

最终,联邦最高法院撤销上诉法院的判决,将本案发回上诉法院重审,要求上诉法院基于第 518 节会对卖家言论产生影响的思路,重新审查第 518 节是否符合联邦宪法第一修正案。

第 518 节卖家的报价方式也可以与言论沾边,美国宪法第一修正案看来真的是“法力无边”。

3.05.006 帕金汉姆诉北卡罗来纳州

Packingham v. North Carolina

——州法律可以禁止个人使用社交媒体吗?

原 案 名:Lester Gerard Packingham v. North Carolina

判决日期:2017 年 6 月 19 日

案　　号:15 - 1194

判决原文:https://www.supremecourt.gov/opinions/16pdf/15-1194_08l1.pdf

主　　笔:肯迪尼大法官(金斯伯格、布雷耶、索托马约尔、卡根大法官附议;阿利托大法官另行撰写了协同意见,首席大法官罗伯茨和托马斯大法官附议;戈萨奇大法官没有参与本案的讨论和判决)

判决主旨:禁止"性犯罪者"使用所有的社交媒体实际上阻碍了他们合法行使美国宪法第一修正案所保护的言论自由的权利,这样的法律因违宪而无效。

判决译述

1. 性犯罪者不得访问社交媒体

2008 年,北卡罗来纳州(以下简称北卡)颁布了一部法律,禁止登记在册的性犯罪者随意访问像脸书和推特这样的商业社交媒体,只要他们知道未成年人是这些商业社交网站的会员或者可以在这些网站上建立和维护个人网页,却仍然访问这些网站,那么该罪犯就犯有重罪(见北卡 2015 年法律汇编第 14 编第 202 节,以下简称第 202 节)。

第 202 节规定的商业社交网站必须满足四个要素:

(1)其经营者是通过会员费、广告费或其他与网站经营有关的途径来盈利;

(2)该网站有助于多人之间以增进友谊、结识新朋友及信息交换为目的的社交;

(3)该网站允许用户自己建立网页或个人形象,这些网站或个人形象中包含用户的姓名或昵称、用户放在个人网页上的照片、其他有关该用户的信息和该用户朋友或同伴在该商业社交网站上的链接,而且该商业社交网站的其他用户和访客也可以访问这些链接;

(4)该网站为其用户和访客提供与其他用户交流的各种机制,如留言板、聊天室、电子邮箱甚至即时通信工具等。[1]

第 202 节还明文规定了两种例外情形:

(1)该禁止规定并不适用于性犯罪者访问仅单独提供以下任何一种服务的网站:分享图片、电子邮箱、即时通信、聊天室、留言板;

(2)禁止访问的网站中并不包含以促进该网站成员或访客间的货物或服务贸易为主要目标的网站。[2]

---

〔1〕 法条原文:First, it "[i]s operated by a person who derives revenue from membership fees, advertising, or other sources related to the operation of the Web site." § 14 – 202.5(b). Second, it "[f]acilitates the social introduction between two or more persons for the purposes of friendship, meeting other persons, or information exchanges." Ibid. Third, it "[a]llows users to create Web pages or personal profiles that contain information such as the name or nickname of the user, photographs placed on the personal Web page by the user, other personal information about the user, and links to other personal Web pages on the commercial social networking Web site of friends or associates of the user that may be accessed by other users or visitors to the Web site." Ibid. And fourth, it "[p]rovides users or visitors ... mechanisms to communicate with other users, such as a message board, chat room, electronic mail, or instant messenger."

〔2〕 法条原文:The statutory bar does not extend to websites that "[p]rovid[e] only one of the following discrete services: photo-sharing, electronic mail, instant messenger, or chat room or message board platform." § 14 – 202.5(c)(1). The law also does not encompass websites that have as their "primary purpose the facilitation of commercial transactions involving goods or services between [their] members or visitors." § 14 – 202.5(c)(2).

2. 帕金汉姆自“作”自受

2002 年,帕金汉姆(Lester Gerard Packingham)还是一名 21 岁的大学生时,与一名年仅 13 岁的少女发生了性行为,因而被登记为“性犯罪者”,并且这种“性犯罪者”的标签将会伴随他至少 30 年。根据上述第 202 节规定,帕金汉姆不得访问像脸书和推特这样的商业社交网站,否则他就犯了重罪。

然而在 2010 年,帕金汉姆以昵称杰勒德在脸书上炫耀了一下自己免缴交通罚单的事情。正在依第 202 节执法的当地警方察觉后随即对其展开调查,最终以第 202 节为依据提起了刑事诉讼。帕金汉姆则以第 202 节违反了美国宪法第一修正案(言论自由)为由要求撤销对他的刑事指控。州初审法院驳回了他的请求并判处帕金汉姆缓刑。

帕金汉姆上诉到北卡上诉法院。上诉法院认为第 202 节违反了美国宪法第一修正案,因为其适用并未严格限定于北卡对未成年人免受性侵犯的合法利益的保护;相反,第 202 节任意地给被登记的“性犯罪者”施加了负担,阻碍他们实施大量与该法律目的无关的沟通和表达活动。

然而,北卡最高法院推翻了上诉法院的判决,认为第 202 节在任何方面都是合宪的。州最高法院解释道,第 202 节是经过精心设计的,禁止被注册的“性犯罪者”接触的网站仅限于那些使他们有机会获得未成年信息的网站。州最高法院还认为,第 202 节给被登记的“性犯罪者”留下了足够多的替代性的通信工具,因为帕金汉姆可以使用很多其他的网站。案子上诉到联邦最高法院。

3. 第 202 节合宪吗?

大法官们认为,本案是最高法院审理的有关美国宪法第一修正案(言论自由)与互联网之间关系的首批案例之一,因此必须极度谨慎。

美国宪法第一修正案保护言论自由的根本原则,是所有人都可以利用那些他们可以在其中自由谈论、聆听、在思考过后再次谈论、聆听的场所。在现在这个时代,交换观点最重要的场所之一就是网络空间,特别是社交媒体。社交媒体提供了各种相对来说无限的、低成本的通信工具。社交媒体的用户可以参与大量第一修正案所保护的活动,讨论任何话题。互联网的力量和发展方向是全新的、多变的、影响深远的,法院必须意识到我们今天所说的可能明天就过时了。

大法官们认为,即使认为第 202 节在内容上是中立的,并且只要通过合宪性审查标准中的中等标准审查(Intermediate Scrutiny)即可,第 202 节的规定也不能满足中度审查所要求的重大的政府利益。正如其他的发明预示着人类的进步一样,互联网和社交媒体也会被犯罪分子利用。对儿童的性侵犯是最恶劣的罪行,是与一个正义的人的道德观念根本不容的行为。立法机关可以通过有效的法律来保护儿童和其他遭受性侵犯的受害者。但是,在任何语境下,有效的政府利益的主张都不可以与宪法保护的利益隔离开来。

第 202 节的规定对美国宪法第一修正案所保护的言论自由施加了前所未有的限制。社交媒体使得用户可以获取信息,与他人就所有他们能够想到的主题交流。很多人通过社交媒体了解时事,获取招聘广告,在现代的公共场所发言、聆听和探索人类知识和思想的广阔天地,即使是被宣判的罪犯也不例外。在一些情况下犯有特殊罪行的罪犯,也具有正当的利益使用这些社交媒体到达思想的世界,特别是当这些罪犯改过自新、追求合法而有意义的生活的时候尤其如此。

事实上,北卡政府并没能证明采取第 202 节这种一网打尽的立法方式,对于保证被判决的"性犯罪者"远离弱势受害者这个目的是必要的和正当的。最高法院以前的判决中也从未支持过打击面这么宽的法律。禁止使用社交媒体实际上阻碍了该用户合法行使美国宪法第一修正案中的言论自由权。

如今,有些网站已经成为现代社会和文化不可分割的组成部分,美国各州不可以颁布法律完全禁止在这些网站上行使美国宪法第一修正案所保护的言论自由权。政府不能将压制合法言论作为压制非法言论的手段,这项原则早已得到确认。因此,第 202 节只能被认定为无效。

因此,联邦最高法院撤销了州最高法院的判决,要求下级法院按照联邦最高法院的意见重新审理。

4. 言论自由保护与儿童性侵防范的利益博弈

阿利托大法官发表了协同意见,分析了言论自由保护与儿童性侵防范之间的利益博弈。美国法院通过之前的一系列判决已经确认:防止性剥削和对儿童的性侵犯属于各州优先保护的利益。“性犯罪者”是个严重的威胁,性侵犯的受害者通常都是青少年。立法应该致力于保护未成年人的身心健康,即使该法律是在宪法权利的敏感地带运行。当“性犯罪者”重回社会时,他们比其他任何一种犯罪分子都有可能再一次犯强奸罪或者性骚扰罪。

保护儿童免受性侵犯确实是各州必须考虑的利益,“性犯罪者”可能也确实会利用互联网实施儿童性侵活动,各州采取一定的措施防止此类事件是合法合理的。第202节的立法基础其实是未成年人免受性侵的利益大于被登记的“性犯罪者”通过社交媒体行使美国宪法第一修正案的言论自由的权利。第202节中所规定的社交媒体定义太广,北卡无法证明为了保护未成年人有必要规定这么宽的打击面。也就是说,第202节虽然符合州利益,但该利益并没有大到可以损害言论自由的宪法权利。因此,联邦最高法院认为,第202节侵犯了美国宪法第一修正案所保护的言论自由。

六

宪法第四修正案

3.06.001 曼努尔诉伊利诺伊州乔利埃特市 Manuel v. City of Joliet, Illinois ——无端被羁押，如何来维权？

原 案 名：Manuel v. City of Joliet, Illinois, et al.

判决日期：2017 年 3 月 21 日

案　　号：14 – 9496

判决原文：https://www.supremecourt.gov/opinions/16pdf/14-9496_8njq.pdf

主　　笔：卡根大法官（首席大法官罗伯茨、肯尼迪、金斯伯格、布雷耶和索托马约尔大法官附议；托马斯大法官撰写异议意见；阿利托大法官也另行撰写了异议意见，托马斯大法官附议）

判决主旨：虽然审前羁押程序表面上合法，但该程序基于警方的虚假陈述，因此被无端羁押者可直接寻求宪法第四修正案的保护。

判决译述

1. 维生素被当作迷幻药——冤！

2011 年 3 月 18 日午夜，以利亚·曼努尔（Elijah Manuel）的车因转弯没开转向灯，被伊利诺伊州乔利埃特市的警察拦截下来。警察在车上发现了一个维生素瓶子，怀疑瓶内的药丸属于违禁药，但现场检测并未发现任何违禁成分。尽管如此，他们还是把曼努尔带回警局。

警局的技术员随后对药丸进一步检测，虽然仍没发现违禁成分，但不知何故，在报告中谎称其中一片药丸检测出可能含有迷幻药成分，逮捕曼努尔的警察也声称以他们的训练和经验来看这些药丸就是迷幻药。

基于上述虚假陈述,曼努尔被指控非法持有管制药物。仅凭基于该伪证撰写的刑事起诉书,郡法官便确定该控诉有合理根据(probable cause),允许对曼努尔审前羁押。

羁押期间,伊利诺伊州警方实验室对被扣留的药品再次检测的结果仍然是该药丸不含违禁成分。尽管如此,曼努尔仍被继续羁押,在刑事指控被撤销后才被放出来,总共在狱中含冤度过了 48 天。

2013 年 4 月 22 日,曼努尔对乔利埃特市及该市的相关警员提起诉讼,声称警方对他的逮捕及羁押违反了美国联邦宪法第四修正案。

2. 下级法院:第四修正案不适用

曼努尔提起诉讼的时候,距离他被逮捕的日期(2011 年 3 月 18 日)已经超过 2 年,但距其刑事指控被撤销的时间还不到 2 年。

联邦地区法院认为:第一,2 年的诉讼时效已过;第二,经合法程序裁决后的审前羁押不适用宪法第四修正案,而只能基于违反正当程序条款(Due Process Clause)来起诉,且原告必须证明州法律未能提供足够的救济。

作为补充知识,我们可以了解一下所涉法条的具体规定。

宪法第四修正案规定:人民的人身、住宅、文件和财产不受无理搜查和扣押的权利不得侵犯。除依照合理根据,以宣誓或代誓宣言保证,并具体说明搜查地点和扣押的人或物外,不得发出搜查和扣押状。[1]

而(第十四修正案的)正当程序条款与本案相关的第 1 节(section 1)规定:任何一州,都不得制定或实施限制合众国公民的特权或豁免权的法律;不经正当法律程序,不得剥夺任何人的生命、自由或财产;在州管辖范围内,也不得拒

---

〔1〕 法条原文:The right of the people to be secure in their persons, houses, papers, and effects, against unreasonable searches and seizures, shall not be violated, and no warrants shall issue, but upon probable cause, supported by oath or affirmation, and particularly describing the place to be searched, and the persons or things to be seized。

绝给予任何人以平等法律保护。[1]

因曼努尔的起诉完全基于宪法第四修正案,且伊利诺伊州的法律能够提供足够的救济,所以联邦地区法院驳回了曼努尔的诉讼。

曼努尔上诉到联邦第七巡回上诉法院。虽然上诉法院意识到美国其他10个巡回上诉法院对这一问题均持有与其相反的观点,但还是维持原判,认为孰是孰非,应当由美国联邦最高法院来定夺,等于把皮球踢给了最高法院。于是曼努尔上诉到最高法院。

3. 联邦最高法院:第四修正案可以适用

宪法第四修正案禁止无理搜查和羁押,并要求搜查和羁押必须有合理根据(probable cause)。缺乏合理根据的情况一般分为两种:一种是警方在毫无合理根据的情况下对公民进行了羁押;另一种是违反法定程序。

在该案中,法官对合理根据的决定完全建立在警方的虚假陈述上。所以即使在羁押前已经通过合法程序进行了裁定,该合法程序也并没有满足宪法第四修正案对合理根据的要求。因此,被羁押者仍可基于宪法第四修正案提起诉讼,不用将诉讼请求的基础变更为正当程序条款。

联邦最高法院认为,政府官员在没有正当理由的情况下羁押曼努尔48天,曼努尔的诉请恰恰就是在寻求宪法第四修正案的保护,没有必要寻求正当程序条款的保护。

但对于诉讼时效问题,联邦最高法院没有表态,只给出了指导意见,发回到上诉法院重审。

基于上述原因,联邦最高法院推翻了上诉法院的判决,并发回重审。曼努尔的维权只能说取得了阶段性胜利。

---

〔1〕 法条原文:No State shall make or enforce any law which shall abridge the privileges or immunities of citizens of the United States; nor shall any State deprive any person of life, liberty, or property, without due process of law; nor deny to any person within its jurisdiction the equal protection of the laws。

七

宪法第五修正案

3.07.001 布拉沃诉美国

Bravo v. United States

——禁止双重危险原则

原 案 名:Bravo-Fernandez v. United States

判决日期:2016 年 11 月 29 日

案　　号:15 - 537

判决原文:https://www.supremecourt.gov/opinions/16pdf/15-537_ap6b.pdf

主　　笔:金斯伯格大法官(全体大法官一致同意,托马斯大法官另行撰写协同意见)

判决主旨:在刑事审判中,若陪审团做出互相矛盾的有罪与无罪判决,且有罪判决又因与矛盾无关的审判失误而被撤销,"禁止双重危险原则"下的争点排除规则不能阻止控方再次起诉被告。

判决译述

1. 禁止双重危险原则

当一个人被定罪或宣告无罪后,还能因同一罪名被再次审判吗?英美法给出的答案是不能,依据是禁止双重危险(double jeopardy)原则——同一个人因为同一个行为不得遭受两次审判或者惩罚。

该原则可追溯至早期罗马法和教会法,在 17 世纪左右的英国形成现代形态,而后在美国得到进一步发展。美国宪法第五修正案规定,任何人不得因同一罪行遭受两次生命或肢体上的危险。美国联邦最高法院则通过判例明确指出,禁止双重危险原则同时可包含三项宪法保障:(1)保证同一罪行宣告无罪后不得对其再次起诉;(2)保证同一罪行在被判罪以后不得再次对其起诉;(3)保证对同一罪行不得两次处罚。[1]

该原则的一个重要组成部分是争点排除(issue preclusion)规则,即已在之前的审判中提出并解决了的事实问题或法律问题不得被再次审理。

禁止双重危险原则起初是为了维护生效裁判的稳定性,在近现代发展中逐步注入了保护被告人权利的内涵。[2] 其规则看似简单清楚,但若加以引申就会出现诸多不同理解,本案的情况就是其中之一。

2. 奇葩的判决

本案的被告为商人布拉沃(Juan Bravo-Fernandez)与波多黎各自治邦参议员马丁内斯(Hector Martinez-Maldonado)。美国政府指控布拉沃向马丁内斯行贿,贿赂是极尽奢华的拉斯维加斯之旅,作为回报,马丁内斯在参议院力主通过对布拉沃商业有利的议案。被告被指控了三项罪名:(1)联邦项目贿赂,被指违反了《美国联邦法典》第18编第666节(以下简称第666节);(2)共谋违反第666节,被指违反了《美国联邦法典》第371节;(3)通过州际商贸旅行进一步违反第666节,被指违反了《旅行法》第1952节。

案件本身并不复杂,共谋及州际旅行属实,控辩双方对此皆无异议,案件唯一的争点就是二人是否违反了第666节,若违反第666节的指控成立,附随的两个指控也应该成立。奇葩的是波多黎各当地的陪审团裁定,被告违反第666节的指控成立,相关的共谋及州际旅行指控不成立。陪审团的这个判决前后矛盾,在逻辑上无法自洽。而随后,这个唯一的定罪也被联邦第一巡回上诉法院撤销,理由是陪审团得到了错误的指示。一审法院告知陪审团有关贿赂的两种理论,一种是“权钱交易”说;另一种是“非法馈赠”说。尽管本案的证据足以支撑任一观点定罪,但上诉法院认为第666节规定的是“权钱交易”罪,而一审法院同时指示陪审团两种贿赂犯罪理论,使陪审团作出错误定罪——认定两人犯

〔1〕 参见叶良芳、刘志高:《禁止双重危险原则的历史发展及其启示》,载《河南省政法管理干部学院学报》2005年第3期。

〔2〕 参见熊秋红:《禁止双重危险原则之建构》,载陈泽宪主编:《刑事法前沿》(第3卷),中国人民公安大学出版社2006年版,第32页。

有“提供和收受馈赠罪”,而不是犯有“权钱交易罪”。因此,上诉法院判决被撤销并发回重审。

在重审中,被告祭出了“禁止双重危险原则”的大旗,声称他们不应再次接受第666节指控,请求无罪释放。因为案件唯一的争点就是他们是否违反了第666节,而一审法院已经在附随的两个指控中判决他们无罪,这就是在事实上宣告第666节指控不成立。根据“禁止双重危险原则”,该争点应予以排除。另外,被告还援引伊戈尔诉美国案[1](以下简称伊戈尔案),声称有罪判决被撤销就意味着在法律上自始无效,不应被再次考量。波多黎各地区法院驳回了这一动议,指出一审在第666节及相关附随指控上同时给出了有罪和无罪判决,这种判决是前后矛盾且不合情理的,不能以此支撑上述动议。上诉法院同样以一审判决自相矛盾为由,驳回了这一动议,并认为法院撤销第666节的指控是因为法院向陪审团作出了错误指示,并非因为判决不一致,因而指控虽被撤销,但不影响美国诉鲍威尔案[2]的适用:同一陪审团做出的矛盾判决不能排除争点,故而此处不适用禁止双重危险原则。最终案件被上诉至美国联邦最高法院。

3. 争点排除不应被妄加利用

联邦最高法院认为,本案的核心问题在于,若陪审团做出互相矛盾的有罪与无罪判决,且有罪判决又因与矛盾无关的审判失误而被撤销,“禁止双重危险原则”下的争点排除规则能否阻止控方再次起诉被告。最高法院给出的答案是不能,其推理论证如下。

首先,因一审的有罪与无罪判决互相矛盾,被告不能证明陪审团确实否定了第666节指控。在刑事案件中,检方不能对无罪判决申请重审。因而,法院对检方不能提起上诉的无罪判决适用争点排除时非常谨慎。尤其当陪审团的判决看起来像是出于妥协、同情、慈悲或对法律的误解,而检方又不能上诉时,法院更不会去适用争点排除原则了。即便有罪判决之后被撤销,也不影响该分析的逻辑。那么陪审团究竟有没有否定第666节的指控呢?大法官们认为应

---

〔1〕 Yeager v. United States, 557 U.S. 110, 120, n.4 (2009).

〔2〕 United States v. Powell, 469 U.S. 57, 68 (1984).

以务实和理性的态度,全面审视审判过程中的每个环节,这其中自然不能忽视有罪判决。如果是因为证据不足,或者是与判决之矛盾相关的审判失误而撤销有罪判决,被告确实不能被再次指控。但本案的证据足以定罪,且审判失误基于法官给陪审团的指示有误,也与判决之矛盾毫不相干。

其次,根据阿什诉斯文森案[1](以下简称阿什案)的要求,若要援引"禁止双重危险原则"来排除争点,该争点必须已在之前的判决中提出并解决,而这一证明的责任在于被告。被告声称被撤销的判决和伊戈尔案[2]中未被宣判的指控一样,在法律上自始无效,想要以此将有罪判决排除在阿什案的要求之外,这是对阿什案要求的曲解。被告有责任证明,其是否违反第 666 节这一争点已由有效的最终裁决所认定,而证明过程就需要全面考量无罪判决的各相关因素。与无罪判决相矛盾的有罪判决显然是不能忽视的,不能仅因为被撤销就予以排除。

最后,被告援引伊戈尔案,声称法院应该无视被撤销的判决。被撤销的有罪判决没有意义,因为有罪判决的法律适用有误。但是在伊戈尔案中,并不存在法律适用有误的情形,而且陪审团未做出裁决——未做出裁决即没有判决,也就意味着不存在矛盾。本案的情况是陪审团做出了有罪裁决,即便之后被撤销了,它也造成了矛盾。两者情况不同,因此本案不能援引适用伊戈尔案。

总而言之,上诉审中,法院推翻被告的指控后,"禁止双重危险原则"不能阻止检方重新起诉(reprosecution)。本案证据清楚,无论基于何种理论,被告都可以按第 666 节指控入罪。在判决自相矛盾的迷雾下,陪审团的真实意图不得而知,但争点排除规则不应任由被告妄加利用。最终,最高法院驳回了被告的诉求,维持了上诉法院的判决,即争点排除规则不适用,本案可以重审。

4. "禁止双重危险"的边界

作为十分古老的诉讼原则,"禁止双重危险原则"已成为程序正义的重要部分,并成为《公民权利和政治权利国际公约》的一项基本原则。我国传统的司法

---

〔1〕 Ashe v. Swenson,397 U. S. 436(1970).

〔2〕 Yeager v. United States,557 U. S. 110(2009).

原则为“实事求是,有错必纠”,目前尚未确立“禁止双重危险原则”,二者存在一定的差异。

近年来,随着“念斌案”等案件的讨论,不少学者开始呼吁引入该原则。但“禁止双重危险原则”也远非完美,国外对其的争论与修正也从未停止过。从本案也可以看出,大法官怒斥被告利用规则脱罪,“禁止双重危险原则”与“实事求是,有错必纠”的边界似乎也不是那么泾渭分明。事实上无论是何种原则,都需要谨慎考量,如何在保护人权和打击犯罪之间实现平衡,这点应是殊途同归。

八

人身保护令程序

3.08.001 巴克诉得克萨斯州劳教部刑事司法科科长戴维斯

Buck v. Davis

——黑人就该判重刑?

原 案 名:Buck v. Davis, Director, Texas Department of Criminal Justice, Correctional Institutions Division

判决日期:2017 年 2 月 22 日

案　　号:15 – 8049

判决原文:https://www.supremecourt.gov/opinions/16pdf/15-8049_f2ah.pdf

主　　笔:罗伯茨大法官(肯尼迪、金斯伯格、布雷耶、索托马约尔和卡根大法官附议,托马斯大法官撰写异议意见,阿利托附议)

判决主旨:刑事法律的基本原则是因为人们做了什么而惩罚他们,而非因为人们是什么而惩罚他们。认为黑人更有暴力倾向?采纳这样的专家证言,律师负有不可推卸的责任。

判决译述

详见 3.04.001,见本书第 157 页。

3.08.002 监狱长詹金斯诉赫顿 Charlotte Jenkins v. Percy Hutton ——一起 750 美元私房钱引发的血案

原 案 名:Charlotte Jenkins, Warden v. Percy Hutton

判决日期:2017 年 6 月 19 日

案　　号:16 - 1116

判决原文:https://www.supremecourt.gov/opinions/16pdf/16 - 1116_i4dk.pdf

主　　笔:隐名(本判决为"*Per Curiam*",是指"全体法官一致意见"判决,这种判决没有署名,代表整个法院的立场)

判决主旨:死囚犯要想向联邦法院提出人身保护申请(habeas corpus),首先必须用尽州法院的救济方式,否则就是程序性弃权,联邦法院不予受理。

判决译述

1. 私房钱被盗引发血案

30 多年前,俄亥俄州的佩尔西·赫顿(Percy Hutton)在自家的缝纫机里藏了 750 美元私房钱,没想到缝纫机却被偷了。赫顿怀疑他的两个朋友米切尔(Mitchell)和西蒙斯(Simmons)。1985 年 9 月 16 日晚上,赫顿拿枪逼着他俩在整个小镇搜寻他的缝纫机。天快亮时,赫顿找到了缝纫机,但是西蒙斯头部中了两枪被送进了医院,米切尔失踪了。虽然西蒙斯后来被救活,但是几周后,米切尔的尸体被人发现,而且同样是中了两枪。

毫无悬念,初审法院的陪审团认定赫顿犯有三项罪:谋杀罪(加重型)、谋杀罪(未遂)和绑架罪。针对第一项谋杀罪,陪审团认为有两个加重情节:(1)赫顿实施了一系列旨在杀害多人的行为;(2)赫顿完成绑架行为之后,在杀害、意图杀害西蒙斯时,或者在逃跑的过程中杀死了米切尔。

根据俄亥俄州的法律规定,具有上述两个加重情节的法定刑是死刑、不得假释的终身监禁或服刑20年后方可假释的终身监禁。

法官在给陪审团的量刑指引中说,只有在以下情况下,陪审团才可以建议判处死刑:(1)陪审团必须一致同意公诉方已经证明赫顿的行为构成法律规定的加重情节,并且在本案中该加重情节远远超过依法可以减轻处罚的情节;(2)陪审团对(1)中的事实排除了合理怀疑。

经仔细考虑,陪审团做出死刑裁决,法院遂判处赫顿死刑。

俄亥俄州的上诉法院和最高法院认为,案件事实足以证明加重处罚情节的存在,因此均维持了初审法院的死刑判决。

2. 美国的死刑判决回顾

目前,美国还有35个州保留死刑,[1]但是适用死刑必须符合实体法和程序上的若干限制,实践中,只有存在加重情节(aggravating circumstances)的谋杀罪才可以适用死刑。死刑案件基本上都由陪审团审理,由于美国刑事审判分为定罪与量刑两个阶段,陪审团首先需要裁定被告人是否有罪,在做出有罪判决后,再根据定罪时认定的加重情节决定应判处的刑罚。

在美国,州初审法院做出死刑判决后,不会立即生效,死刑判决一律适用强制审查程序,类似于我国的死刑复核制度。无论被判处死刑的犯人是否上诉,在初审判决作出后,初审法院需要在规定期间届满后直接呈报有管辖权的法院进行强制审查,俄亥俄州就规定由州上诉法院和最高法院对死刑案件进行强制

---

〔1〕 美国16个州和哥伦比亚特区没有死刑——1846年密歇根州第一个废除死刑,纽约州、新泽西州、伊利诺伊州和新墨西哥州在近年结束死刑。20个州(以及联邦政府)设有死刑法律,但很少使用。堪萨斯州和新罕布什尔州几十年不曾处死过任何人,因此属于有名无实的"死刑州"。其他像加利福尼亚州和宾夕法尼亚州,虽有许多杀人犯被判处死刑,但极少执行处决;在这些州有数百"死亡簿上"的囚犯。另外15个州——大多在南方——设有死刑法律,判处死刑,也执行死刑。即便如此,被执行死刑的案例相对较少,而且都只有在经过多年的法律抗争后才实施。从判决到执行的平均时间是14年。参见戴维·加兰德:《为什么美国有死刑?》,美利坚合众国大使馆,2012年5月。

审查。

如果州法院审查后维持了初审法院的死刑判决,被判处死刑的犯人还有其他的救济途径。最常用的是以州司法机关对其拘禁违反联邦宪法、法律或者条约为由向联邦地区法院申请人身保护(habeas corpus)来寻求救济。但是申请联邦法院的人身保护时必须遵守一定的程序要求,即申请人向联邦法院申请人身保护所提出的理由,必须已经按照州法律规定的程序向州法院提出过,否则视为程序性弃权,联邦法院不可以对该主张进行实体性审查。

这一程序性要求确保申请人在向联邦法院申请人身保护时已经用尽州法院的救济方式,而且也保证了州法院可以对案件进行充分的裁判。

现在赫顿的死刑判决经过俄亥俄州上诉法院和最高法院确认,他是否可以利用联邦法院的人身保护程序呢?

3. 赫顿启动联邦人身保护程序

2005 年,赫顿依据《美国联邦法典》第 28 编第 2254 节规定,以初审法院在量刑阶段没有给予陪审团适当的指引,从而违反了他的正当程序权利为由,向联邦地区法院申请人身保护。赫顿诉称,初审法院没有在量刑阶段告知陪审团只应该以定罪阶段裁定的事实作为量刑建议的依据。

那么问题来了,赫顿并没有在俄亥俄州法院提出这一理由。

如前所述,联邦地区法院审查的诉讼理由范围仅限于申请人已经在州法院提出过的诉讼理由,所以联邦地区法院认为,赫顿已经在程序上放弃了这一权利。

赫顿不服,上诉到联邦第六巡回上诉法院。

上诉法院认为,虽然由于赫顿没有在州法院提出该主张,联邦法院就不应对该主张进行实体性审查,但是,如果不审查赫顿的主张可能导致根本性误判(fundamental miscarriage of justice),为了避免根本性误判,法庭还是应该对这一主张进行实体审查。

为了证明其实体性审查是合理的,巡回法院援引了一个先例判决(索耶诉惠特利案[1]),该先例确立了程序性弃权的例外情形,即如果人身保护程序的申请人向法庭提供的证据足以证明,如果不是因为存在宪法性错误的话,任何理性的陪审团都不会认为根据州相关法律应该作出死刑判决,联邦法院仍然可以就申请人没有在州法院提出的诉讼理由进行实体性审查。

第六巡回上诉法院认为,此案中存在的宪法性错误是初审法院没能明确指示陪审团在衡量加重情节与减轻情节时,只考虑在定罪阶段所确认的加重情节。因此,上诉法院推翻了联邦地区法院的判决。

俄亥俄州监狱长不服,遂上诉至联邦最高法院。

4. 最高法院:此案不应重审

首先,最高法院认为第六巡回上诉法院对赫顿诉讼请求进行实体性审查是错误的。巡回法院认为陪审团定罪时认定的事实中没有加重情节。但是最高法院认为陪审团在认定赫顿犯有加重型谋杀罪时就认定了两个加重情节,其中任何一个加重情节都足以判处赫顿死刑。对于初审法院在定罪阶段给予陪审团认定的加重情节的指引,赫顿并没有提出异议,上诉法院也没有发现任何错误。

其次,第六巡回上诉法院对程序性弃权例外的理解是错误的。第六巡回法院考虑的是未在定罪阶段认定的加重情节是否影响了陪审团作出死刑建议,而不是如果法院给予陪审团适当的指示,理性的陪审团还会不会作出建议死刑的裁决。但实际上第六巡回法庭应当考虑的是后者而非前者。事实上,无论是赫顿还是第六巡回法院都没有提供明确而令人信服的证据证明,任何一个理性的陪审员在法庭正确的指引下都不会认为本案中的加重情节压过减轻情节。相反,初审法院、俄亥俄州上诉法院和最高法院分别独立地审查过本案的事实,均认为应该判处赫顿死刑。综合本案的事实,第六巡回法院以避免司法不公为由审查本案是错误的。

最后,联邦最高法院撤销第六巡回法院的判决,按照本判决意见发回重审。

---

[1] Sawyer v. Whitley,505 U. S. 333(1992).

5. 正当程序原则之管窥

正当程序原则不仅要求司法机关根据正当的程序对案件进行审判,同时也要求刑事诉讼的当事人根据正当的法律程序捍卫自己的权利。如果当事人未能按照法律规定的正当程序及时提出自己的诉求,该行为可能在法律上被认为是对权利的放弃。

6. 话外篇——美国死刑制度的废除

要想在全美范围内废除死刑制度,哪家机构有这个权力呢?

答案是联邦最高法院,联邦最高法院可以通过宣布死刑违宪而将死刑制度在全美范围内废除,美国国会没有权力通过立法在全美范围内废除死刑制度。

美国是联邦制国家,美国《宪法》将刑法的立法权归于各州。50 个州的每一个州(加上联邦政府和美国军方)都必须逐一废除自己的死刑。也就是说,在全国废除死刑所需要的不是美国国会一项总体法案,而是需要 52 个不同的法案。时至今日,25 个州在不同的时候废除了自己的死刑,但其中 10 个州后来又恢复了死刑。

1972 年,死刑制度差点因为联邦最高法院费尔曼诉佐治亚州案判决而被废除。联邦最高法院的多数法官在该案中裁定,当时州里执行死刑的方式,违反了宪法保证的正当程序、平等保护、禁止残酷和非常惩罚的条款。

因为大多数美国人不认为死刑是“残酷和非常的”,在费尔曼案之后的多年里,35 个州通过了新的法律,重新引入了死刑,但对程序作了改革,设立了防止专断和歧视的保护性措施。联邦最高法院针对这些改革在 1976 年宣布,如果死刑根据得到认可的程序执行,则其可以是符合宪法的。自那时起,联邦最高法院力图监控和规范各州如何执行死刑,并为做到合宪而进行介入。但这导致的结果是,在联邦和州法院之中形成了一个上诉和定罪后复议叠加的复杂程序,造成了很大的耗费、延误和不确定性。

九

律师的无效协助

3.09.001 李宰诉美国

Jae Lee v. United States

——律师挖的坑谁来填?

原 案 名:Jae Lee v. United States

判决日期:2017 年 6 月 23 日

案　　号:16 – 327

判决原文:https://www.supremecourt.gov/opinions/16pdf/16-327_3eb4.pdf

主　　笔:首席大法官罗伯茨(肯尼迪、金斯伯格、布雷耶、索托马约尔、卡根大法官附议;托马斯大法官撰写异议意见,阿利托大法官附议除第一部分以外的部分;戈萨奇大法官未参与本案的审理和判决)

判决主旨:因律师的建议,被告接受辩诉协议,未经庭审而认罪,导致被告被判刑并驱逐出境。尽管被告并无有效抗辩理由,但是被告因之丧失了庭审机会本身已然构成损害结果,因此,律师提供了无效辩护,违反了宪法第六修正案。

判决译述

详见 3.02.003,见本书第 117 页。

3.09.002 韦弗诉马萨诸塞州

Weaver v. Massachusetts

——因法庭太小而引发的纠纷

原 案 名:Weaver v. Massachusetts

判决日期:2017 年 6 月 22 日

案　　号:16 – 240

判决原文:https://www.supremecourt.gov/opinions/16pdf/16 – 240_g3bi.pdf

主　　笔:肯尼迪大法官(罗伯茨、托马斯、金斯伯格、索托马约尔和戈萨奇大法官附议;托马斯大法官撰写协同意见,戈萨奇大法官附议;布雷耶大法官撰写异议意见,卡根大法官附议)

判决主旨:在刑事诉讼中,如果法院在选择陪审团时侵犯了被告人公开审判的权利,而被告人以初审发生结构性错误要求重审的,必须证明:(1)如果不存在辩护律师的错误,法院可能作出结果不同的判决;(2)辩护律师所犯错误非常严重,导致判决根本性不公平。

判决译述

1. 人多座少,闲杂人等勿进

2003 年,一名 15 岁的少年在波士顿被枪杀。一名证人看见一位年轻人拔出手枪,其后逃离现场,在逃跑过程中不慎落下了棒球帽。这顶帽子一侧印有"底特律老虎队"的商标,特点鲜明。警察根据这顶帽子找到了一位 16 岁的少年韦弗(Weaver)——本案被告人。经检验,帽子上的 DNA 和韦弗刚好匹配。

马萨诸塞州政府遂以一级谋杀罪和无证持枪罪对韦弗提起公诉。

本案陪审团候选人数量庞大，有 60～100 人，但分配到的庭室只有 50～60 个座位。鉴于座位有限，法庭的一位工作人员（非法官）逐出了法庭里陪审员候选人之外的其他人。前来法庭观察陪审员遴选的韦弗母亲和牧师也被拒之门外。

其实，明确将韦弗享有的公开审判的权利扩展到陪审员遴选是在 2010 年的普莱斯利诉佐治亚州案〔1〕（以下简称普莱斯利案）中，但本案发生在普莱斯利案之前；而在此之前，马萨诸塞州的法院在遴选陪审员时，尤其在遴选谋杀案的陪审员时，经常关闭法庭，不向公众开放。

本案中，韦弗母亲曾告知其辩护律师有关陪审员遴选过程中法庭暂时关闭的情况，但该律师认为法庭关闭是合宪的，也就没有与韦弗讨论任何与此有关的问题。

陪审团最终认定韦弗犯有一级谋杀罪和无证持有枪支罪，法院就前述罪名分别判处韦弗无期徒刑和 1 年有期徒刑。

2. 举证不力，回天亦是乏术

5 年后，韦弗对其律师未能就法庭的关闭提出异议，以其律师“无效协助”（ineffective-assistance）为由，向马萨诸塞州法院提出动议，要求重新审理本案。

初审法院认为，法院没有正当理由而关闭法庭确实侵犯了韦弗获得公开审判的权利，且韦弗律师未能及时提出反对意见，也确实说明律师严重失职；但韦弗未能进一步举证其律师的“无效协助”对其辩护造成了损害。于是，初审法院驳回了韦弗的动议。随后，韦弗上诉到州最高法院，州最高法院将韦弗要求重审的上诉与直接上诉合并审理，最后维持了初审法院的判决。

其实，联邦上诉法院和一些州最高法院在对待韦弗是否需要证明其律师“无效协助”有损其辩护这一问题上一直有分歧：针对一审中出现的结构性错误，韦弗既没有在一审中提出，也没有在直接上诉中提出，而是在定罪后程序的无效律师协助之诉中提出时，韦弗是否可以自动获得重审，还是必须举证其律

〔1〕 Presley v. Georgia, 558 U. S. 209 (2010).

师的无效协助对其辩护造成了“损害”才能得到重审？为解决这一分歧,联邦最高法院提审了这一案件。

3. 结构错误,重审理由有三

联邦最高法院曾确立了一项基本规则,即并非所有出现宪法性错误的案件都要撤销原判,发回重审。如果政府能证明此种错误没有影响判决,且达到了排除合理怀疑的证明标准,则此种错误将被法院视为是无害的,被告人无权要求撤销原判。但是这一基本规则也有例外——不能把“结构性错误”视为无害错误。因为,结构性错误并非审判过程中出现的简单错误,这一错误的关键特征是它能影响审判程序的框架。法院把一些错误认定为“结构性错误”,大致有三大类理由。

第一,如果系争权利并非为了保护韦弗免受错误定罪(erroneous conviction),而是为了保护其他的权利,那么侵犯了韦弗的系争权利就会被法院认定为结构性错误。例如,被告人享有为自己辩护的权利,但被告人自行辩护其实反而会增加法院作出对其不利判决的可能性。但被告人自行辩护的权利并非为了保护被告人免受错误定罪,而是基于被告人有权选择其认为的恰当方式保护其自由这一法律原则。因而,法院侵犯被告人自我辩护权利的行为将被认定为结构性错误。

第二,如果某个错误的影响难以估量,那么这项错误也将被视为结构性错误。例如,法院剥夺了被告人自行选择律师的权利,这一错误的影响就难以估量。这一情形下,政府基本不可能举证这一错误是无害的且达到排除合理怀疑的证明标准。

第三,如果一个错误导致判决根本性不公(fundamentally unfair),那么这种错误也会被认定为结构性错误。例如,法院拒绝给贫穷的被告人指派律师,或者法官未能给陪审团有关“合理怀疑”的指示,最后得出的判决一般都是根本上不公平的。但值得注意的是,一个错误即使没有导致根本上的不公也可能被认定为结构性错误。

4. 公审权利,焉可轻易剥夺

那么,将法院侵犯被告人获得公开审判的权利认定为结构性错误又是基于上述三大理由中的哪一个或哪几个理由呢?

大法官们认为,虽然法院有义务尽量避免法庭不公开,但也存在例外情况。允许例外情形其实就说明侵犯被告人获得公开审判的权利并不一定就会造成判决的根本性不公。在少数例外情形下,法院通过作出事实裁定,说明暂时关闭法庭的正当性,是可以关闭法庭的。其实,法院侵犯被告人获得公开审判的情形更多是因为法院疏忽,未能在关闭法庭前作出事实裁定。虽然法院没有作出事实裁定,并不代表最终的判决是不公正的。

已有判例认为,将侵犯被告人获得公开审判的权利视为结构性错误是因为这一错误的影响难以估量;同时,公开审判的权利还关系到大众的权利,媒体的权利,而并非为了保护被告人免受错误定罪。

所以,法院将关闭法庭认定为结构性错误不是因为关闭法庭会导致判决根本性不公,而是因为关闭法庭对裁判的影响难以估量,而且被告人获得公开审判的权利也不是为了保护被告人免受错误定罪。总之,尽管关闭法庭不合法,但判决有可能是公正的。

5. 律师失职,未必能获重审

审判中发生了结构性错误,法院该如何救济呢?

联邦最高法院认为,结构性错误这个称谓听起来有点唬人,但它仅说明政府不能以“错误是无害的,且已达到排除合理怀疑的证明标准”为由剥夺被告人获得重新审判的权利。如果被告人在一审或直接上诉中以出现结构性错误为由提出反对意见,原判决将自动撤销,案件将自动获得重审,而不管这一错误对判决有无实际影响。

然而,本案中的被告人没有在一审也没有在直接上诉中提出反对结构性错误,而是在无效律师协助之诉中提出反对意见。在此情形下,被告人能直接获得重审吗?联邦最高法院的答案是否定的。

大法官们认为,如果被告人是在一审中对法庭关闭提出了反对意见,那么一审法院可以下令打开法庭大门,或者解释关闭大门的原因,但是被告人在无效律师协助之诉中才提出反对意见,一审法院就没有机会救济这一侵权行为。而重新审判的成本和不确定性都很大,也不利于维持判决的终局性。所以,法院对被告人在无效律师协助之诉中主张结构性错误有更严格的判断标准,被告人不能自动获得重审。

被告人提起的是无效律师协助之诉,其不能以结构性错误自动获得重审,便要举证其律师提供了无效协助:第一,被告人必须举证其律师表现不佳——律师犯了严重错误,没有按照美国宪法第六修正案的规定发挥一个正常律师的作用;第二,被告人必须举证律师的错误对被告人的辩护造成了损害,而后者更是必不可少的。

根据斯特里克兰诉华盛顿州案[1]确定的规则,若认定辩护律师的错误对被告人的辩护造成"损害",被告人必须证明"如果辩护律师没有出现错误,法院作出的判决可能会不一样"。联邦最高法院认为,认定"损害"的关键还是要看律师的错误有没有导致判决根本性不公。即使被告人不能证明"如果辩护律师没有出现错误,法院作出的判决可能会不一样",其能证明律师的错误导致判决根本性不公也是可以的。

本案中被告人未能证明如果辩护律师没有出现错误,其获得不同判决的合理可能;也未能证明由于其律师没有提出反对意见,从而导致判决根本性不公。

虽然被告人的母亲和牧师被排除在庭外,未能观察陪审团的选举,但被告人的审判不是秘密进行的,法庭关闭也仅在对陪审员进行初步遴选的阶段,法庭在举证阶段还是公开的;而且本案中关闭法庭的是法院职员而非法官;没有成为陪审员的陪审员候选人也观看了庭审;庭审记录也没发现问题;关闭法庭期间,法官、检察官和其他人等也不存在可能损害被告人的不当行为。因此,被告人申请重审的请求没有得到联邦最高法院的支持。

最终,联邦最高法院维持了州最高法院的判决,该案也就没有重审的可能了。

---

〔1〕 Strickland v. Washington,466 U. S. 668,687(1984).

6. 各抒己见

随后，多个大法官发表了附议意见和异议意见，都是针对先例——1984 年的斯特里克兰案的。

托马斯大法官的附议意见认为，斯特里克兰案中并没有提到被告人可以通过证明“其律师的错误导致判决根本性不公”来证明其律师辩护是有害的。

阿力托法官的附议意见认为，斯特里克兰案强调的是诉讼程序的可靠性，如果诉讼程序是可靠的，判决结果也是可靠的。而本案中，被告人应证明判决结果是不可靠的。要达此目的，他可以证明“如果没有律师的错误，诉讼结果会不一样”；或者证明律师的错误属于推定的会对被告人的辩护造成损害的错误。

布雷耶大法官和卡根大法官的异议意见认为，所有的结构性错误都被推定成“本质上有害的”，而且结构性错误的影响难以估量。要被告人举证“如果没有这种错误发生，判决结果可能不一样”，也就是让被告人举证结构性错误的影响，基本上是不可能的。被告人应获得自动重审的救济。

该案争议较大，笔者可是被布雷耶大法官的观点“拐跑”了。

3.09.003　麦克威廉斯诉邓恩

McWilliams v. Dunn

——精神病杀人的特殊待遇

原 案 名:Mcwilliams v. Dunn,Commissioner,Alabama Department of Corrections,et al.

判决日期:2017 年 6 月 19 日

案　　号:16 - 5294

判决原文:https://www. supremecourt. gov/opinions/16pdf/16 - 5294_h3dj. pdf

主　　笔:布雷耶大法官(肯尼迪、金斯伯格、索托马约尔和卡根大法官附议,阿利托大法官撰写异议意见,罗伯茨、托马斯和戈萨奇大法官附议)

判决主旨:贫穷的精神病被告有权获得"称职专家"的"适当协助","适当协助"须贯穿精神鉴定以及辩护的评估、准备和陈述过程之中。

判决译述

详见 3.04.008,见本书第 193 页。

3.09.004 达维拉诉得克萨斯州劳教部刑事司法科科长戴维斯 Davila v. Davis ——上诉律师不给力，法院会额外开恩吗？

原 案 名： Davila v. Davis, Director, Texas Department of Criminal Justice, Correctional Institutions Division

判决日期： 2017年6月26日

案　　号： 16－6219

判决原文： https://www.supremecourt.gov/opinions/16pdf/16－6219_i425.pdf

主　　笔： 托马斯大法官（罗伯茨、肯尼迪、阿利托、戈萨奇大法官附议；布雷耶大法官发表异议意见，金斯伯格、索托马约尔、卡根大法官附议）

判决主旨： 刑事案件的初审是被告定罪量刑的关键阶段，其在刑事司法系统的重要性远远高于上诉审。宪法保障被告获得初审的权利，但是并未保障被告获得上诉审的权利。因而，初审律师的无效协助可以成为程序瑕疵的抗辩理由，但上诉律师的无效协助除外。

判决译述

1. 程序瑕疵规则与无效律师协助

本案是一起关于死刑犯申请人身保护令的案件。美国刑事诉讼程序较为复杂，在评述案例之前，有必要简要介绍美国刑事诉讼中的两个重要概念。

(1)程序瑕疵规则(procedural default rule)[1]

美国刑事诉讼的被告对有罪判决不服可以一路上诉到州最高法院;若对州最高法院的判决仍不服,被告还可申请定罪后救济(如人身保护令)。在穷尽州内的定罪后救济后,被告还可以州法院违反联邦法律为由,向联邦地区法院申请联邦"人身保护令",并可逐级上诉至美国联邦最高法院。

被告申请"人身保护令"这一定罪后救济,必须遵循各州的程序规则,否则法院将以程序瑕疵为由驳回被告的申请,除非被告能证明存在例外情形。这是州层面的程序瑕疵原则。

同时,联邦层面也有程序瑕疵原则,即若被告在州法院的"人身保护令"申请因程序瑕疵被驳回,则不得再向联邦法院申请联邦人身保护令。联邦程序瑕疵规则也有例外:若被告能提出未能遵守程序规则的抗辩理由,并证明驳回人身保护令的申请将导致司法不公,则联邦程序瑕疵规则不适用。符合美国宪法规定的无效律师协助即属于这一例外。

联邦程序瑕疵规则旨在确保申请人在申请联邦法院救济时穷尽了州法救济,同时也确保州法院对该诉请有充分审理的机会,不受联邦法院的随意干涉。

(2)无效律师协助(ineffective assistance of counsel)

刑事案件的被告获得律师辩护是其一项宪法性权利。联邦最高法院判断律师的协助是否无效主要审查两个要件:第一,律师是否有失职行为;第二,律师的失职行为是否给被告带来损害。辩护律师的无效协助,是对被告宪法性权利的侵犯,如果还因此影响被告的公正审判,联邦法院将撤销原判,发回重审。无效协助是被告在申请人身保护令时经常援引的理由。因为美国大多数州法院都禁止被告在直接上诉时提出无效律师协助之诉,被告只能在附带程序——人身保护令程序中提出。

---

[1] See Jessica Smith, "Procedural Default In State And Federal Post-Conviction Proceedings". See https://www.sog.unc.edu/publications/bulletins/procedural-default-state-and-federal-post-conviction-proceedings, latest retrieved on 26 of Dec., 2018.

2. 基本案情

(1)祖孙双双命丧生日宴

2008年4月6日,安妮特·史蒂文森(Annette Stevenson)邀请了一群亲戚朋友到家里给孙女庆生。被告埃里克·丹尼尔·达维拉(Erick Daniel Davila)以为聚会上有敌对帮派的一名成员,于是持枪射杀正在吃蛋糕和冰淇淋的无辜群众。达维拉杀死了安妮特和她5岁的孙女,并伤及3名小孩和1名妇女。

随后,警察逮捕了达维拉,达维拉对所犯罪行供认不讳。但他主张,他想要杀的并不是这些小孩和妇女,而是安妮特的儿子以及其他在走廊里的"男人"(实则是女人)。得克萨斯州政府以一级谋杀罪起诉达维拉。在州初审法院的审判过程中,经陪审团请求,法院欲就转移犯意问题作出指示。根据转移犯意(transferred intent)理论,即使被告意图杀害的人和他真正杀害的人不是同一人,其行为也应认定为谋杀。初审辩护律师对法院向陪审团作出的指示提出异议,并主张法院应等到陪审团不能达成一致意见时再作指示。初审法院驳回该异议,并将指示提交陪审团。陪审团最终判定被告犯有谋杀罪,初审法院判处被告死刑。

(2)层层上诉屡屡受阻

被告不服初审法院的定罪和量刑,提起上诉。上诉律师虽主张州政府没有充分证据证明被告的主观故意,但并未对初审法院向陪审团作出的指示提出异议。得克萨斯州刑事上诉法院维持原判。于是,申请人转而又向该法院申请人身保护令。在申请人身保护令的诉讼过程中,申请人的律师既未对初审法院的指示提出异议,也未对上诉律师未能就此问题提出异议一事提出质疑。

眼看求助无门,申请人又转向联邦地区法院申请人身保护令,并主张其上诉律师未能对初审法院的指示提出异议,属于无效律师协助的情形。申请人承认其在得克萨斯州刑事上诉法院申请州内人身保护令时,并未提出上诉律师无效协助之诉请(属于程序瑕疵);但申请人主张其未能及时提起该诉请是由于其人身保护令程序的律师的无效协助导致的,因此,他有程序瑕疵的抗辩理由。

然而,联邦地区法院和联邦上诉法院都拒绝了申请人的申请,案件遂上诉到联邦最高法院。

3. 联邦最高法院判决

(1)初审律师无效协助可作为程序瑕疵的抗辩理由

在人身保护令程序中,美国联邦法院审查州法院的定罪判决遵循两个基本原则:

第一,穷尽州内救济原则:美国联邦法院要求罪犯在向联邦法院申请人身保护令时已经首先穷尽了州内的救济。

第二,"程序瑕疵"原则:假如申请人在州法院所提出的人身保护令申请被州法院根据本州内充分(adequate)且独立(independent)的程序法驳回,则联邦法院将不再受理申请人依据联邦法律提出的人身保护令申请。

这两个原则用以协调联邦和各州的关系,防止联邦法院利用人身保护令程序干预各州的司法,影响判决的终局性。

这两项原则也存在例外。如果申请人能证明其未能遵守州法的程序规定是由于不能归因于申请人的客观因素导致的,而且这一因素的发生是违反宪法的,申请人因此遭受了实际损害,那么申请人可以突破上述两个原则的限制,申请联邦法院审查联邦人身保护令之诉请。一般而言,辩护律师犯了错误且程度相当于剥夺了申请人获得宪法规定的律师辩护权就属于"不能归因于申请人的客观因素"。申请人就可以将律师的此种无效协助作为程序瑕疵的抗辩理由。

但美国宪法并未保证罪犯在定罪后诉讼程序[1]中获得律师辩护的权利,因而定罪后诉讼程序中律师的错误不得成为程序瑕疵的抗辩理由。这也是联邦法院在库曼诉汤姆森案[2](以下简称库曼案)中确定的一般原则。

其后,在马丁尼诉赖安案[3](以下简称马丁尼案)中,联邦最高法院发展出了有限的例外情形。该案中,州法要求被告只能在附带程序的初步审查(Initial-Review Collateral Proceeding)中提出初审律师无效协助之诉请,而不得在直接上诉中提起;本案被告因为附带程序律师的无效协助,而没有提出初审律师的

---

〔1〕 定罪后程序是指初审定罪后的诉讼程序。广义的"定罪后程序"包括直接上诉和附带程序,此处采狭义,仅包括附带程序(如人身保护令)。美国宪法规定,刑事案件的初审被告在初审和直接上诉中享有律师辩护权,但在附带程序中不享有该项权利。

〔2〕 Coleman v. Thompson,501 U. S. 722(1991).

〔3〕 Martinez v. Ryan,566 U. S. 1(2012).

无效协助之诉。在此情形下，初审律师的无效协助之诉其实没有得到州法院的审理，且初审对被告的定罪量刑关系重大。于是，联邦最高法院认为，定罪后律师的无效协助可以成为初审律师无效协助之诉程序瑕疵的抗辩理由，联邦法院仍可审理该案件。

在特维诺诉泰勒案[1]（以下简称特维诺案）中，联邦最高法院进一步明确，如果州法明确禁止被告在直接上诉中提起初审律师无效协助之诉，或者由于州法的设计和实施导致被告无法在直接上诉时提起这一诉讼，则可适用这一例外。

(2)上诉律师的无效协助不是程序瑕疵的抗辩理由

申请人请求联邦最高法院扩大马丁尼案的例外情形，主张由于定罪后程序中的律师的无效协助导致没有提出上诉律师无效协助之诉请的情形也应获得联邦法院的审查。但最高法院区分了马丁尼案和本案，驳回了申请人的主张。

联邦最高法院认为，定罪后诉讼律师的无效协助不得成为程序瑕疵的抗辩理由仍然是一般原则。马丁尼案的例外是非常有限的，仅适用于定罪后律师未能对初审律师的无效协助提出异议时，[2]且仅当一州法律规定被告只能在初始附带审查程序中提起该诉时才可以适用。

在马丁尼案中，联邦最高法院关心的主要问题是初审审判错误，即初审律师无效协助之诉。初审正是被告定罪量刑的重要阶段。正是在初审阶段，被告可能从一开始的疑罪从无到被判有罪，而且初审阶段作出的事实认定基本都会得到上诉审或附带审查的认可，其重要性可见一斑。因而宪法保障被告获得初审审判的权利，尤其是在初审中获得有效辩护的权利。但是，宪法并未保障被告的上诉权利。总之，刑事案件的初审在刑事司法系统的重要地位远非上诉审能比。马丁尼案允许例外情形还因为最高法院考虑到申请人主张的因初审律师无效协助导致的审判错误之诉至少要经过一个州法院或者一个联邦法院的审查。一般而言，法院在初审结束前难以评价辩护律师的表现，因而初审法院通常没有机会审理这一诉请。而州法可能禁止被告在直接上诉中提起初审律

---

[1] Trevino v. Thaler, 569 U. S. 413(2013).

[2] 此情况下，初审律师的协助是无效的；定罪后程序律师没有对初审律师的无效协助提出异议，其协助也是无效的。

师无效协助之诉,要求被告只能在初始附带审查时提起。如果初始附带审查时申请人的律师未能提起,则该诉请将得不到任何法院的审理。为避免这一情况,最高法院认为,因申请人律师在附带审查中的无效协助导致申请人未能提出初审律师无效协助的诉请,联邦法院仍可审查该案件。

相比之下,本案的焦点并不是初审律师的无效协助,而是上诉律师的无效协助。而且本案中,申请人主张的审判错误(法院向陪审团作出错误指示)已由初审律师提出,也就是至少有一个法院已经审理了申请人有关审判错误的诉请。另外,在上诉审中,上诉律师不能把每一个重要论点(Nonfrivolous Argument)都提一遍,只能提最可能获得法院支持的有力论点。所以,上诉律师少提了诉请并不一定构成无效协助,除非律师少提的诉请比已提的诉请重要得多(这种情况很少见)。

同时,根据美国宪法,被告在直接上诉阶段是有权要求律师辩护的,[1]但不保证被告在附带审查中的律师辩护权利。如果州法律要求被告不得在直接上诉中提起初审律师无效协助之诉,只能在附带审查中提出,而法律又不保障被告在附带审查中获得律师辩护的权利,那么实际效果是,州法院强行降低了被告提出初审律师无效协助之诉请的能力,因而加大了程序瑕疵的可能性。所以,最高法院对此予以衡平救济。但是,针对上诉律师的无效协助之诉,申请人本来就只能在附带审查中提起(因为上诉律师的表现无法在上诉审结前评价),这不是由州法的规定所导致的,而是性质使然。

有限的例外并不会大幅增加司法成本,但是如果允许该例外进一步扩大,则司法成本将大幅上升。一旦扩大例外情形,就相当于为联邦审查州法院的审判错误打开了方便之门,这样程序瑕疵规则的价值也大大降低了。其实,联邦人身保护令的审查程序本来就给联邦体制带来了一定损害,因为这一程序影响了各州惩罚犯罪的主权以及尊重联邦宪法的动力。扩大这一例外,允许联邦法院在更多情形下审查州法院的审判错误必然加剧这一损害。

---

〔1〕 美国宪法不保障被告上诉的权利,但保障被告在上诉阶段获得律师辩护的权利,参见本案原判决第 8 页和第 11 页。换言之,被告不一定能上诉;但若能上诉,其享有获得律师辩护的权利。

4. 简要总结

让我们来梳理一下本案绕口令一样的程序：

(1)初审：律师对陪审团指示提出异议却未被法院采纳，法院判决被告有罪并处以死刑。

(2)上诉审：律师未对初审法院作出的陪审团指示提出异议，州上诉法院维持原判。

(3)定罪后程序：

①州内人身保护令程序：律师未对"上诉律师未对初审法院作出的陪审团指示提出异议"一事提出异议，因此人身保护令申请被州法院驳回。

②联邦人身保护令程序：因州内的人身保护令程序因程序瑕疵被州法院驳回，因此联邦法院不受理，除非具备例外情形，即存在律师无效协助的情形。被告认为州内人身保护令程序的律师因未对"上诉律师未对初审法院作出的陪审团指示提出异议"一事提出异议，从而构成无效协助。

而联邦最高法院认为，如果是初审律师存在无效协助情形，则属于上述例外情形，联邦法院应当受理本案；而如果是上诉律师存在无效协助情形，则不属于例外情形，因此联邦法院不应受理申请人的诉请。

最终，联邦最高法院维持了上诉法院的判决，联邦法院不得受理被告申请联邦人身保护令的诉请，看来达维拉是死罪难逃了。

5. 异议意见

布雷耶大法官发表了异议意见（金斯伯格、索托马约尔和卡根大法官附议），认为宪法同时保证被告初审和上诉审中要求律师辩护的权利，只要构成宪法上的律师无效协助，均可视为程序瑕疵原则的抗辩理由，申请联邦法院审查，法院不应该区别对待。而且，也没有迹象表明将马丁尼案的例外情形扩大到上诉律师的无效协助会增加系统成本。可惜，这一观点没能说服多数大法官。

外国人的宪法权

3.10.001 埃尔南德斯诉梅萨
Hernandez v. Mesa
——美国边境巡逻员能不能朝界河那边的墨西哥公民开枪?

原 案 名:Jesus C. Hernandez,et al. v. Jesus Mesa,Jr. ,et al.

判决日期:2017 年 6 月 26 日

案　　号:15 – 118

判决原文:https://www.supremecourt.gov/opinions/16pdf/15 – 118_97bf.pdf

主　　笔:隐名(本判决为"*Per Curiam*",是指"全体法官一致意见"判决,这种判决没有署名,代表整个法院的立场。本案中戈萨奇大法官没有参与本案的判决,托马斯大法官撰写了异议意见;布雷耶大法官也另行撰写了异议意见,金斯伯格大法官附议)

判决主旨:美国边境巡逻员朝位于墨西哥境内的墨西哥公民开枪,不能以执法时无法了解死者的国籍来主张豁免权。然而,在适用比文斯案中确立的默示诉讼权时,法院应考虑是否有值得慎重考虑的因素(special factors counselling hesitation),并应同时参照 2017 年 6 月齐格勒案中确立的最新标准。

判决译述

1. 边境线上的两声枪响

2010 年 6 月 7 日,一群墨西哥小孩在一段干涸的河道上玩耍。这段河道原是格兰德河(Rio Grande)的一部分,其实是美国和墨西哥边境线,河道的两边堤岸分别是美国领土得克萨斯州埃尔帕索市(El Paso,Texas)和墨西哥领土华雷斯城(Ciudad Juarez)。这群孩子在玩一个跑到河对岸触碰国境隔离网再跑回来的游戏。

就在孩子们玩耍时,美国的边境巡逻队员梅萨(Jesus Mesa,Jr.)骑自行车抵达该处,在河界的美国一边的领土内迅速控制了一个墨西哥小孩。另一个小孩快速跑下河堤,并跑到属于墨西哥境内的一根支撑横跨河道的铁路的柱子下。梅萨朝他开了两枪,其中一枪击中这个小孩的头部并导致他死亡。这个小孩叫埃尔南德斯(Sergio Adrián Hernández Güereca)。他父母声称,当时埃尔南德斯既没有携带武器,也没有对边境巡逻队员造成威胁。

2.“我们非常遗憾!”

美国司法部介入调查后,得出的事件经过报告与受害人父母的描述完全不一样。报告中将该事件描述为:边境巡逻队员梅萨在逮捕一名嫌疑犯时,另一名试图翻越边境的走私者近距离朝边境巡逻队员扔石头,导致梅萨朝扔石者开枪。

基于此,美国司法部认为梅萨既没有违反海关及边境巡逻队的相应规定,也没有违反枪械使用的相关守则,所以没有对梅萨提起刑事起诉。司法部的具体理由有两点:第一,没有明确的证据证明梅萨积极、故意且动机明确的违法行为;第二,埃尔南德斯遭受枪击时的地点既不是美国领土,也不是美国所有的海外不动产,因此其民事权利不受美国司法保护。

司法部对外还有一个非常官方的回应:“我们对该事件所造成的人身损失表示非常遗憾,并会与墨西哥政府在既定的方针和条约下继续合作,防止此类事件的再次发生。”

总之,司法部对此枪击事件的处理是相当的护犊子——既没有认错,也不想管,唯一的表示就是“我们以后会小心一点儿”。埃尔南德斯的父母气愤地向美国得克萨斯州西区地区法院提起民事诉讼。

3. 下级法院:顾左右而言他

埃尔南德斯的父母根据1971年联邦最高法院判决的比文斯诉6名联邦缉毒警察案[1](以下简称比文斯案),认为梅萨的行为违反了美国宪法第四修正案[2]和第五修正案,[3]侵犯了他们儿子的宪法权利。

但得克萨斯州西区地区法院驳回了他们的诉讼请求。埃尔南德斯父母上诉至美国联邦第五巡回上诉法院。上诉法院的法官们审理后一致认为埃尔南德斯作为墨西哥公民并不享有美国宪法第四修正案的权利,但是他们对于埃尔南德斯是否享有美国宪法第五修正案的权利产生了分歧。

上诉法院由此启动了全体法官审理程序(en banc),得出了两点结论:第一,埃尔南德斯的确不能享有宪法第四修正案的权利,因为他是一位墨西哥国公民且死亡时身在墨西哥境内,与美国没有自发性联系(voluntary connection);第二,事件发生时,禁止美国公务人员对美国境外人员使用过度武力的判例当时还没有出现,梅萨在事件发生时并没有判断自身行为是否合法的可能性,因此享有有限豁免权(qualified immunity)。

第五巡回上诉法院最后判决梅萨不需承担侵权损害赔偿责任。该判决事实上回避了梅萨的行为是否违反了美国宪法第四修正案、第五修正案的问题。埃尔南德斯父母随即上诉至美国联邦最高法院。

4. 比文斯案的来龙去脉[4]

1971年的比文斯案中,联邦麻醉品管理局的6名探员在没有搜查令的情况下搜查了比文斯的家,还当着他妻子和孩子的面以铐手铐的方式逮捕了比文斯(Webster Bivens)。虽然探员的行为违反了美国宪法第四修正案的规定,但是基于当时的法律,比文斯没有具体的请求权基础(cause of action,或译为“诉因”“诉由”)来起诉联邦麻醉品管理局的探员。

---

〔1〕 Bivens v. Six Unknown Fed. Narcotics Agents, 403 U. S. 388(1971).

〔2〕 即人民的人身、住宅、文件和财产不受无理搜查和扣押的权利。

〔3〕 即不经正当法律程序,不得被剥夺生命、自由或财产。

〔4〕 本部分内容系译述者根据比文斯案判决资料进行整理,作为背景资料供读者了解,未在本案判决中出现。

这就形成一个极度不公平的局面——公民的宪法权利若被公务人员侵犯,不管多么严重,只要没有具体的法律依据,该公民就得不到法律救济。

为了改变这种局面,美国联邦最高法院受理此案后,判决比文斯可以直接以美国宪法第四修正案的规定为请求权基础起诉公务人员。这意味着当宪法权利被公务人员侵害时,人们从此可以以美国宪法条文为请求权基础,来请求法院维护他们的宪法权利。

由于宪法没有明确规定这种诉讼权利,这种诉讼权利被称为默示诉讼权(implied right of action)。

所以,比文斯案是第一例法院判决公民因美国执法人员侵犯其宪法权利而拥有默示诉讼权的案子,但是该判例并不绝对通用。

由于默示诉讼权的依据是宪法,涵盖范围过于宽泛,若不加以限制,会导致公务人员在执法中瞻前顾后、畏首畏尾,因此最高法院同时还规定了有限豁免权(qualified immunity)来保护公务人员执法中的正当权力——只要从理性人的角度,该公务人员有充分的理由认为他们的执法行为没有违反明确确立的法律(clearly established law),即使他们的行为最后被认定为违法,他们也不用承担民事责任。

5. 联邦最高法院的新判例

美国联邦最高法院的大法官们受理本案后,首先解释了1971年比文斯案的适用。比文斯案确立了当宪法权利被公务人员侵害时,人们从此可以以美国宪法条文为请求权基础,来请求法院维护他们的宪法权利。但在国会没有采取平权行动(absence of affirmative action)时,如果存在一些"值得法院慎重考虑的特殊因素(special factors counselling hesitation)",那么相关案件就不能适用比文斯案中的救济方式。

在分析完比文斯案的法理后,大法官们立马转到2017年6月19日宣判的齐格勒诉阿巴希案[1](以下简称齐格勒案),此案中,联邦最高法院明确确定了"值得法院慎重考虑的特殊因素"的认定标准——在缺乏国会立法的情况下,法

[1] 有关本案,参见本书第107页译述3.02.001——当天赋人权碰上国家安全。

院的审理重点在于考量该诉讼请求所带来的利弊,从而判断原告是否享有默示请求权。

大法官们指出,第五巡回上诉法院在审理该案时齐格勒案尚未判决,这就直接导致原被告双方没有机会根据齐格勒案的判决来充分辩论赔偿请求权的利弊。

基于联邦最高法院的作用是对法律问题的复审而不是初审,大法官们认为该问题需要下级法院以齐格勒案的判例精神重新审理。

6. 最高法院:不能避重就轻

大法官们还指出很多第五巡回上诉法院审判中可以改进的地方。

例如,上诉法院以埃尔南德斯不享有宪法第四修正案的权利为由,没有继续判断梅萨是否违反宪法第四修正案。虽然道理上没有错,但是最高法院的大法官们认为有关宪法第四修正案的判决的影响是非常深远的,所以该讲清楚的地方还是要讲清楚。在已经有明确的齐格勒案的判例指导下,上诉法院应当对该问题做出更准确的判断。

又如,上诉法院认为,禁止公务人员对美国境外人员使用过度武力的判例还没有出现,使梅萨当时并没有判断自身的行为是否合法的可能性,因此享有有限豁免权。该观点其实也是有问题的。从理性人的角度,即使执法人员事实上侵犯了他们的宪法性权利,执法人员如果有充足的理由认为他们的行为没有明显侵犯宪法规定的他人权利,他们的确仍享有有限豁免权从而免除责任。

但本案的情况并不一样,虽然当时禁止美国执法人员对境外人员使用过度武力的判例还没有出现,但是当时梅萨无法确定埃尔南德斯是否为境外人员或是否与美国有联系,从一个理性人的角度,梅萨当时有理由相信埃尔南德斯可能是一名美国人或者与美国有自发性联系的人,应该知道自己将其击毙的行为可能会违反美国宪法的规定,因此梅萨并不能以此享有有限豁免权。

梅萨辩称,即使梅萨在案发时不确定埃尔南德斯的国籍也不确定埃尔南德斯是否和美国有联系,他仍然享有有限豁免权,而且原告的诉请也只能在宪法第四修正案下提出,与第五修正案无关。

联邦最高法院的大法官们拒绝对这些争议进行裁决,因为这些问题,与之前的问题一样,都是未经下级法院审理的新问题。联邦最高法院的作用是对法律问题的复审而不是初审。

最后,联邦最高法院判决撤销原判,将本案发回重审,要求下级法院不得以公务人员执法时无法了解被侵权人的国籍为由主张有限豁免权,并判断梅萨的行为是否违反了宪法第四修正案和第五修正案。

Chapter 4

第四章　民事法律与民事程序

一

律师费之因果关系

4.01.001 因特异轮胎橡胶公司诉哈格 Goodyear Co. v. Haegar ——轮胎引发的律师费纠纷

原 案 名:Goodyear Tire & Rubber Co. v. Haegar

判决日期:2017 年 4 月 18 日

案　　号:15 - 1406

判决原文:https://www.supremecourt.gov/opinions/16pdf/15-1406_db8e.pdf

主　　笔:卡根大法官(除戈萨奇大法官未参与本案的审理与判决外,其余所有大法官均附议)

判决主旨:在证据发现程序中,如果诉讼一方采用欺诈手段拒绝提供证据,法院可以判决欺诈一方赔偿被欺诈一方的律师费,但是赔偿数额只能是因欺诈而导致被欺诈方增加的那部分律师费。

判决译述

1. 原告经不住拖延与被告和解

2003 年 6 月的一天,天气晴朗,哈格一家人(the Haegers)出门旅游,乘着房车唱着歌。没想到天有不测风云——半路上车胎失去控制,整个房车翻倒在路边,一家人严重受伤。哈格发现该房车的轮胎型号是 G159,是由美国固特异轮胎橡胶公司(Goodyear Tire & Rubber Co.,以下简称固特异公司)生产的,于是将该公司告上法院,要求其赔偿因车祸造成的损失,诉讼焦点是这次车祸是否因 G159 轮胎的质量问题所导致。

哈格不止一次地要求固特异公司提供《G159 轮胎检测报告》,但固特异公司及其律师以各种理由拖延和拒绝,并否认轮胎存在问题。时间一长原告的证据显得非常不充分,而且最核心的证据《G159 轮胎检测报告》迟迟没有得到。

诉讼的日子一天天过去,美国巨额的诉讼费用与日俱增,车祸过去 7 年了,哈格心里也越来越没底,最后哈格只好在 2010 年 4 月以较低金额与固特异公司和解。

事情本来就此结束。没想到几个月后的一天,哈格的律师看报纸时发现,当时迟迟没能拿到的《G159 轮胎检测报告》在另外一场诉讼中终于"千呼万唤始出来"。固特异公司也终于承认当时故意隐瞒了这个检测报告。

于是哈格把固特异公司再次告上法庭——车祸的事情虽然就这么算了,但是你当时恶意隐瞒证据,跟我打消耗战,让我花了这么多钱在诉讼上,现在证据确凿,当时的诉讼费用总要赔我吧。

2. 第二场战争

2011 年 5 月 31 日,哈格以固特异公司在证据发现程序中进行欺诈(discovery fraud)为由向地区法院提起诉讼。地区法院经调查发现,固特异公司的确存在隐瞒证据的不诚信行为(bad-faith behavior)。然而,因当时的案子早已和解撤诉,制裁固特异公司的方式只剩下一种——那就是补偿哈格的诉讼费用的损失。

那这笔诉讼费用中到底有多少是因为固特异公司的不诚信行为造成的呢?地区法院认为固特异公司的行为太恶劣了,应承担哈格一案的全部诉讼费用。法院给出的理由也非常耿直:"如果固特异公司当时把轮胎测试数据完全而及时地公开,那么该案的和解金没准会比现在的多得多。"

虽然不确定诉讼费用中有多少比例是由于固特异公司的不诚信行为所导致,但地区法院认为两者之间不需要有因果关系,因而行使其固有权力(inherent powers)判决固特异公司及律师汉考克和莫拿夫补偿哈格一家的全部诉讼费用,总计 270 万美元。

案子上诉到联邦第九巡回上诉法院。上诉法院的法官们有两种不同观点:第一种观点同意地区法院的意见,在固特异公司不诚信行为持续期间内,哈格一家所有的诉讼费用都应计入赔偿金所需要补偿的范围。第二种观点则认为，赔偿金的计算应当根据因果关系来衡量——只有因不诚信行为而产生的那部分诉讼费用才能计入赔偿金，不能一股脑儿地全算进去。

第九巡回上诉法院的多数意见支持第一种观点，于是驳回了固特异公司的上诉请求。案子上诉到美国联邦最高法院。

3．“要是没有”会怎样？

美国联邦最高法院的大法官们首先厘清了一个规则：根据矿工诉拜德维尔案[1]的判例精神，针对诉讼中不诚信行为的赔偿金应当是补偿性的，而非是惩罚性的。因此赔偿金的金额不能大于原告的损失，且与被告的不诚信行为有严格因果关系的那部分诉讼费用才能计入原告的损失。

若要证明其损失成立，则必须按照英美法中的“要是没有”检验法（but-for test）来检验——要是没有该公司的不诚信行为，哈格诉讼费中不会增加的那部分就是该行为造成的损失。而哈格在诉讼中根本没证明固特异公司的不诚信行为与原告损失有因果关系。

其一，联邦最高法院大法官们认为，初审法院以为固特异公司的不诚信行为导致了双方和解金减少的观点是有问题的。正如第九巡回法院的沃特福德法官所说，尽管《G159 轮胎检测报告》对固特异公司不利，但是固特异公司手里的牌并没有打完，如公司发现涉案房车的轮胎其实已经行驶了 4 万英里（约 64373.76 千米），磨损严重，且轮胎撞到了路上的障碍物才导致了轮胎失控。所以要是没有该公司的不诚信行为，车祸一案的和解金并不必然会减少。

其二，联邦最高法院发现，这 270 万美元的诉讼费中的 70 万美元是针对其他被告以及证明原告的医疗费所产生的诉讼调查费用——要是没有被告的不诚信行为，这 70 万美元的费用仍然会产生。固特异公司完全不用承担这 70 万美元。

其三，那剩下 200 万美元中有多少是需要固特异公司承担的呢？经慎重考虑，美国联邦最高法院裁定撤销原判，将案子发回地区法院，命令其严格按照

---

〔1〕 Mine Workers v. Bagwell, 512 U. S. 821, 826 – 830 (1994).

“要是没有”检验法和因果关系的精神重审,来决定剩下的诉讼费用由哪一方来承担。

4. 什么是法院的固有权力(inherent powers)

中国古装剧中常常有这经典一幕——忠臣明知奸臣要造反,但因忠臣的官级比奸臣低,无法将其捉拿。在千钧一发之际,忠臣拿出金光闪闪的“尚方宝剑”,将奸臣诛杀。

在美国司法过程中,法院明知某人的行为有违正义,但制裁这种行为的权力却无法可依,这时,法院也可以祭出“尚方宝剑”来“先斩后奏”——行使美国《联邦民事诉讼法》第 151 节所赋予的“固有权力”制裁这一行为。

上文提到的地区法院就是使用该“固有权力”,强行判决固特异公司赔偿原告全部的诉讼费用。

然而,法院行使“固有权力”是有界限的——在此案中,法院为了制裁诉讼不诚信的行为而扩大赔偿金的计算范围,这到底有没有越界?算不算滥用“固有权力”?

从本案判决结果看出,联邦最高法院给出的答案是:这属于滥用“固有权力”。

5. 一石激起千层浪[1]

值得一提的是,美国社会各界对此案的评论也别具特色。

美国制造商协会(the National Association of Manufacturers)发表评论热烈拥护联邦最高法院对此案的判决结果——“因果关系和‘要是没有’检测法的精神严格限制了法院滥用‘固有权力’的可能性,切实保护了制造商的合法利益。”

而当事人哈格一家对该案判决结果表示十分失望——“如果赔偿金金额严格按照因果关系来衡量,这就等于鼓励大家在诉讼过程中实施不诚信行为。”毕

〔1〕 参见 Goodyear Tire & Rubber Co. v. Haeger,载 https://www.law.cornell.edu/supct/cert/15-1406,最后访问日期:2018 年 12 月 16 日。

竟该案判决结果告诉大家诉讼中作弊的后果并不严重。

美国律师公会(the American Bar Association)则发表评论表示,相信法院的公正审判——“虽然‘要是没有’检测法实施起来很烦琐,但是正直的法官们不会因为烦琐就恣意扩大其‘固有权力’来简单地解决司法问题。”

二

法官的回避

4.02.001 里彭诉监狱长贝克

Rippo v. Baker

——有可能讨好公诉人的法官该不该回避?

原 案 名:Michael Damon Rippo, Petitioner v. Renee Baker, Warden

判决日期:2017 年 3 月 6 日

案　　号:15 - 6316

判决原文:https://www. supremecourt. gov/opinions/16pdf/16 - 6316_32h6. pdf

主　　笔:隐名(本判决为"*Per Curiam*",是指"全体法官一致意见"判决,这种判决没有署名,代表整个法院的立场)

判决主旨:依照美国宪法"正当法律程序"原则,当无法证明法官存在实际偏见,但客观上"存在实际偏见的可能性太大,以至于宪法都无法容忍"的时候,法官就必须回避。

判决译述

1. 正在被公诉方另案调查的法官能公正对待诉辩双方吗?

美国内华达州某初审法院的一位法官因涉嫌受贿而被卡拉克郡(Clark County)地方检察官办公室调查。在调查期间,该法官审理了里彭(Michael Damon Rippo)被诉杀人案,陪审团一致认定里彭犯有一级谋杀罪等,法官遂判处其死刑。

在审判期间,里彭获悉该法官正在接受调查一事,猜测负责该法官的受贿调查的与对他本人提起公诉的都是同一个地方检察官办公室。

基于此,里彭向法庭提起动议,请求根据美国宪法第十四修正案中的正当程序条款(due process)取消该法官的审判资格,他认为由于案件一方(也就是公诉人卡拉克郡地方检察官办公室)正对该法官进行刑事调查,该法官因而无法对案件进行公正审判。

换句话说,这位法官很可能为了在自己的受贿案中有个好的结果,而在此次诉讼中讨好公诉方,做出不利于里彭的判决。

但是,该法官拒绝依此动议自行回避;不久,针对该法官的调查结束,公诉方在联邦法院对其提出指控,本案则由另一法官继续审理,而另一法官也拒绝了里彭提出的重审本案的动议。

2. 什么是正当程序条款?

美国联邦宪法中有关正当程序有两个条款:一个是第十四修正案;另一个是第五修正案。

宪法第十四修正案涉及公民权利和平等法律保护,其最初提出是为了解决南北战争后的昔日奴隶问题,对美国历史具有深远影响,又有"第二次制宪"之说。而其中的正当程序条款包含程序性正当程序和实质性正当程序:一方面,该条款规定政府应该确保以公正的法律程序来保护公民的生命、自由或财产,即程序性正当程序;另一方面,该条款保障公民的基本权利不受政府侵害,即实质性正当程序。

宪法第十四修正案与第五修正案的文本表述类似,但前者针对的是各州政府,而后者针对的是联邦政府。

本案中,里彭就以第十四修正案为由提起动议,认为州政府侵犯了他的宪法权利。

3. 漫长曲折的申诉路

被判死刑,请求重审又不成,求生欲望强烈的里彭岂能善罢甘休。于是,里彭上诉至内华达州最高法院。然而,州最高法院判定维持原判,理由是里彭没有证据证明州政府(卡拉克郡地方检察官办公室)涉足对该法官进行的联邦调查。请注意,这个上诉判决是在 1997 年作出的。

接下来,里彭又向州法院申请定罪后救济(post-conviction relief)。

定罪后救济是美国刑事司法体系中为被判有罪的人提供的一种司法救济,通过上诉或者申请联邦人身保护令的方式进行,其目的在于避免无罪之人因刑事司法制度中固有的人为错误而遭受牢狱之灾。

在此次上诉过程中,里彭再次请求法院裁定初审法官存有偏见,而且还提供了初审法官所涉贿赂案的刑事审判文件,该文件表明,里彭案的公诉方,也就是卡拉克郡地方检察官办公室,的确参与了对初审法官的调查。

但是,该救济申请也被法院拒绝。于是,里彭再次上诉到州最高法院。

内华达州最高法院将里彭的诉请与联邦最高法院在布雷西诉格拉姆利案[1]中(以下简称布雷西案)探讨的"伪装偏袒"(camouflaging bias)理论作了对比。布雷西案的申诉人认为,接受贿赂并因而在审判中偏袒某些被告的法官,会通过对没有贿赂他的被告作出不利判决的方式来掩饰其偏袒行为,因而被称为"伪装偏袒"。联邦最高法院认为,尽管这个"伪装偏袒"理论是否站得住脚值得怀疑,但是因申诉人提供的证据表明法官有可能与辩方律师密谋之后而仓促审理申诉人的案子,因此申诉人有权要求法院进行证据披露。

内华达州最高法院由此推断:里彭无权要求进行证据披露或召开证据听证会,因为他的指控"无法证明初审法官在案件中存有实际偏见"。之后州最高法院在 2016 年维持了定罪后救济法院的裁定。

这一晃近 10 年过去,死刑像一把悬在里彭头顶的剑,随时会落下。

4. 即便没有实际偏见,法官也可能需要回避

绝望至极的里彭尝试寻求最后的出路——请求联邦最高法院对他的案件进行提审。联邦最高法院认为,州最高法院在判案时适用的法律标准错了。

首先,正当程序条款完全可能要求法官在"没有实际偏见"(no actual bias)的情况下也要回避。此时应从客观角度分析,一个处于相同位置上的法官在正常情况下可能是中立的还是可能存有违反宪法的偏见。当法院断定"法官存有

---

[1] Bracy v. Gramley, 520 U. S. 899(1997).

实际偏见的可能性太大,以至于宪法都无法容忍”的时候,他们就必须回避。

其次,联邦最高法院还指出,布雷西案的判决与此并不相悖:尽管布雷西案的申诉人证明了实际偏见的存在,但是此案并不认为诉讼当事人必须证明法官“在诉讼当事人的案件中存有实际偏见”,而当诉讼当事人并没使用“伪装偏见”理论时,正如本案,就更不必证明实际偏见。另外,联邦最高法院认为,内华达州最高法院在审判过程中,并未查明适用最高法院判例时所涉的关键问题:在通盘考虑案件的全部情况下,法官存在偏见的风险是否太高,以至于宪法都无法容忍。

最后,联邦最高法院撤销州法院的判决,案件发回重审。里彭的命运,依然极富不确定性。

三

民事诉讼中的第三人

4.03.001 纽约州彻斯特镇诉拉罗地产公司 Town of Chester, New York v. Laroe Estates, INC.
——如何成为美国民事诉讼中的第三人?

原 案 名: Town of Chester, New York v. Laroe Estates, INC.

判决日期:2017 年 6 月 5 日

案　　号:16 - 605

判决原文:https://www.supremecourt.gov/opinions/16pdf/16-605_kjfl.pdf

主　　笔:阿利托大法官(全体大法官一致同意)

判决主旨:要判断第三人是否能够加入已经开始的诉讼,首先必须明确第三人主张的权利与原告的诉求是否有所不同。如果不同,第三人需要证明自己满足联邦宪法第 3 节确立的原则,才能加入诉讼。

判决译述

1. 别人家的官司

2001 年,土地开发商谢尔曼以 270 万美元,从纽约市彻斯特镇政府(以下简称镇政府)处购得了近 400 英亩土地。谢尔曼计划在这片土地上建盖 385 栋房屋、一个高尔夫球场、一家餐馆以及其他便利设施,并将这一宏伟项目命名为"MareBrook"。

不料,当地政府的监管政策纷繁复杂且一直在变化。谢尔曼为此额外支出了 550 万美元,这给他带来严重的财务负担,以至于濒临破产。2012 年,不堪重负的谢尔曼把镇政府告上纽约州法院,并根据联邦和纽约州法律提出9项诉讼请求。

在谢尔曼的众多诉请中,有一项是根据美国联邦宪法第五修正案和第十四修正案的规定,认为镇政府的行为限制了他本来享有的财产权利,即构成管制性征收(a regulatory takings claim),要求获得赔偿。有关这项请求的案件被移送至联邦地区法院审理。联邦地区法院认为谢尔曼的起诉理由不充分,驳回其诉请。而联邦第二巡回上诉法院撤销了联邦地区法院的裁判,并发回重审。

2. 半路杀出个"程咬金"

就在案件发回联邦地区法院重审的阶段,拉罗(Laroe)地产公司(以下简称拉罗公司)突然出现,并声称在2003年与谢尔曼签订了一份合同,双方约定拉罗公司将总计提供给谢尔曼600万美元的资金,前提是谢尔曼将整个MareBrook项目抵押给拉罗公司。

双方还约定,一旦MareBrook项目获得政府批准,谢尔曼应当将部分土地出售给拉罗公司。如果谢尔曼没有获得政府批准,Laroe公司保留终止这份合同的权利。合同签订后,拉罗公司提供给谢尔曼逾250万美元的资金支持。

到了2013年,谢尔曼的另外一个债主TD银行因为收不到债,对谢尔曼的抵押财产发起了强制处置。为了挽回损失,拉罗公司与谢尔曼重新签订了一份合同,约定谢尔曼将其名下所有财产打包卖给拉罗公司,总价为250万美元外加拉罗公司需要替谢尔曼向TD银行偿债金额之和。

新合同还约定,一旦镇政府批准了谢尔曼的项目计划,拉罗公司应当将部分土地转回给谢尔曼。为了将来能够履行转回土地的义务,新合同写明视同拉罗公司已付清收购谢尔曼名下土地的全款。拉罗公司有权处理谢尔曼拖欠TD银行的所有债务,如果无法成功处理这些债务,拉罗公司有权解除这份新合同。

可惜,拉罗公司并没有处理好谢尔曼与TD银行之间的债务,TD银行拿走了谢尔曼的所有财产。但拉罗公司并没有因此而终止合同。

3. 第三人想要加入官司

拉罗公司依据《联邦民事诉讼程序规则》(Federal Rule of Civil Procedure)第24(a)(2)节申请加入联邦地区法院的重审案件。该条规定,如果申请人对案件涉诉财产或交易具有利害关系,而且如果案件的处理在实际上可能会削弱或损害申请人保护其自身利益的能力,除非案件中已经存在的各方当事人足以代表该种利益,否则应当允许申请人加入该案的诉讼。

依据纽约州的法律,拉罗公司认为自己是谢尔曼所涉诉讼中的不动产在衡平法上的所有权人(the equitable owner of the Real Property),[1]因此其对谢尔曼的"MareBrook"项目享有权益。如果不能加入该案参与诉讼,其自身权益将受到损害。况且,谢尔曼已经过世,更加不能充分代表拉罗公司的所有利益。

联邦地区法院驳回了拉罗公司的申请,认为根据上诉法院在1984年审理的美国奥林匹克委员会诉智能许可公司案[2],拉罗公司只是合同中的买方,其在衡平法上的所有权并不能赋予拉罗公司权利去参与谢尔曼向镇政府索赔的诉讼。但上诉法院却推翻了联邦地区法院的裁判,同意了拉罗公司的申请,认为拉罗公司不需要证明自己具备起诉权,联邦宪法第3节规定的条件不是必需的。镇政府自然不服,遂上诉到联邦最高法院。

4. 法院首先需要厘清当事人的诉请

联邦最高法院认为,要决定是否批准拉罗公司加入谢尔曼诉讼的申请,首先要弄清楚拉罗公司究竟是主张何种权利。根据过去的法庭记录,拉罗公司有时主张镇政府在限制谢尔曼的财产权利后,除了给予谢尔曼补偿之外,还应单独补偿拉罗公司。有时却又主张谢尔曼向镇政府索要的补偿就是拉罗公司想要的赔偿。

从判决中可知,尽管上诉法院发现了拉罗公司诉请不明的问题,但并未对此进一步审查,也没有就拉罗公司究竟想要寻求哪一种救济进行讨论。

---

〔1〕 根据英美法,在不动产交易中,只要买卖合同合法有效,买方即使没有付清价款,仍能得到衡平法的保护,此类权益即衡平法上的所有权。

〔2〕 United States Olympic Comm. v. Intelicense Corp., S. A., 737 F. 2d 263, 268(1984).

之所以要先确定拉罗公司的诉请,是因为如果拉罗公司想要从镇政府处获得单独的补偿,那么这样的诉请就与谢尔曼的诉讼请求完全不一样,拉罗公司就必须符合“具备起诉权原则”。

“具备起诉权原则”源于联邦宪法第 3 节的精神:为防止司法权对于行政权、立法权的不当干涉,联邦宪法第 3 节对美国的司法权进行了限制,要求对于不适格的案件或争议,法院不得进行裁判。因此,当事人向法院寻求救济时,必须:(1)在事实上受到损害;(2)该损害与被告的行为有关;(3)如果获得司法裁判的支持,该种损害有可能获得补偿。符合前述三个条件才具备向法院寻求救济的起诉权。

根据“具备起诉权原则”,在只有一个原告的诉讼中,原告必须对每一个诉讼请求都享有起诉权。如果存在多个原告,那么其中至少有一个原告必须对每一个诉请享有起诉权。在第三人申请加入他人诉讼时,如果第三人想要在现有原告提出的诉请之外,寻求其他的救济,那么该第三人也必须符合上述原则。

由于上诉法院并没有将拉罗公司的诉请内容审查清楚,拉罗公司是否需要具备起诉权更无从谈起。联邦最高法院因此将案件发回上诉法院重审,要求上诉法院先明确拉罗公司的主张。

有时,当事人并不能确定自己到底想要主张何种权利。厘清当事人的诉讼请求,是法院作出正确裁判的第一步。

四

针对集体诉讼许可的上诉权

4.04.001 微软公司诉贝克
Microsoft Corp. v. Baker
——游戏用户:聪明反被聪明误

原 案 名:Microsoft Corp. v. Baker et al.

判决日期:2017 年 6 月 12 日

案　　号:15 - 457

判决原文:https://www.supremecourt.gov/opinions/16pdf/15-457_6j37.pdf

主　　笔:金斯伯格大法官(肯尼迪、布雷耶、索托马约尔和卡根大法官附议;托马斯大法官撰写协同意见,首席大法官罗伯茨和阿利托大法官附议;戈萨奇大法官未参与本案的审理和判决)

判决主旨:地区法院作出的拒绝颁发集体诉讼许可的裁决并非终局性裁决,不得上诉;即便原告自愿撤诉并承诺不再诉,也不能改变这一结果,上诉法院对此无权受理。

判决译述

1. 美国的集体诉讼及其上诉制度

本案涉及美国民事诉讼法中的集体诉讼(class action)及其上诉制度。在具体介绍本案之前,先对这一制度作简要介绍。

集体诉讼是美国的一种民事诉讼制度,然而,有多人集体提起的诉讼并不当然是集体诉讼,需要法院根据实际情况决定是否颁发集体诉讼许可(class certification)。美国《联邦民事诉讼法》(Federal Rule of Civil Procedure)

第23(c)(1)节规定:“法院对于所提起的集体诉讼,是否许可其继续以集体诉讼方式进行,应尽速以命令决定。”也就是说,在美国,集体代表提起的诉讼必须得到法院的许可。在集体诉讼许可颁发之前,这种诉讼并不是真正的集体诉讼,而只是待定集体诉讼(putative class action)。

法院在对集体诉讼的各种要件进行调查后,应决定该案是否可以通过集体诉讼进行。然而,这种决定并不具有终局性,法院在接下来的诉讼过程中可以随时依职权进行调查,一旦认为不宜通过集体诉讼进行,就可以停止该集体诉讼,而转入其他的诉讼程序;或者一旦认为符合集体诉讼的条件,就可以颁发集体诉讼许可。

根据《美国联邦法典》第1921节规定,美国联邦上诉法院一般只能审查美国地区法院作出的终局裁决(final judgments)。本案涉及的地区法院不予颁发集体诉讼许可的裁定并不属于终局裁决,而是中间裁决(interlocutory decisions),所以据此规定,当事人不得上诉。不过,这一般规则也有两点例外:一是《美国联邦法典》第1292(b)节规定,若中间裁决涉及重要的法律问题,当事人对该问题的不同观点均有充分的理由,且允许立即上诉可以实质性地推动诉讼的最终结束的,当事人可提起上诉。二是美国《联邦民事诉讼法》第23(f)节专门针对集体诉讼许可的裁定的上诉作出规定,允许诉讼当事人在取得上诉法院许可的前提下就地区法院颁发或不予颁发集体诉讼许可的裁定提出上诉。

2. 旧案重演

微软公司推出了一款视频游戏 Xbox360。用户在使用过程中发现在他们正常使用 Xbox360 玩游戏时,由于游戏机系统内部的震动和摩擦,游戏光碟很容易损坏。于是以贝克为代表的一些 Xbox 用户(具名原告)以微软公司为被告提起集体诉讼,声称该游戏的设计有缺陷。

其实2009年就发生过与本案相似的案件。当时,地区法院拒绝对贝克等原告颁发集体诉讼许可,于是原告上诉至联邦第九巡回上诉法院,请求其依据《联邦民事诉讼法》第23(f)节允许他们针对地区法院拒绝颁发集体诉讼许可的裁定提起上诉。由于该裁定并非终局性裁定,因此,上诉法院拒绝受理该上诉。之后,原告们分别与微软达成了和解协议,案件终止。

而在本案发生两年后的2011年,又有用户就同一问题向同一地区法院提起诉讼,并建议全国范围内的Xbox用户针对该游戏的设计缺陷参与该集体诉讼。地区法院在审查后认为,Xbox产品中仅有0.4%的设备会对用户产生影响,因此,这些用户不应提起集体诉讼,而应单独提起诉讼。于是再次拒绝颁发集体诉讼许可。

原告们认为,与本案类似的2009年旧案中有关集体诉讼分析不能再适用,因为巡回法院在此期间作出了新判决,导致法律规则的变更,因而本案判决可以不遵循2009年的先例。地区法院否决了这一主张,其认为旧案中的因果分析(causation analysis)并没有受新判决的影响,本案仍应适用这一因果分析。根据礼让原则(comity),仍得遵守2009年的先例——因此驳回原告诉请。

于是,原告援引《联邦民事诉讼法》第23(f)节,要求联邦第九巡回上诉法院允许原告进行集体诉讼。他们的理由是地区法院拒绝他们集体诉讼的裁定制造了一个"丧钟"(death-knell)情形——由于他们的请求数额过小,若不进行集体诉讼,每一位原告从经济角度不可能独自承担至终局判决做出时为止的诉讼费用,所以地区法院拒绝颁发集体诉讼许可的裁决会终结本案诉讼。

然而,第九巡回上诉法院拒绝了该申请。按说原告们接下来有几种选择。比如,像之前的案子一样与微软和解,或者请求地区法院依第1292(b)节的规定批准他们针对该非终局性裁决提起上诉,也可以选择继续诉讼程序,看地区法院接下来是否会改变态度,从而颁发集体诉讼的许可。

不过,本案的原告们并没有采取这些措施,反而提出动议请求法院作出不得再诉的驳回起诉裁定(dismissal with prejudice)(由于是原告自愿要求的,所以也可以称为"不得再诉的撤诉")。根据《联邦民事诉讼法》第41节规定,当事人的自愿撤诉(voluntary dismissal)可以"不影响实体权利"(without prejudice),也可以"影响实体权利"(with prejudice),如果是后者,撤诉的结果是案子相当于已经经过了实体审判,原告不得再诉。[1] 在本案中的原告即选择了不得再诉的自愿驳回起诉,结果是使该案相当于已经经过了实体审判,因此法院的裁定为终局性裁定,可以上诉。

---

[1] 为理解便利,此处把当事人自愿要求法院作出驳回起诉的裁定称为"自愿驳回起诉"。

地区法院也真如原告所请,驳回了原告诉讼。驳回诉讼后,原告立马上诉,上诉法院也受理了该案。上诉法院认为,地区法院驳回原告的集体诉讼是滥用自由裁量权,而且错误地解读了先例,导致错误地援引了礼让原则。但是上诉法院没有裁决是否应允许集体诉讼,认为这一问题应发回重审,由地区法院决定。

微软公司(二审上诉人,一审被告)又上诉到美国联邦最高法院。由于几个巡回上诉法院对此问题的判决不一致,联邦最高法院决定提审此案。联邦最高法院需要解决的问题是:在具名原告自愿要求地区法院作出不得再诉的驳回起诉裁定后,联邦上诉法院是否有权审查地区法院拒绝颁发集体诉讼许可的裁决?换句话说,原告在自愿驳回起诉后,能否上诉?

3. 并非所有的裁决都可据以上诉

(1)《美国联邦法典》第 1291 节

《美国联邦法典》第 28 编第 1291 节规定,联邦上诉法院只有权针对地区法院作出的终局判决(final decisions)进行审查。换句话说,当事人只能针对法院作出的终局判决提起上诉。而该终局性规则的适用,应符合美国联邦最高法院于 1978 年作出的库珀斯与莱布兰德诉利夫塞案[1](以下简称库珀斯案)的判决和美国《联邦民事诉讼法》第 23(f)节的规定。

(2)1978 年库珀斯案

库珀斯案中,地区法院做出裁定,拒绝了待定集体诉讼的原告所提出的主张,并因而拒绝颁发集体诉讼许可。原告遂针对该裁定提起上诉。联邦最高法院所面临的问题是待定集体诉讼的原告是否有权在特定情形下针对此类非终局性裁决提起上诉。

当时各联邦上诉法院对此观点不一,采支持观点的上诉法院主要基于"丧钟"理论,即地区法院拒绝颁发集体诉讼许可是否为该诉讼敲响了丧钟——是否事实上起到了终止诉讼的作用。如果是,则地区法院的裁决为终局裁决,可以上诉;否则为非终局裁决,不能上诉。换句话说,上诉法院对此类上诉案件的

---

〔1〕 Coopers & Lybrand v. Livesay, 437 U. S. 463, 470(1978).

管辖权取决于下级法院拒绝集体诉讼是否事实上导致诉讼终止(kill the case)。

然而,联邦最高法院的大法官们一致认为,所谓的"丧钟"理论并不能保证这一类"本质上为非终局性"的裁决的当事人有法定上诉权,因为该理论牺牲了上述《美国联邦法典》第1291节中有关终局性的要求,理由有三:

第一,该理论有导致一案基于非终局性裁决的多重、零星上诉的潜在风险:当基于某理由而拒绝颁发集体诉讼许可的裁决在上诉中被推翻,在重审中地区法院基于另一理由再次拒绝颁发集体诉讼许可时,原告或许可以再次声称自己有上诉权。

第二,该理论迫使上诉法院不加区别地介入审判程序,从而挫败了终局判决规则的目的——保持初审法院和上诉法院的适当关系。1958年的《非终局判决上诉法》(The Interlocutory Appeals Act,或译为"中间上诉法")创设了一个双层筛选程序以维护这种关系,并将非终局裁决的上诉限定为"适当的案件"。如果一方当事人希望依据第1292(b)节提起上诉,地区法院必须证明该非终局性裁决"涉及重要的法律问题,对该问题的不同观点有实质性的理由,且立即上诉可以实质性地促进诉讼的最终结束"。此时,上诉法院才可以"基于其自由裁量,允许针对该等裁决提起上诉"。换句话说,必须经过地区法院和上诉法院的双重检验,对一个非终局性的裁决提起的上诉才有可能被受理。而丧钟理论规避了第1292(b)节的限制。

第三,大法官们认为该理论太片面,仅仅对原告方有利,事实上集体诉讼的许可问题对被告方也同样重要。正如拒绝集体诉讼许可也许会对原告敲响丧钟,向一个较大群体颁发集体诉讼许可也会提高被告的潜在赔偿责任和诉讼成本,以至于被告会认为和解和放弃抗辩也许从经济角度看更为审慎。

鉴于此,大法官们在库珀斯案中做出决定:尽管非终局性裁决也许会导致一方当事人在终局判决作出之前放弃其诉讼请求,但这一事实并不足以让大法官们认为该裁决符合第1291节中的"终局判决"的定义。因此,原告不能针对地区法院拒绝颁发集体诉讼许可的裁决提起上诉。

可以想见,在库珀斯案之后,当事人针对拒绝颁发集体诉讼许可的裁决立即提起上诉变得异常困难。

当时的《联邦民事诉讼法》中并未包含任何有关集体诉讼中的上诉权的特别条款,因此当事人不得不经过第 1292(b)节的双重检验,或者符合适用于强制令(Writs of Mandamus)的特殊情形标准(extraordinary-circumstances test)(在特殊情形下,上级法院可以签发强制令,来审查一个非终局性并因此根据联邦法律不能上诉的非终局裁决)。

(3)《联邦民事诉讼法》第 23(f)节

1998 年,《联邦民事诉讼法》增加了第 23(f)节作为对库珀斯案的回应,该条在平衡允许立即上诉的利与中间上诉成本的弊中加入了"仔细校准"(careful calibration)原则。这个仔细校准原则是指在集体诉讼许可被拒绝的情形下,上诉法院有不受约束的自由裁量权决定是否受理对非终局裁决的上诉:"上诉法院可以受理针对颁发或拒绝颁发集体诉讼许可的裁决的上诉,条件是上诉申请需在该裁决作出之日起 14 日内提交给法院工作人员。该上诉并不导致地区法院的程序暂停,除非地区法院法官或上诉法院如此命令。"

该规定明显偏离了前述第 1292(b)节,因为它既不要求地区法院的许可,也不局限于第 1292(b)节中所规定的其他"限制要求"。

这一结果其实是经过深思熟虑的。通过剥夺地区法院否定上诉机会的权力,该条文试图提供比第 1292(b)节更大的保护,以防止法院作出没有远见的、对集体诉讼的许可或不许可的决定。然而立法者浅尝辄止,并未进一步把该等上诉确定为一种权利。他们认为,上诉权将会导致原告和被告滥用这一权利,对那些不值得立即上诉的有关集体诉讼许可的决定,会耽搁时间且增加成本。

根据第 23(f)节的规定,当颁发或拒绝颁发集体诉讼许可的决定事关新问题,或者事关未经解决的法律问题时,又或者当有关集体诉讼许可的裁决很可能对诉讼结果起到决定性作用——如在丧钟或反丧钟的情形时,此时的上诉一般会被受理。即便如此,该规则仍然允许上诉法院自由裁量,自行决定同意或拒绝受理该等上诉。

总而言之,《联邦民事诉讼法》第 23(f)节给终局性规则开了一个口子,也给本案的当事人提供了上诉的机缘。

4. 聪明反被聪明误

美国联邦最高法院并不认可上诉法院的判决。

首先，大法官们认为，基于《美国联邦法典》第 1291 节，第九巡回法院不具有裁判权，因为原告的自愿驳回起诉并不构成第 1291 节中的“终局判决”。第 1291 节为初审法院和上诉法院之间保留了合理的平衡，降低因不断的中间上诉(interlocutory appeals)带来的干扰和延迟，并且提高了司法行政的效率。最高法院一直以来都抵制任何人尝试打破第 1291 节的终局判决规则，认为这种行为会腐蚀终局原则且危害到该原则的目标，而本案中的原告方巧妙地利用自愿驳回起诉机制，试图从对自己不利的集体诉讼资格裁决中保留上诉权，这恰恰就是最高法院所抵制的行为之一。

其次，最高法院否定了“丧钟理论”，因为丧钟理论使零星诉讼的可能性增大。如果原告只需要自愿撤回诉讼请求，并保证不再就该案提起相同的诉讼，就可以对地区法院做出的否决其集体诉讼资格的判决提起上诉，那么他们就可以反反复复地这样做，通过中间上诉打断地区法院的诉讼程序。同时，丧钟理论还破坏了终局判决规则的目的，打破了各法院之间的适当关系。此外，丧钟理论还是不公正的，它完全站在了原告的一边，没有考虑到被告方的利益。

总之，大法官们认为，允许原告们通过巧妙设计的自愿驳回起诉的策略来达到有权上诉的目的将会严重破坏第 23(f)节的“仔细校准”原则以及国会已经确立的程序。

也就是说，待定集体诉讼中的原告不能通过选择“不得再诉的自愿驳回起诉”将一个非终局性的判决转换成一个符合第 1291 节的终局性判决，从而取得上诉权。

最后，最高法院推翻了上诉法院的判决并发回重审。

五

时效

4.05.001　SCA 卫生用品公司诉顶级婴儿用品公司 SCA v. FQ LLC ——拖延症要不得

原 案 名:SCA Hygiene Products Aktiebolag v. First Quality Baby Products, LLC

判决日期:2017 年 3 月 21 日

案　　号:15 – 927

判决原文:https://www.supremecourt.gov/opinions/16pdf/15 – 927_6j37.pdf

主　　笔:阿利托大法官(罗伯茨、肯尼迪、托马斯、金斯伯格、索托马约尔和卡根大法官附议;布雷耶大法官撰写异议意见)

判决主旨:"懈怠"是一种衡平法抗辩事由,只能填补法律的漏洞。如果法律已经明确规定了诉讼时效,且诉讼是在该时效内提起,那么当事人就不能再用"懈怠"这一事由进行抗辩了。

判决译述

1. 公说公有理,婆说婆有理

随着老龄化社会的到来,很多老人用品,如针对成年人大小便失禁的成人尿不湿等产品开始供不应求,为很多公司带来了商机。SCA 卫生用品有限责任公司(SCA Hygiene Products,以下简称 SCA 公司)和顶级婴儿用品有限公司(First Quality Baby Products,以下简称 FQ 公司)都加入销售这些产品的行列。

然而"一山难容二虎",原本风平浪静的纸尿裤市场因两家公司的专利纠纷而起了波澜。2003 年 10 月,FQ 公司忽然收到 SCA 公司寄来的一封警告信,信中说:“贵司的纸尿裤侵犯了我司第646号专利。”FQ公司并未惊慌,回信反咬一口:“我们的Watanabe专利更早,并且覆盖了贵司的646号专利,所以是贵司侵权。”

SCA公司满怀委屈,于2004年7月偷偷找美国专利商标局(Patent and Trademark Office,PTO)评理。经过历时3年的复审程序,PTO在2007年认可了SCA的646号专利。

拿到“尚方宝剑”的SCA公司沉浸在得意中难以自拔,不料拖延症发作,直到2010年10月才想起向联邦地区法院提起对FQ公司的专利侵权之诉,此时距发出第一封警告函的时间已有7年之遥。

2. 初审法院:SCA,你输在拖延症上了

FQ公司沉着应对,应诉后即向地区法院提出了即决审判(summary judgment)的动议,理由:(1)SCA过于懈怠(laches);(2)SCA违反了禁反言原则(equitable estoppel)。

这里有几个英美法概念需要解释一下。

首先,即决判决是英美法国家的一种具有特色的民事诉讼制度,当诉讼一方认为对事实问题没有实质性争议时,可以要求法官不经陪审团听审而直接对法律问题作出实体性的、有拘束力的判决。

其次,懈怠和禁反言都是衡平法上的抗辩事由。1938年以前美国的法院还分为普通法法院和衡平法法院,懈怠等作为抗辩事由只能在衡平法法院提出。1938年之后,虽然普通法法院和衡平法法院合二为一,但是无论抗辩事由还是救济措施,仍然存在普通法与衡平法的分野,只有当普通法没有明确规定或者无法给予充分的救济时,才可以动用衡平法抗辩或救济。

换句话说,经过改革后,衡平法只能用来填补普通法的漏洞。

显然FQ公司提出的两点都是衡平法上的抗辩,事实上是在求法院:SCA既磨磨蹭蹭(懈怠),又出尔反尔(反言),基于这两个衡平法的抗辩事由,本案没有事实问题,只有法律争议,所以请求法院做出即决判决,不用审就判它输吧。

地区法院深以为然,遂驳回了SCA公司的诉求。

SCA公司于2014年向联邦巡回上诉法院提起上诉。在上诉前，联邦最高法院于同年刚刚审结一个与本案相似的彼得雷拉诉MGM公司案[1]（以下简称彼得雷拉案），该案判决对SCA公司相当有利。

然而，上诉法院对彼得雷拉案直接无视，非常任性地选择援引自己法院在1992年审结的先例AC奥克曼公司诉RL柴德斯建筑公司案[2]（以下简称奥克曼案），虽然否定了“违反了衡平法禁反言原则”这一抗辩事由，却判定SCA公司的诉求因“懈怠”而被禁止，维持了原判。换句话说，SCA公司因为拖延症而连输两场官司。

SCA公司大为恼火，上诉到美国联邦最高法院。

3. 彼得雷拉案：有了诉讼时效，还用什么“懈怠”？

为什么上诉法院不肯援引彼得雷拉案这个先例呢？联邦最高法院的大法官们不满意也不理解，所以先找出这个案例加以考察。

彼得雷拉案是有关影片《愤怒的公牛》的著作权侵权之诉。美国《著作权法》中明确规定侵犯著作权的诉讼时效为3年，而该案的原告在3年之内提起诉讼，被告同样以“懈怠”为抗辩，然而最高法院不同意，认为“懈怠”不能作为阻碍诉讼的抗辩事由。

为什么法院态度如此决绝呢？

首先，美国是个三权分立的国家，立法权在国会。国会立法中明确规定的诉讼时效反映了国会的主张：有关诉讼的及时性问题，法官要按照我们规定好的硬性规则来做裁决，而不能再任性地个案分析、判断。因此，如果联邦最高法院认为“懈怠”可以适用于已经规定了诉讼时效的领域，那么无疑相当于承认了司法权可以凌驾于立法权之上。说到这份儿上，恐怕这论断谁也不敢轻易做出。

其次，从美国的司法史分析，“懈怠”这一抗辩事由主要是在法律没有明文规定诉讼时效的时候，作为一种衡平法上的漏洞填补规则发挥作用的。而一旦

---

〔1〕 Petrella v. Metro-Goldwyn-Mayer, Inc., 572 U.S. ___ (2014).

〔2〕 A. C. Aukerman Co. v. R. L. Chaides Constr. Co., 960 F. 2d 1020 (1992).

法律已经有明确规定,那么漏洞就不存在了,更不要提漏洞填补规则的适用了。所以再用“懈怠”来抗辩原告的诉求将十分荒诞。

基于以上原因,在彼得雷拉案的判决中,法官明确:如果存在诉讼时效的明文规定,那么“懈怠”就不能作为阻碍诉求的抗辩事由。

问题又来了,作为先例的彼得雷拉案既然明确了这样一条规则,能不能直接适用于本案呢?

4. 反击第一弹:诉讼时效应该向后看,而不是向前看

为了不想让彼得雷拉案直接适用于本案,FQ 公司可谓挖空心思。

首先,FQ 公司认为本案中所涉及的有关侵权之诉的时间限制并非真正的诉讼时效,因此不能适用先例中确定的规则。焦点集中在美国《专利法》(Patent Act)第 286 节规定:“除非法律另有规定,对于在提交起诉状或反诉状 6 年之前发生的侵权行为,将无法得到救济。”〔1〕

该条文中的时间限制是从提起诉讼之日起向前计算的,根本不考虑原告方曾几何时获知诉因。因此,FQ 公司认为该条文中所做的规定非真正意义上的诉讼时效。而真正的诉讼时效应当自发生侵权行为之日起向后计算,用来规制的是原告方在明知诉因之后的迟延。

但是,联邦最高法院并不支持该抗辩。彼得雷拉案中援引的著作权侵权诉讼时效的法律规定与本案所涉《专利法》第 286 节的规定类似,都可以被视作一种“回头看”的诉讼时效制度,用以规制被告自起诉之日前一段时间内的侵权行为。

其次,FQ 公司的抗辩事由是基于美国民事诉讼中的“发现规则”,即诉讼时效始于原告发现或应当发现自己受到损害之时,该规则虽有一些案例作为支持,但并没有成为一种普遍适用的惯例。

因此,最高法院认为不能否认《专利法》第 286 节是一条真正意义上的诉讼

---

〔1〕 法条原文:Except as otherwise provided by law, no recovery shall be had for any infringement committed more than six years prior to the filing of the complaint or counterclaim for infringement in the action。

时效规则。

5. 反击第二弹:"懈怠"是诉讼时效规则的"例外规定"

FQ 公司在抠法条字眼这条路上越走越远,既然无法否认第 286 节的诉讼时效地位,那么转而探讨"'懈怠'可否作为一种诉讼时效的例外"不失为一条妙计。由此,FQ 公司开始苦心寻觅《专利法》上下文,竟然真的找到了第 282(b)节这一救命稻草。

根据美国《专利法》第 282(b)节规定,"不可执行"可以作为专利侵权之诉的抗辩事由。虽然该条文本身并未提及"懈怠",FQ 公司却认为 SCA 的"懈怠"使专利具有"不可执行性",因而"懈怠"本身可以作为抗辩事由。

看到 FQ 公司如此强词夺理,原告再也按捺不住内心的怒气,表示依据奥克曼先例的判决,"懈怠"并不能绝对的造成专利不可执行。

最后,联邦最高法院的大法官们出面主持公道:即使第 282(b)节暗示"懈怠"可作为抗辩事由,也不意味着这种抗辩能排除第 286 节所规定的 6 年诉讼时效。因为如果国会在专利法中既规定了提起侵权之诉的时效,又规定了"懈怠"的抗辩,将会产生多此一举的双重保护,这是非常不合常理的。

6. 最后的挣扎:适用"懈怠"已成惯例

FQ 公司通过列举以往适用"懈怠"规定来禁止诉求的判例以期证明在处理诉讼及时性的问题上,"懈怠"的适用已经成为一种惯例。

然而,被告所列举的判例大致分为三类:1938 年之前的衡平法判例、1938 年之前的普通法判例、1938 年衡平法与普通法合并之后的判例。这三类判例要么仅能证明懈怠只能由衡平法院适用,要么判例数量过少而无法形成一种既定的统一惯例。

总之,联邦最高法院否定了适用"懈怠"已成为一种惯例这一主张。

7. 案件结果

联邦最高法院认定彼得雷拉案所确定的规则完全可以适用于本案。由于《专利法》中已经规定了明确的诉讼时效,FQ 公司就不能在规定的时效内再以“懈怠”作为抗辩事由。

最终,联邦巡回上诉法院的判决被撤销,案件发回重审。

8. 反对声:是否纵容了专利流氓?

很显然,经过上述分析,美国联邦最高法院对于“懈怠不予适用”的支持无疑体现了一种对专利权人的倾向性保护。

而布莱恩大法官则提出了反对意见,他认为,这种倾向性保护将会使专利权人更乐意“放长线钓大鱼”,在发现侵权人的侵权行为之后,故意等待其提高投资金额和生产规模之后,再提起诉讼。

这样的忧虑不无道理,本案中便出现了这种情形,SCA 公司起诉之时,被告 FQ 公司已经投入了数百万美元于该商品的生产。随着败诉结果的到来,FQ 公司还必须支付巨额的侵权损害赔偿或和解金,否则之前的一切投入将会化为乌有。

倘若原告是蓄意为之,处心积虑地置被告公司于死地,或者用这种狡诈的方式获利,那么我们不禁要问:法律究竟是保护了正义,还是助长了邪恶呢?

4.05.002 考克什诉美国证券交易委员会
Kokesh v. SEC
——诉讼时效的适用

原 案 名：Kokesh v. Securities and Exchange Commission

判决日期：2017 年 6 月 5 日

案　　号：16 – 529

判决原文：https://www.supremecourt.gov/opinions/16pdf/16 – 529_i426.pdf

主　　笔：索托马约尔大法官（全体大法官一致同意）

判决主旨：SEC“资产追缴”措施的性质是“处罚”，针对的是触犯公法的行为，其目的在于震慑违法者而非仅仅赔偿特定受害人，因此应适用五年的诉讼时效。

判决评述

1. SEC 之权力变革简史

本案涉及金融证券犯罪，与美国证券交易委员会（Securities and Exchange Commission，SEC）的一项职能有关。作为铺垫，我们就先从 SEC 成立和权力变革的历史谈起。

伴随第一次世界大战硝烟的停歇和巴黎和会、华盛顿会议的成功召开，新建立的“凡尔赛—华盛顿”体系暂时掩盖了帝国主义国家之间的矛盾，资本主义世界迎来了飞速发展的黄金十年。然而，“凡—华”体系这看似坚固的纸壳再硬，也抵挡不住资本主义世界内部燃起的烈火，供需矛盾、自由放任的经济政策等多重原因终究还是引发了席卷世界的经济大萧条（the Great Depression）。而此次危机的导火线,正是滋生于华尔街证券市场中的投机行为。投机者的猖獗行径直接引发了1929年10月24日纽约股市一日之内暴跌12.8%的惨剧,紧接着股市崩溃、银行倒闭、工厂破产、工人失业,大萧条随之而来,并急速蔓延。

吸取了大萧条的惨痛教训,美国意识到了打击证券违法行为的必要性。国会在大萧条之后出台了一系列证券监管法律,其中就包括《1934年证券交易法》。而这部法律最重要的成就之一,便是建立了执行联邦证券法律的机构——SEC。

在SEC建立之初,美国国会授予其两项重要权力:一是立法权。为了对公共利益和投资者利益进行必要、适当的保护,SEC拥有制定行业法规、条例的权力。二是调查权。对于可能违反联邦证券法律的行为,SEC有权进行调查。若经调查,发现有证据证明违法行为存在,SEC便可以向联邦地区法院提起强制执行诉讼。

然而,在制度建立伊始,SEC在强制执行诉讼中的法定救济只有禁止未来证券违法行为的"禁制令"(Injunction),而缺乏任何财产性救济。为了对"禁制令"的救济效力进行补充,SEC在强制执行诉讼中往往会依据其固有的衡平权力要求法院再作出一个"资产追缴"(Disgorgement)命令。通常情况下,"资产追缴"是指被告因其违法所得而应作出的赔偿,这种所得源自被告对原告合法权利的侵犯。

直到1990年,《证券执法救济和小额证券改革法》的出台,终于填补了SEC在强制执行诉讼时不享有财产性救济的缺憾。该法规定,SEC在强制执行诉讼中,不仅可以提出对于未来违法行为的"禁制令",还可以要求对于违法者进行"民事财产性处罚"。至此,SEC形成了从立法、调查到请求民事处罚、禁制令的一整套保障联邦证券法律执行的机制。

然而,意想不到的是,获得完整联邦证券法律执法权的SEC仍保持着其多年来的老派做法——在证券违法行为的执行程序中向法院申请"资产追缴"命令。而我们今天案例讨论的话题,正是跟SEC的这种"资产追缴"请求紧密相关。

2. 贪心老板领到天价罚单

本案被告查尔斯·考克什(Charles Kokesh)是两家投资咨询公司的老板。

其在1995～2009年的十几年里，利用其投资咨询公司侵吞了4家客户公司高达3490万美元的资产。为掩盖侵吞资产的违法事实，考克什提交了错误且具有误导性的SEC报告和股东表决委托书。基于对考克什违法行为的调查，SEC于2009年年末向联邦地区法院提起对考克什的强制执行之诉，要求对考克什进行民事罚款和资产追缴，并施以禁止其未来继续违反证券法律的禁制令。

经过审理，地区法院发现考克什的行为的确触犯了《1940年投资公司法》《1934年证券交易法》等法律。但针对SEC的处罚建议，地区法院认为需要结合适用于民事处罚措施的"5年诉讼时效"加以判断。《美国联邦法典》第28编第2462节规定："5年的诉讼时效适用于任何执行民事罚款、处罚或没收等金钱性惩罚的行动、诉讼或程序。"[1]

针对SEC"财产性民事处罚"（civil monetary penalty）的请求，地区法院认为5年诉讼时效明显应当适用，考克什只需根据其在2004年10月27日之后的违法行为缴纳2, 354, 593美元的罚款；而针对SEC"资产追缴"（disgorgement）的请求，地区法院则认为它并不属于"民事处罚"，不应适用5年的时效制度，因此需要对考克什追缴1995～2009年全部3490万美元的不法侵吞资产以及高达1810万美元的利息。

对于地区法院的判决意见，美国联邦第十巡回上诉法院表示了支持。针对"资产追缴"，上诉法院进一步明确了它的性质既非第2462节中规定的"处罚"，也非"没收"。因此同样得出了5年时效不适用于"资产追缴"的论断。

考克什不服，上诉至美国联邦最高法院。那么，对于"资产追缴"性质这一核心争议问题，最高法院将如何认定呢？

3."处罚"需要满足什么要求？

联邦最高法院在判断本案中"资产追缴"的性质时，其思路为：首先，明确"处罚"的认定原则；其次，根据判例法中对于"处罚"认定原则的适用方式，判断"资产追缴"是否符合"处罚"的要求；最后，在"资产追缴"是否属于"处罚"

---

〔1〕法条原文：A 5-year statute of limitations applies to any "action, suit or proceeding for the enforcement of any civil fine, penalty, or forfeiture, pecuniary or otherwise"。

后,自然可以判断是否应适用5 年时效制度。

联邦最高法院在1892 年享廷顿诉艾特里尔案[1]的判决意见中,对于"处罚"做出了定义:处罚是指"对于违法、犯罪行为,由国家做出和执行的肉体上或财产上的惩罚"。根据这个定义,对于"处罚"的认定需要符合两个原则:一是对象要求,即受制裁的不法行为所侵害的是公众(或国家),而非个人;二是目的要求,即财产性措施只有在为了"惩罚"(punish)犯罪者或者"震慑"(deter)未来的类似犯罪者时,才能被认定为处罚。若该措施仅仅是为了赔偿受害者,则不能满足"处罚"的目的要求。

"处罚"认定的两原则并非纸上谈兵,联邦最高法院曾经多次在先例中适用此原则。例如,在布雷迪诉戴利案[2]中,原告因被告侵犯其著作权而向联邦巡回法院请求救济。被告认为联邦巡回法院对此案缺乏管辖权,因为依照当时特定的法律规定,地区法院对涉及施以"处罚"的诉讼拥有排他性管辖权。然而,联邦最高法院认为:首先,救济针对的是侵犯原告个人权利的行为,而非侵犯普遍意义上的公众利益;其次,救济具有明显的赔偿性质,将全部给予著作权所有者。因此,原告所请求的救济并不符合"处罚"的认定原则,巡回法院拥有管辖权。

另外,在讨论5 年时效是否应当适用时,法院也适用了上述原则。1915 年,最高法院在审判米克诉勒海谷公司案[3](以下简称米克案)时认为,5 年时效中所提及的"处罚",实际上是一种对于"违反公法"行为的"惩罚性措施"。而此案中原告的诉讼请求只是针对被告的债务(liability),是一种"赔偿性"的请求。因此,该救济请求也非"处罚",不应当适用5 年时效。

4."资产追缴"究竟算不算一种"处罚"?

总结完有关"处罚"认定的基本原则和先例中的适用方法,联邦最高法院开始对本案中SEC"资产追缴"请求的性质进行分析:

首先,联邦最高法院认为,SEC 请求法院执行的"资产追缴"措施,针对的是

---

[1] Huntington v. Attrill,146 U. S. 657,667(1892).

[2] Brady v. Daly,175 U. S. 148(1899).

[3] Meeker v. Lehigh Valley R. Co. ,236 U. S. 412,421 -422(1915).

触犯公法的行为。当 SEC 请求对被告采取“资产追缴”时,目的是尽可能弥补违法行为对公共利益的损害,而非立足于某个或某些特定的受害人之利益。这一点在 SEC 诉泰奥案[1]的判决意见中得到了印证,法院认为,SEC 的“资产追缴”请求是独立于投资者个人请求的,其实施目的在于促进国家经济和维护社会政策。

其次,联邦最高法院认为,“资产追缴”措施带有“惩罚性目的”。在 SEC“资产追缴”第一案 SEC 诉得克萨斯海湾硫黄公司案[2]中,法院强调道,“资产追缴措施通过剥夺被告的部分利益,来震慑未来的违法行为,从而起到保护投资者大众的作用”。而 1997 年最高法院审判的 SEC 诉菲施巴赫公司案[3](以下简称菲施巴赫案)中,法院进一步强调了“资产追缴的首要目的便是通过剥夺违法所得的方式,对该类违法行为起到震慑作用”。因此,“资产追缴”属于一种“惩罚性”措施。

最后,联邦最高法院补充道,在大多数案件中 SEC 的“资产追缴”措施并不具有“赔偿性目的”。自违法者处追缴到的资产将缴纳给地区法院,至于该资产是否进一步分配以及如何分配,则完全由地区法院自由裁量。这些资产一部分将被分配给受害人,剩余部分则会上交美国财政部。正如菲施巴赫案判决中提到的,“无论追缴到的资产是否最终归还给投资者,法院都将对违法者进行资产追缴。”因此,联邦最高法院总结道,SEC 的“资产追缴”措施并非赔偿。

对于“赔偿性”还是“惩罚性”的判定,SEC 持不同的意见:“资产追缴只是一种使得受害者和违法者的资产恢复原状的赔偿性措施,不具有惩罚性。”联邦最高法院回应道:“资产追缴”往往不会考虑被告人的支出,且追缴额可能超过被告的实际所得。因此,“资产追缴”并非简单的赔偿,更是为了使违法者的经济状况变得更加糟糕,从而达到惩罚和震慑的目的。

综上,联邦最高法院总结道,SEC 的“资产追缴”措施符合“处罚”认定原则中的“对象要求”和“目的要求”:它是违反公共法律的法律后果,其目的在于“惩罚”和“震慑”一切违法者,而非仅仅“赔偿”特定的受害人,故该措施属于

---

〔1〕 SEC v. Teo,746 F. 3d 90,102(CA3 2014).

〔2〕 SEC v. Texas Gulf Sulphur Co. ,312 F. Supp. 77,91(SDNY 1970).

〔3〕 SEC v. Fischbach Corp. ,133 F. 3d 170,175(CA2 1997).

“处罚”。

5. 处罚是否应被“遗忘”?

在美国法中,有着“违法者也有权期待自己的过错会被遗忘”这一原则,而诉讼时效制度正是依托这个原则诞生的。通过设置“诉讼时效”,政府的执法行为便被框定在一个固定期限内,执法期限外的违法行为将不再受到制裁。这种制度在防止执法者在权力上“睡眠”、懒政怠政和保证交易安全、社会秩序稳定方面还是拥有重要意义的。

最终,联邦最高法院认定SEC的“资产追缴”措施性质上属于“处罚”,在对考克什进行“资产追缴”时应适用5年的诉讼时效,仅针对在SEC提起诉讼前5年时效内的违法所得进行追缴。因此,美国联邦第十巡回上诉法院的判决被撤销,考克什侥幸地逃避了部分财产责任。

4.05.003 加利福尼亚州公共雇员养老基金诉 ANZ 证券公司 California Public Employee's Retirement System v. ANZ Securities ——诉讼时效与除斥期间之辨

原 案 名:California Public Employee's Retirement System v. ANZ Securities, Inc. , et al.

判决日期:2017 年 6 月 26 日

案　　号:16 – 373

判决原文:https://www.supremecourt.gov/opinions/16pdf/16 – 373_pm02.pdf

主　　笔:肯尼迪大法官(首席大法官罗伯茨及托马斯、阿利托、戈萨奇大法官附议;金斯伯格大法官另行撰写异议意见,布雷耶、索托马约尔和卡根大法官附议)

判决主旨:美国《1933 年证券法》第 13 节中规定的 3 年时效限制是除斥期间,因此不适用衡平中止规则。

判决译述

1. 雷曼兄弟阴魂不散

2008 年以前,雷曼兄弟是美国最大的投资银行之一,它在 2008 年的崩盘直接触发了灾难性的金融危机。金融危机虽然过去了近 10 年,但是针对 2008 年金融危机的主角——雷曼兄弟的诉讼却还在继续。本案就是雷曼兄弟破产案的余波。

本案的起因是雷曼兄弟在 2007 年和 2008 年为募集资金而公开发行的一系列证券。当雷曼兄弟在 2008 年 9 月申请破产时,该证券所有的买方都认为雷曼兄弟在 2007 年和 2008 年的证券发行注册登记表中包含了虚假陈述或遗漏,遂根据美国《1933 年证券法》第 11 节规定,在纽约南部联邦地区法院对包括澳新证券在内的多个雷曼兄弟所发行证券的承销商提起了集体诉讼,该集体诉讼后来与其他针对雷曼兄弟提起的证券诉讼合并为一个跨区诉讼。

本案的依据是美国《1933 年证券法》第 11 节,即当某公司为公开发行证券而提交的注册登记生效后,如果注册登记表内有虚假陈述或重大遗漏,证券买方有权追究该公司及其相关主要承销商、审计师及律师等的责任。

2. 养老基金血本无归

加利福尼亚州公共雇员养老基金(California Public Employee's Retirement System,CalPERS)作为美国最大的养老基金,因投资需要,购买了部分雷曼兄弟的证券。在雷曼兄弟宣布破产后,CalPERS 也自动成为上述集体诉讼原告中的一员,但却并非显名原告。为获得更多的赔付,CalPERS 于 2011 年 2 月在加利福尼亚州北部地区法院针对上述被告又提起了单独的诉讼,此时离该证券的发行已经过去了 3 年多。该诉讼的诉请与此前集体诉讼的诉请完全一致,只是原告只有 CalPERS。

不久,之前的集体诉讼达成了和解协议,但是 CalPERS 却选择从中退出,希望可以通过后边单独提起的诉讼获得更可观的赔偿。

被告随后要求驳回 CalPERS 的单独诉讼请求,认为根据美国《1933 年证券法》第 11 节提起的诉讼受该法第 13 节的时效限制,即证券买方"应在发现或经合理努力应当发现该种谎报或漏报的一年内提起诉讼",且无论如何,"在该证券向公众善意发行 3 年之后,不能再对其提起任何基于第 11 节相关责任的诉讼"。

被告认为 CalPERS 所提起的诉讼已经超过上述规定中的 3 年时限。

但是 CalPERS 坚称由于之前的集体诉讼悬而未决,3 年时效应该相应中止,因此它所提起的单独诉讼并没有超过时效限制。为了支持其观点,CalPERS

引用了美国管道建筑公司诉犹他州案[1]（以下简称美国管道公司案）中所确立的原则，即在之前的集体诉讼未决期间，诉讼时效应中止。

联邦地区法院和联邦第二巡回上诉法院都不同意 CalPERS 的观点。它们认为第 13 节中的 3 年时效不能中止，且美国管道公司案所确定的中止原则不适用于美国《1933 年证券法》第 13 节中的 3 年时限。不但如此，上诉法院还否决了 CalPERS 的另外一个观点，即 CalPERS 的单独诉讼请求已经随同集体诉讼一并提交，因此集体诉讼时效的中止也意味着单独诉讼时效的中止。

案件上诉到联邦最高法院。

3. 除斥期间 v. 诉讼时效

本案的焦点在于上述第 13 节中的 3 年诉讼时限是诉讼时效还是除斥期间。

在美国法中，法定的时效限制分为两类：诉讼时效（Statutes of Limitation）和除斥期间（Statutes of Repose），两类各有其特殊的目的。

诉讼时效的目的是督促权利人及时行使权利，而除斥期间的目的则是保证被告在一段特定时间过后不再承担责任。因此，诉讼时效的起算时间是原告的诉因发生时，而除斥期间的起算时间是被告最后做出应受处罚的行为或发生纰漏的时间。诉讼时效可以使用中止规则（Tolling Rule），而除斥期间不适用中止规则。

最高法院的大法官们认为，从美国《1933 年证券法》第 13 节的条文、结构和语言表达中，很明显可以看出其中的 3 年时效限制是除斥期间，“在该证券向公众善意发行 3 年之后，不能再对其提起任何基于第 11 节相关责任的诉讼”。该法条既明确了不承认例外，又为未来的责任承担明确了时间限制，其所确定的起算时间是原告的诉因发生之时（被告发行证券之日）而非原告发现其受到欺骗之时。

大法官们认为，第 13 节的两句式结构也确认了以上观点。一般而言，有关时限的法条都会把较短的诉讼时效和较长的除斥期间放到一起，这样既能保护

[1] American Pipe & Constr. Co. v. Utah, 414 U. S. 538 (1974).

原告在发现其权利受到侵犯时能够通过司法手段获得救济,又能保证被告能从没完没了的责任风险中解脱出来。第 13 节中就包含了一年的诉讼时效与 3 年的除斥期间。

另外,从该法条的历史沿革来看,3 年时效限制也确实是除斥期间。美国《1933 年证券法》最初规定了 2 年的诉讼时效和 10 年的除斥期间,但是一年后,国会就将其诉讼时效缩短至一年并将除斥期间缩短至 3 年。很明显,立法者的意图是通过缩短承担潜在责任的窗口期来保护被告的财产安全。

因此,联邦最高法院认为,美国《1933 年证券法》第 13 节中的 3 年时限是除斥期间,不适用衡平中止规则。

4. 除斥期间不能中止

联邦最高法院大法官们还逐一驳回了 CalPERS 提出的其他理由。

第一,CalPERS 提出它的案子和美国管道公司案几乎一模一样。如果在本案中不能适用中止原则,那就没有正当理由在美国管道公司案中延长时效限制。但大法官们认为两案完全不同,不能混为一谈,因为本案中的时效限制是除斥期间,而美国管道公司案中的时效限制则是诉讼时效。

第二,CalPERS 认为只要在法定的时间段内提起过集体诉讼,就可以使它的单独诉讼满足美国《1933 年证券法》第 13 节的 3 年时效限制,因此可以使用美国管道公司案的中止原则。这一论据的成立是基于以下假设:诉讼(action)是指向任何一个法院提起的实质性主张(substantive claim),而非特指在某特定法院进行的特定诉讼。但是诉讼(action)一词指的是司法程序(judicial proceeding)或者诉讼(suit),根据布莱克法律词典,“action”和“suit”基本上是同义词。所以“action”并非广义上的主张(claims)。如果按照 CalPERS 的逻辑,只要在 3 年期限内提起过集体诉讼,那不管多少年之后,单个原告都可以单独对该证券发行提起诉讼,这很明显不符合国会的立法意图,并且会加重被告的负担,使除斥期间的目的无法实现。

第三,CalPERS 主张,如果以未及时起诉为由撤销其单独诉讼,将会重创其从集体诉讼中退出(opt out)的能力,因为最高法院曾经在沃尔玛公司诉杜克斯案[1]中表示权利人的该退出能力不能被无视。然而 CalPERS 并没有引用任何退出的先例,表示其可以无视法定时效限制而提起诉讼。

第四,CalPERS 表示若拒绝将美国管道公司案的中止原则适用于除斥期间将会产生无效率性。但是大法官们认为,他们没有权利重新对除斥期间进行立法或是忽视除斥期间本身的意义。所以最高法院认为 CalPERS 的担忧完全是在夸大其词。

5. 退休保障大幅缩水

综上所述,美国《1933 年证券法》第 13 节中的 3 年时效限制是除斥期间,不能适用中止规则。因为 CalPERS 的单独诉讼超出了除斥期间,法院因而驳回其诉讼请求。CalPERS 想通过单独诉讼获得更高赔付的愿望落了空,多少退休雇员的退休金都将大幅缩水!

---

〔1〕 Wal-Mart Stores, Inc. v. Dukes, 564U. S. 338(2011).

六

仲裁协议的效力

4.06.001　亲属护理中心诉克拉克 Kindred Nursing Centers v. Clark ——仲裁协议算不算数?

原 案 名:Kindred Nursing Centers Limited Partnership, DBA Winchester Centre For Health And Rehabilitation, NKA Fountain Circle Health and Rehabilitation, et al. v. Clark et al.

判决日期:2017 年 5 月 15 日

案　　号:16 – 32

判决原文:https://www.supremecourt.gov/opinions/16pdf/16-32_o7jp.pdf

主　　笔:卡根大法官(首席大法官罗伯茨及肯尼迪、金斯伯格、布雷耶、阿利托和索托马约尔大法官附议;托马斯大法官撰写了异议意见;戈萨齐大法官未参与本案的讨论和判决)

判决主旨:肯塔基州最高法院确立的"授权委托书中没有明确允许代理人签订仲裁协议,则代理人无权签订仲裁协议"的"明确表述规则"违反了《联邦仲裁法》。

判决译述

1. 护理机构看护终不如亲属照顾

老年人的护理和照料在全世界都是一个大问题,本案讲述的便是两位老人乔・维尔纳(Joe Wellner)和奥利弗・克拉克(Olive Clark)的身后事。

乔・维尔纳曾经给他妻子贝弗莉・维尔纳一份委托书,授权妻子"以我

(乔)的名义、代替我提起诉讼,以及签订与动产和不动产相关的合同”。奥利弗·克拉克给他女儿詹妮思·克拉克(Janis Clark)的委托书上则写明“全权委托詹妮思办理、处理、处置所有会影响到我(奥利弗)或者我的财产的所有事项,包括以我的名义签字、签发或制作的合同、契据或协议”。

2008年,乔和奥利弗都搬到了“亲属”护理中心旗下的温彻斯特中心。他们的家人在为他们办理入住手续时,凭借各自的委托书,分别代表乔和奥利弗,与护理中心签署了一大堆文件,其中包括仲裁协议。两位家属签订的两份仲裁协议的内容一样:任何与护理中心提供的护理服务有关的争议,都应当通过仲裁解决,而不是诉诸法院。可万万没想到的是,才过了一年,乔和奥利弗相继在“亲属”护理中心过世。他们的家人非常痛苦,认为护理中心不仅没有像他们的企业名称那样提供“亲属般”的照顾,而且提供的护理服务并不达标。于是,贝弗莉和詹妮思分别向肯塔基州州法院提起诉讼。

2. 签了仲裁协议还能去法院起诉吗?

“亲属”护理中心在两个诉讼开始之初就提出抗辩,认为贝弗莉和詹妮思都签署过仲裁协议,该协议禁止她们向法院提起诉讼。但是,肯塔基州的初审法院和上诉法院都驳回了“亲属”护理中心的主张。由于两个诉讼涉及的法律争议相同,案件进入肯塔基州最高法院后,州最高法院将两个诉讼合并审理。州最高法院认为两个人的委托权限不同,贝弗莉的委托书根本没有授权贝弗莉可以签订仲裁协议。相比之下,詹妮思的授权范围则非常宽广,以至于得不出“不允许詹妮思签订仲裁协议”的结论。但是,州最高法院认为贝弗莉和詹妮思签订的仲裁协议都属无效。

肯塔基州宪法赋予公民向法院提起诉讼、接受陪审团做出裁判的权利是神圣而不可侵犯的。因此,如果要剥夺委托人这一宪法上的权利,委托书上必须明确表述“授权受托人签订仲裁协议”。州最高法院将此称为“明确表述规则”(clear-statement rule)。

州最高法院在作出判决的过程中,注意到《联邦仲裁法》(the Federal Arbitration Act,以下简称《仲裁法》)的相关规定——认定仲裁协议是否生效、不可撤销、可执行所依据的法律或衡平法,应当与认定任何其他种类合同效力的规则一致(《美国联邦法典》第9编第2节)。即仲裁协议无效的理由与其他合同无效的理由是相同的。该法确立了仲裁协议与其他类型合同的法律地位一致的审查规则,不允许法院或州法律为了排除仲裁协议而制定歧视仲裁协议的规则,或是制定的规则实质上是只针对仲裁协议的特点从而达到排除仲裁协议的目的。

但是,州最高法院认为"明确表述规则"并不只是针对仲裁协议。任何有关放弃宪法赋予的基本权利的合同都适用这一规则。例如,将来法院可能会禁止委托书在没有明确表述的情况下,代理人签署有关限制委托人财产权利的合同。因此,"明确表述规则"不违反《仲裁法》的规定。而根据这一规则,贝弗莉和詹妮思无权签订的仲裁协议自然无效。

3. 禁止歧视仲裁协议

"亲属"护理中心不服,案件上诉到美国联邦最高法院。联邦最高法院的大法官们认为,美国《仲裁法》实质上确立了"平等对待仲裁协议原则"(equal-treatment principle),法院撤销仲裁协议的理由应当与撤销其他合同的理由一致。例如,合同存在"欺诈"或"显失公平",而不能根据只针对仲裁协议或实质上针对仲裁协议的法律规则来判定仲裁协议的有效性。

联邦最高法院在2011年审理了AT&T移动公司诉康塞普西翁案[1](以下简称康塞普西翁案),在该案中联邦最高法院假设道,如果一条州法律规定:任何约定"不允许由陪审团审理纷争"的合同都不能申请强制执行。这一规定看似并没有提到有关仲裁的任何一个字,但本质上是针对仲裁的特征(避免法院裁判),联邦最高法院仍然可以认定该条法律违反了《仲裁法》。而本案中,州最高法院为撤销仲裁协议所确立的"明确表述规则"和康塞普西翁案中假设的规定是一样的。州宪法规定,接受陪审团审判的权利是神圣不可侵犯的。但"放弃陪审团的审判"正是仲裁协议的主要特征。"明确表述规则"实质上就是针对仲裁协议的主要特征所确立的规则,简直是为仲裁协议"量身定制"的。州最高法院所列举的其他可能适用该规则的合同也完全是一种假想,根本不切实际。

---

〔1〕 AT&T Mobility LLC v. Concepcion, 563 U. S. 333, 339(2011).

原告也在审理过程中提出了自己的意见。她们认为,州最高法院的“明确表述规则”禁止代理人在委托人没有明确授权的情况下签订仲裁协议,该规则只影响仲裁协议的订立。《仲裁法》并不适用于仲裁协议的订立,而是适用于已经生效的仲裁协议,因此不适用于本案。联邦最高法院则认为《仲裁法》规定:判断仲裁协议是否“生效、不可撤销、可执行”所依据的法律或衡平法,应当与认定任何其他种类合同效力的规则一致。其中,“生效”这一法律术语就意味着《仲裁法》适用于仲裁协议的订立阶段。

原告还提出,无论《仲裁法》如何规定,州法院都有权决定仲裁协议是否有效,只有州法院确认仲裁协议有效后,才能开始适用《仲裁法》。大法官们则认为,如果支持这一观点,将导致州法院可以轻易地否认任何人签订仲裁协议的能力,即使该人有签订仲裁的特别委托。如此一来,《仲裁法》禁止歧视仲裁协议的规定将变得毫无用武之地。

由于贝弗莉和詹妮思的委托书授权范围不同,最高法院作出了不同的判决。州最高法院已经认定詹妮思的委托权限足以签订仲裁协议,因此基于“明确表述规则”认为詹妮思签订的仲裁协议无效的判决被撤销。贝弗莉的委托权限在州法院审理阶段就被认为不足以签订仲裁协议。对于这一事实,最高法院考虑到州法院作出的判断也许是基于“明确表述规则”,也许不是,可能还存在其他使仲裁协议无效的理由。因此,最高法院就有关贝弗莉的部分判决发回重审,并要求州最高法院根据其确立的原则重新审查委托书的委托权限。

在笔者看来,在不违反强制性规定的领域,当事人一旦表露意思自治,那么就必须要接受该意思自治结果的约束。并且,维护多种纠纷解决机制,鼓励纠纷通过法院以外的途径分流,减少司法资源的占用,可能也是美国联邦最高法院在本案中希望实现的目标吧。

Chapter 5

第五章　刑事诉讼程序与刑罚

一

上诉

5.01.001 曼里克诉美国

Manrique v. United States

——两个判决,必须有两次上诉!

原 案 名: Marcelo Manrique v. United States

判决日期:2017 年 4 月 19 日

案　　号:15 - 7250

判决原文:https://www.supremecourt.gov/opinions/16pdf/15-7250_3eb4.pdf

主　　笔:托马斯大法官(首席大法官罗伯兹及肯尼迪、布雷耶、阿力托和卡根大法官附议;金斯伯格大法官撰写了异议意见,索托马约尔大法官附议;戈萨齐大法官未参与本案的审理与判决)

判决主旨:初始判决(定罪)和补充判决(有关赔偿额的判决)系两个独立的判决,必须分别上诉。只针对初始判决提出的上诉不能对补充判决的内容提出异议。

判决译述

1. 尴尬的时间点

联邦调查局的探员发现马塞洛·曼里克(Marcelo Manrique)在电脑里储存了 300 份儿童色情视频。曼里克在地区法院认罪,承认自己的行为违反了《美国联邦法典》第 18 编第 2252(a)(4)(B)节和第 2252(b)(2)节的规定。2014 年 6 月24 日,地区法院判决曼里克 72 个月的有期徒刑及终身监外看管[以下简称初始判决(initial judgment)]。

在量刑听证会上,法院发现根据《强制受害者补偿法》(Mandatory Victims Restitution Act of 1996),曼里克还需要向受害者支付赔偿金,因此法院决定推迟宣判赔偿金的数额。2014 年 9 月 18 日,地区法院判令曼里克向其中一名受害儿童支付 4500 美元的赔偿金[以下简称补充判决(amended judgment)]。在法院的两次判决之间的2014 年7 月 8 日,曼里克向美国联邦第十一巡回上诉法院提起上诉。当时距离初始判决日 14 天,但补充判决尚未作出。

根据《联邦上诉规则》(Federal Rule of Appellate Procedure)第 4(b)(1)(A)(i)节规定,在刑事案件中,被告人的上诉状必须在原判决或裁定作出的 14 天内提交给地区法院。显然,曼里克对初始判决的上诉在 14 天之内,符合上诉规则的规定。

然而,在上诉法院庭审时,曼里克又以检察官没有举证赔偿金数额与受害人损失之间的因果关系为由,以口头方式向法官提出降低赔偿金的上诉请求——这一请求显然是针对补充判决提出的。检察官则认为,曼里克在上诉状中未提及该上诉请求,且上诉期已过,所以应当视为曼里克对赔偿金的判决结果放弃了上诉的权利。

第十一巡回上诉法院采纳了检察官的意见,拒绝了曼里克的口头请求,裁定上诉法院不审理该案的赔偿金问题,即不审理涉及补充判决的问题。于是曼里克将该裁定上诉至联邦最高法院。摆在最高法院大法官面前的问题是:在针对初始判决提出了上诉,却未针对补充判决提出上诉的情况下,上诉中能否对补充判决的内容提出异议?

2. 曼里克的理由

在初始判决和补充判决之间提交的上诉状的效力是否能追及之后的补充判决呢?《美国联邦法典》第 18 编第 3742(a)节规定,被告可以针对生效判决向地区法院提出上诉。提交的上诉状须针对之前作出的违反法律的判决(a sentence was imposed in violation of law)。可以看出,法律规定被告在案件审决结果宣判后才能提出上诉。本案中曼里克提交的上诉状显然无法对之后的补充判决提出上诉请求。但是曼里克提出了三点理由:

第一,补充判决不算一个单独的判决。根据《联邦上诉程序法》第 4(b)(1)

(A)(i)节以及第4(b)(2)节的规定,判决(judgment)一词都是单数形式,所以初始判决和补充判决应视为一个合并的判决;由此,曼里克在初始判决宣判后、补充判决作出前提交的上诉状,效力当然地追及补充判决。

第二,根据上述第4(b)(2)节的规定:“上诉状若在判决或裁定宣布后,判决归档(entry of judgment)前提交的,应视为在归档后提交。”本案的上诉状严格意义上是在初始判决宣布后、补充判决归档前提交的,所以应当视为在判决归档后提交。故上诉状的效力范围就延伸至补充判决的审判结果。

第三,退一步说,这也只是一个小错误。根据莱姆基诉美国案[1](以下简称莱姆基案)的判例精神,上诉状中所犯的无害的错误都应当被原谅。本案没有及时提交上诉状的错误也应当被法院容忍。

3. 最高法院的态度

然而,联邦最高法院的大法官们认为这三个理由都站不住脚。

第一,在多兰诉美国案[2]中,最高法院的观点已经表明初始判决和之后宣判赔偿金的判决是两个独立的可上诉判决。

第二,早一点提交是可以的,但是提交得也太早了。《联邦上诉程序法》第4(b)(2)节适用于案件已经宣判但判决还没有归档的时间段内提出的上诉。而在初审的判决书中明确写着“推迟宣判赔偿金事项的审判结果”,表明该案的补充判决仍未宣判,所以本案不能适用此法律条文。

第三,莱姆基案与本案有本质的区别——莱姆基案的上诉状提交得非常及时,而曼里克超期未交针对补充判决的上诉状,这是绝对不能容忍的。

其实,美国联邦最高法院认为,本案可以简单到甚至可以不用考虑被上诉方的答辩意见。上诉人没有及时提交上诉状的行为属于“强制性诉求处理”规则(mandatory claim-processing rule)的管辖范围。这意味着只要一方提出另一方违反了法律,若情况属实,根据该规则,法院就必须判定另一方的行为违法。本案中,检察官向法院提出上诉人在规定日期内未提交上诉状,按

---

〔1〕 Lemke v. United States, 346 U. S. 325(1953).

〔2〕 Dolan v. United States, 560 U. S. 605, 607 – 608(2010).

照“强制性诉求处理”规则,法院必须依法支持检察官的动议,不再接受之后的上诉请求。

最后,联邦最高法院驳回了曼里克的上诉请求,维持第十一巡回上诉法院的判决。

证据

5.02.001 特尔纳诉美国

Turner v. United States

——对我有利的证据藏着对吗?

原 案 名: Charles S. Turner et al. v. United States;Russell L. Overton v. United States

判决日期:2017 年 6 月 22 日

案　　号:15 - 1503、15 - 1504

判决原文:https://www.supremecourt.gov/opinions/16pdf/15 - 1503_4357.pdf

主　　笔:布雷耶大法官(首席大法官罗伯茨及大法官肯尼迪、托马斯、阿利托、索托马约尔附议;卡根大法官另行撰写异议意见,金斯伯格大法官附议;戈萨奇大法官未参与本案的审理与判决)

判决主旨:根据布雷迪规则,若公诉人隐匿了对被告方有利且对其定罪量刑具有实质性影响的证据,便违反了宪法中的正当程序条款,其中"实质性证据"必须具有导致不同判决结果的合理可能性。不具有该合理可能性的隐藏证据不能被认定为实质性证据。

判决译述

1. 妇人遭围殴致死

1984 年 10 月 1 日下午 4 点半左右,凯瑟琳·富勒(Catherine Fuller)离开家去购物。下午 6 点左右,摊贩老板威廉·弗里曼(William Freeman)在距离富勒家几个路口的小巷车库外发现了富勒的尸体。检查证明,富勒生前被人抢劫、殴打,并被不明物体暴力性虐待致其内出血死亡。

特尔纳(Charles Turner)等 7 人及其他几人被控绑架、抢劫及杀害凯瑟琳·富勒。

庭审时,公诉人认定富勒在小巷中遭受多人攻击。公诉人所提供的主要证据包括凯文·奥尔斯顿(Calvin Alston)及哈里·贝内特(Harry Bennett)的供述,他们承认参与了对富勒的集体攻击,目的是换取政府的宽大处理。尽管他们两人的供述在细节上有些许不同,但是他们对于特尔纳等 7 人何时开始攻击及如何攻击富勒的证言是一致的。

政府的其他一些证人也证实了上述事实。所有被告对被害人是被群殴致死这一事实都没有反驳。但是特尔纳等 7 人都声称围殴富勒致其死亡的不是自己,而是其他人,并且每个人都弹劾那些试图证明看见他们在现场的证人不可靠。比如,他们想证明其中的两位证人当天服用了一种毒品 PCP(苯环己哌啶,一种在 20 世纪 70 年代美国非常流行的毒品),还有人尝试提供富勒死亡时他们的不在场证明。

但是陪审团最后裁定特尔纳等 7 人有罪。

2. 隐藏证据浮出水面

判决生效很久以后,特尔纳等人才发现公诉人在庭审时隐藏了部分证据。这些证据包括有人看到一名男子在谋杀发生后从小巷中飞奔而出,并在富勒的尸体附近停留;还有个人说他和另外 3 个人在 5 点 30 分至 5 点 45 分这段时间从事发的小巷中经过,听到车库中传来呻吟声。这些证据都可以据以弹劾庭审证人证言的可信度。

于是,他们申请复核,并称根据"布雷迪(Brady)规则",这些被隐藏的证据有利于他们的无罪辩护,而且这些证据都是实质性证据。

然而,哥伦比亚特区高等法院认为,这些隐藏的证据并不重要,因此驳回了特尔纳等人的诉请。哥伦比亚特区上诉法院维持原判。

案件上诉到美国联邦最高法院。

3. 何为布雷迪规则

1963 年,美国联邦最高法院在布莱迪诉马里兰州案[1]中确定了一个规则,即公诉人若“隐匿了对被告方有利且对其定罪量刑具有实质性影响的证据”,则构成违反美国联邦宪法中的正当程序条款——这就是“布雷迪规则”。其中判断“实质性”的标准,在后续的判例中被界定为“是否具有导致不同判决结果的合理可能性”。而本案的焦点就是根据“布雷迪规则”,政府隐藏的证据是否为实质性证据。

4. 实质性证据的评价标准

首先,公诉人对特尔纳等人声称该隐藏证据“有利于其辩护”这一点并无争议。但是特尔纳等人和公诉人对该等证据是否属于布雷迪规则下的实质性证据有争议。

根据联邦最高法院 2009 年的科恩诉拜尔案,[2]“诉讼中未出示的证据,如果可以合理地认为,若该证据被提出后,案件结果将可能不同”,那么就可以判断该证据是实质性证据。另外,根据 1995 年的凯尔斯诉惠特利案,[3]“具有产生不同判决结果的合理可能性是指,隐藏证据会削弱审判结果的可能性”。最后,根据 1976 年的美国诉阿古斯案,[4]联邦最高法院需要在审核所有记录的情况下评估该隐藏证据并得出结论。根据前述标准,联邦最高法院认同下级法院的判决,即本案不具有所谓的可能产生不同判决结果的合理可能性。

特尔纳等人还提出另一个理由:如果他们当时知道有隐藏的证据,他们可以反驳公诉人提出的富勒死于集体攻击这一观点,他们本可以提出一个完全不同的观点,即只有一个或最多只有两个人袭击富勒。

但是大法官们在通盘审核了所有的记录后,认为隐藏证据太少太弱,不能作为主要证据点,远未达到布雷迪规则的标准。

---

〔1〕 Brady v. Maryland, 373 U. S. 83(1963).

〔2〕 Cone v. Bell, 556 U. S. 449, 469 – 470(2009).

〔3〕 Kyles v. Whitley, 514 U. S. 419, 434(1995).

〔4〕 United States v. Agurs, 427 U. S. 97, 112(1976).

公诉人将案件建立在集体攻击上,尽管本案目击证人的证言在细节上有些出入,但是基本上都同意富勒是被一群人攻击致死。大法官们并不认为被隐藏的证据可能会使庭审得出不同的结论。被告人的问题在于:他们现在提出的这个不同的理论,需要说服陪审团,两个证人错误地供述了他们参与了一场从未发生过的集体攻击;雅各布错误地暗示自己参与了集体攻击,而且恰巧给了一个与事实高度吻合的口供叙述了事情的经过;托马斯,作为一个与本案完全没有利益关系的目击者,在案发现场看到了被告人,然后在晚上又听到卡特利特谈及此事,捏造了他的故事;艾尔比和雅各布也目击了一个根本没有发生的集体攻击;蒙哥马利事实上根本没有见到被告人和其他人作为一个小团体,将富勒作为一个抢劫目标并对其实施抢劫。

对于这些可以用来弹劾证人的隐藏证据,记录显示被告人已经在庭审中大量使用了这样的证据来弹劾证人。比如,陪审团多次听说艾尔比使用 PCP,就连艾尔比自己在庭审作证时也说她和雅各布在目击事件发生之前刚刚吸食了 PCP。当然这不代表可以用来弹劾证人的证据,对于已经用其他证据弹劾的证人而言,是非实质性证据,只是在本案中,就这些证人而言,这些隐藏证据的作用不足以削弱陪审团裁决的可靠性。

最终,联邦最高法院认可了下级法院的判决,隐藏证据不会改变被告人的审判结果。

三

刑罚

5.03.001 迪恩诉美国

Dean v. United States

——人生能有几个 30 年?

原 案 名:Dean v. United States

判决日期:2017 年 4 月 3 日

案　　号:15 –9260

判决原文:https://www.supremecourt.gov/opinions/16pdf/15-9260_8nj9.pdf

主　　笔:首席大法官罗伯茨(所有大法官一致同意)

判决主旨:在数罪并罚时,如果被告一部分犯罪的量刑必须满足法定强制刑期,另一部分犯罪的量刑是否可以把上述法定强制刑期考虑进去因而减少刑期,要取决于国会的立法是否明确限制初审法院的量刑裁量权。

判决译述

1. 人生能有几个 30 年?

莱文·迪恩(Levon Dean)和哥哥搭伙在一家汽车旅馆抢劫了一个冰毒贩子。不到两周,兄弟俩又到另一个毒品贩子家里抢劫。每次抢劫,他俩"配合默契":哥哥用枪威胁、殴打被害人,迪恩则入室搜寻毒品、现金和其他贵重物品。证据确凿,哥俩被公诉人诉诸法庭。

经过两案并审,陪审团确定迪恩的 6 项罪行触犯了 4 个罪名:(1)合谋抢劫罪;(2)抢劫罪(两项);(3)重罪犯持有枪支罪;(4)为实施暴力犯罪而持有并协助和教唆他人持有枪支罪(两项)。

根据《量刑指引》(Sentencing Guidelines),针对迪恩的前4项罪行,每项指控都可能判他84～105个月的刑期,也就是最少7年监禁。

然而,迪恩哥俩是持械抢劫。美国人民对此非常痛恨,于是国会为此单独立法,规定凡在实施暴力犯罪或贩卖毒品("上游犯罪")过程中使用或持有枪支的(a firearm in connection with a violent or drug trafficking crime),应单独入罪和量刑。对于初犯,最低强制刑期5年;再犯,最低强制刑期为5年再加至少25年,即至少30年。这个最低强制刑期必须是针对"上游犯罪"所判刑期服满之后的额外刑期,也就是说和"上游犯罪"的刑期不能合并(That separate firearm offense carries a mandatory minimum sentence of five years for the first conviction and 25 years for a second. Those sentences must be in addition to and consecutive to the sentence for the underlying predicate offense)。这一条被收编在《美国联邦法典》的第924(c)节[以下简称第924(c)节]。

对于持械抢劫两次的迪恩而言,这就意味着,前4项罪行每项犯罪刑期为84～105个月,再加上作为持械实施"上游犯罪"的累犯(两次抢劫)所应服的强制最低刑期为30年,这二者不能合并抵销。

迪恩抢劫时只有23岁,尚没有过完他人生的第一个30年。人生能有几个30年?迪恩这时起了悔意。

2. 迪恩:求判我30年+1天吧!

因为第924(c)节规定的30年最低刑期毫无商榷余地,迪恩就从《量刑指引》中的84～105个月的刑期上做文章,请求法院针对他的前4项罪行只判他一天刑期。

初审法官考虑到迪恩只是从犯,也没有暴力犯罪前科,认为本来判30年+1天的刑期也足够了。但是,法官认为他受限于第924(c)节的规定,在决定被告其他犯罪的刑期时不应考虑30年的强制最低刑期;并且每项独立犯罪的刑期应分别确定,光这些刑期加起来也肯定远远超过1天了。

不过法官还是对迪恩网开一面,从轻处罚,针对前4项罪行合并判处迪恩40个月的刑期(比起最低84个月来说已经减半了),而根据第924(c)节判处迪恩30年监禁,总刑期为400个月。

迪恩不甘心,遂上诉到联邦第八巡回上诉法院。上诉法院维持原判。迪恩继续上诉到美国联邦最高法院。

3. 联邦最高法院:法院有自由裁量权

联邦最高法院认为,初审法院量刑时一直都有自由裁量权。

《美国联邦法典》第 18 编第 3553(a)节列出了法院在量刑时需要考虑的因素,包括犯罪性质与情节、被告的犯罪前科和性格特征,同时规定法院应根据“宁缺毋滥原则”(the parsimony principle)作出适当量刑,不超过必要限度,并与刑罚的四大目的(罪刑相当、威慑犯罪、保护公众、教化改造)相适应。当然,法院量刑时也不能忘了量刑委员会制定的相关量刑指引以及其他政策。

就本案的必要刑罚而言,法院应考虑迪恩犯案时已经 23 岁,加上 30 年的强制最低刑,出狱时 50 岁以上,有没有必要再施加更高的刑期来达到保护公众的目的? 同理,法院也要考虑这 30 年刑期能起到的威慑犯罪的效果。

政府认为,初审法院应单独考虑单项犯罪的刑期,只有在决定数个刑期是否合并执行时才考虑犯罪嫌疑人面临的其他犯罪的刑期。联邦最高法院并不支持这种观点,因为法律并没有这么要求。第 3553(a)节规定的要素是法院在决定单个犯罪的刑期、数罪并罚的总和刑期以及是否合并执行时都要考虑的,法院在决定数个犯罪中单个犯罪的刑期时考虑其他犯罪的刑期有何不可?

据此,大法官们认为,初审法院在针对某项犯罪决定量刑时,可以考虑被告根据他项犯罪所可能获判的刑期,从而对刑期进行裁量。

然而,第 924(c)节是摆设吗?

4. 联邦最高法院:不应扩大解释第 924(c)节

联邦最高法院认为,第 924(c)节仅要求对“在实施暴力犯罪或贩卖毒品过程中使用或持有枪支罪”单独定罪量刑,并与其上游犯罪(暴力犯罪或贩卖毒品罪)数罪并罚,并未规定对其他犯罪的量刑幅度。比如,本案中迪恩所犯的抢劫罪就不属于第 924(c)节规范的犯罪。这时,判 1 天刑期也是可以的。

同时,第 924(c)节要求根据本条判定的刑期与其他犯罪的刑期连续执行;

在本案中,依据第924(c)节的犯罪判处30年最低刑期,此时,针对其他犯罪的量刑即便只有1天,也可以做到刑期连续执行。

政府不同意,其认为第924(c)节的含义应该与《美国联邦法典》第18编第1028A节一样。第1028A节规定在实施某些上游犯罪的同时还犯有盗用身份罪时,除根据上游犯罪判刑外,还应额外处以最低强制刑期,该额外刑期必须在根据其他犯罪所判刑期执行完毕后连续执行。至此,该条规定与第924(c)节完全一致。

然而,第1028A节接下来规定,法院应对被告的上游犯罪独立量刑,不得考虑被告因违反本条将被判处的刑期,从而减少上游犯罪的刑期。[1]

政府认为第924(c)节于1984年颁布,而第1028A节于2004年颁布,因此可以推定第924(c)节也包含同样的限制。

然而大法官们认为,国会能在第1028A节中加上这个限制,就说明在长达10多年的时间里已经意识到这一问题,对他们而言,如想修正第924(c)节易如反掌,但是国会并没有这么做。因此,不能在第924(c)节中强加第1028A节中的限制。简言之,法无明文规定之处,政府不能无中生有。

最后,联邦最高法院认为一审法院在针对迪恩的他项犯罪量刑时,可以考虑他根据第924(c)节所获判的30年强制刑期,酌情判断是否可以轻判。于是,裁定撤销原判,发回下级法院重审。至于迪恩是否最终能得到30年+1天的刑期,还要看下级法院如何斟酌。

---

〔1〕 法条原文:A court shall not in any way reduce the term to be imposed for such crime so as to compensate for,or otherwise take into account,any separate term of imprisonment imposed or to be imposed for a violation of this section。

5.03.002 贝克尔斯诉美国

Beckles v. United States

——一样的措辞，不一样的命运

原 案 名：Beckles v. United States

判决日期：2017年3月6日

案　　号：15－8544

判决原文：https://www.supremecourt.gov/opinions/16pdf/15－8544_2co3.pdf

主　　笔：托马斯大法官（首席大法官罗伯茨以及肯尼迪、布雷耶和阿利托大法官附议；肯尼迪大法官、金斯伯格和索托马约尔大法官分别撰写了附议意见；卡根大法官未参与本案的审理）

判决主旨：法律应当具备确定性，而建议性意见则不需要。

判决译述

1. 邂逅最高法院

众所周知，美国宪法允许公民持枪，然而并不是人人都可以持枪。有的人持枪本身就是一项犯罪。贝克尔斯就是这样一个法律不允许他持枪的人。

贝克尔斯年满18岁，有犯罪前科，曾被判犯有与管制药物有关的多重重罪。2007年，贝克尔斯又因持有一把短管霰弹枪而再次被判犯有“重罪犯持有枪支罪”（possession of a firearm by a convicted felon）。

当时供法官参考的《量刑指南》（Sentencing Guidelines，以下简称《指南》）中规定了“职业犯”（career offender）的加重量刑情节，其中“职业犯”定义如下：

(1)犯罪时已满18岁;(2)所犯重罪为暴力或管制药物犯罪(a controlled substance offense);(3)之前至少被判犯有两项暴力或管制药物犯罪的重罪者。

那什么是"暴力犯罪"呢?《指南》将其定义为根据联邦法或州法将被判处一年以上有期徒刑的以下犯罪:(1)对他人使用、企图使用或威胁使用暴力;(2)入室盗窃、放火或敲诈勒索,使用爆炸物,或者从事其他可能给他人带来严重人身伤害风险的行为(or otherwise involves conduct that presents a serious potential risk of physical injury to another)。上述(2)中的后半句通常被叫作兜底条款(residual clause)。

《指南》的官方注释中明确说明持有短管霰弹枪即构成暴力犯罪。

于是,根据上述规定,联邦地区法院认为贝克尔斯这次犯下的"重罪犯持有枪支罪"正符合"暴力犯罪"的定义,加上贝克尔斯的前科,他还构成"职业犯"。根据《指南》规定,其刑期应是360个月监禁到无期徒刑。地区法院对其从轻处罚,判了贝克尔斯360个月监禁。

贝克尔斯上诉到联邦第十一巡回上诉法院,上诉法院维持原判。他继续上诉到美国联邦最高法院,最高法院没有受理。

2. 二访最高法院

贝克尔斯不甘心,于2010年9月又根据《美国联邦法典》第28编第2255节提出动议,要求撤销其刑期,理由是"非法持有枪支"不是暴力犯罪,因此,根据《指南》他不应被界定为职业犯。地区法院驳回该动议,上诉法院再次维持原判。

贝克尔斯锲而不舍,第二次上诉到联邦最高法院。

在等待期,联邦最高法院于2015年对约翰逊诉美国案[1](以下简称约翰逊案)作出了判决。该案涉及1984年的《职业罪犯持械法》(Armed Career Criminal Act),其中的兜底条款与本案涉及的《指南》的兜底条款措辞类似,最高法院认为该法中的兜底条款因不够确定(vague)而违宪。

根据约翰逊案,联邦最高法院受理了贝克尔斯的上诉申请,经审理后裁判

---

〔1〕 Johnson v. United States, 576 U. S. ____ (2015).

撤销上诉法院的判决，将案件发回重审。

重审中，贝克尔斯主张《指南》中的兜底条款也因不够确定而违宪。但是，上诉法院仍然维持了原判，因为法院在对被告定罪量刑时并非依据《职业罪犯持械法》的“兜底条款”，而是依据《指南》的明确措辞——《指南》明确将其持枪行为定性为暴力犯罪。而且，约翰逊一案并未涉及《指南》所规定的职业犯加重量刑的问题。

屡败屡战的贝克尔斯第三次上诉到联邦最高法院。

3. 好事不过三——再访最高法院

美国联邦最高法院每年只审理 80 多个案子，所以一般案子都打不到最高法院。可是贝克尔斯的运气真是好，最高法院在第一次拒绝审理他的案子后，又给了他两次机会。

这一次，联邦最高法院也意识到有必要搞清《指南》中“兜底条款”是否像《职业罪犯持械法》中的“兜底条款”一样，受到宪法正当程序条款(Due Process Clause)中的“因含糊而无效”原则(void for vagueness doctrine)的质疑。正当程序条款要求法律须明确，这样人们才能知晓法律所惩罚的行为，同时也避免法官任意司法。根据这一标准，法院曾废止了刑法中与定罪和量刑有关的模糊立法。

《职业罪犯持械法》本质上是与量刑有关的法律，该法的“兜底条款”要求法院将被告人的刑期从法定最长 10 年增加到最少 15 年。这一规定，对被加重量刑的被告而言就是模糊的。与之相比，《指南》只是建议性质的文件，并没有规定量刑的范围，而仅仅是指导法院行使自由裁量权时，在法定刑期内决定恰当的刑期。因此，《指南》并不受“因含糊而无效”原则的约束。

“因含糊而无效”原则的适用范围是有限的，因为法院在量刑时享有广泛的自由裁量权。一般而言，国会立法时只规定量刑区间，具体的刑期则由法院综合考虑被告的犯罪行为以及犯罪前科等事实确定。《指南》仅仅指导法院行使自由裁量权，也未限制法院的自由裁量权。整个自由裁量制度都是合宪的、非含糊的，指导法院行使自由裁量权的《指南》又怎么会是含糊的、无效的呢?

另外，《指南》并不涉及“因含糊而无效”原则关注的两大问题，即通过明确立法告知人们法律所惩罚的行为并避免法官任意司法。一方面,立法规定的量刑范围已经尽到了告知义务;而在量刑范围内,法院有自由裁量权,可不按《指南》量刑,所以再完美的《指南》也无法告知人们如何避免量刑范围内的具体处罚。另一方面,“因含糊而无效”原则要求规范大众行为的“法律”要足够明确,防止法院任意司法,但《指南》不是法律,它没有规范大众的行为,只是指导法院行使自由裁量权,所以《指南》并不会导致任意司法。

最后,国会要求法院在量刑时,除了考虑《指南》以外,还要考虑一些其他因素。如果认定《指南》因含糊而无效,其他因素的有效性也会受到严重质疑。所以,联邦最高法院更不会判决《指南》因含糊而无效了。

总而言之,法律规定必须明确;如果只是建议,那不明确也没关系。

但联邦最高法院亦指出:本案的判决并不意味着《指南》免受合宪审查,或免受正当程序条款的约束,其仅仅认定《指南》及其“兜底条款”不受“因含糊而无效”原则的约束。

基于前述理由,最后法院认为,《指南》不受正当程序条款下“因含糊而无效”原则的约束,因此驳回了被告的诉求。贝克尔斯没有约翰逊幸运,还是得在监狱蹲满 360 个月后才能重见天日。

5.03.003 尼尔森诉科罗拉多州 Nelson v. Colorado ——说好的无罪推定呢?

原 案 名: Nelson v. Colorado

判决日期: 2017 年 4 月 19 日

案　　号: 15 - 1256

判决原文: https://www.supremecourt.gov/opinions/16pdf/15 - 1256_5i36.pdf

主　　笔: 金斯伯格大法官(首席大法官罗伯茨及肯尼迪、布雷耶、索托马约尔和卡根大法官附议;阿利托大法官撰写了协同意见;托马斯大法官撰写了异议意见;戈萨奇大法官未参与本案的审理和判决)

判决主旨: 当刑事被告人的有罪判决被宣告无效后,被告人有权要求退还因原判决所缴纳的罚金。

判决译述

1. 真的是冤假错案吗?

香侬·尼尔森(Shannon Nelson)因涉嫌性侵及虐待自己的 4 个孩子而被指控犯有 2 项重罪和 3 项轻罪,于 2006 年被科罗拉多州(Colorado)法院判处 20 年至无期徒刑(最短刑期为 20 年,根据行刑期改造情况可至无期),并处罚金 8192.5 美元,这笔钱由科罗拉多州狱政局从尼尔森的犯人账户中扣留了 702.1 美元:其中支付给"受害人赔偿基金"125 美元,"证人协助执法基金"162.5美元,414.6 美元作为赔偿金。后来上诉法院发现一审中存在错误,因此推翻一审判决,发回重审。重审时,新的陪审团裁决尼尔森无罪,她被当庭释放。

无独有偶,路易斯·马登(Louis Alonzo Madden)于 2005 年被陪审团裁决犯有与未成年卖淫女发生关系以及三级暴力性侵未遂等罪,被科罗拉多州法院判处不定期徒刑(这是一种特别的自由刑,具体执行期限根据罪犯在行刑中的改造程度而定),并处罚金 4413 美元,由狱政局扣留了 1977.75 美元:其中支付给"受害人赔偿基金"125 美元,"证人协助执法基金"1095 美元,757.75 美元作为赔偿用。后来,这两个罪名分别被州最高法院和另一家定罪后救济法院(postconviction court)撤销,马登终于恢复了自由身。

不知他俩这是幸运还是倒霉,但无论如何二人在被判有罪之后又成功翻案,洗清了自己的罪名,因此都是圆满的结局。然而,政府并不想归还两人依据已被推翻的判决缴纳的罚金。要知道,当初收取这些费用的唯一根据是二人被定罪的事实,既然现在二人没有被判罪,这笔钱是不是该归还呢?

二人都认为,既然无罪,那之前罚金就应当归还。

2. 漫漫讨债路

于是尼尔森向法院提出请求,要求政府将已执行的罚金归还。法院直接拒绝该请求。

马登也向法院提出请求。法院裁定,政府可以归还罚金中的其他部分,但是赔偿金那部分不能归还。

两人同时向科罗拉多州上诉法院提起上诉。上诉法院看了两人的诉状,认为退钱并没有什么问题——罚金的依据在于有效的判决,既然现在判决都被推翻了,那就应当将罚金归还于二人。于是判决科罗拉多州政府归还两人缴纳的全部罚金。

州政府不服,上诉至州最高法院。

科罗拉多州最高法院认为,法院必须有法定授权才能要求政府退款,而科罗拉多州于 2013 年通过的《特定免罪人员补偿法》(Compensation for Certain Exonerated Persons Statute)规定了寻求退款的适当程序,然而尼尔森和马登均未通过该程序提交退款申请,所以一审法院就无权判令政府退款。鉴于此,科罗拉多州最高法院判决撤销原判,改判并支持了科罗拉多州政府的上诉请求。

但是问题来了,根据《特定免罪人员补偿法》,申请人必须提交“明确且令人信服的证据”(clear and convincing evidence)证明自己无罪,才能获得退款。

于是整个事件演变成一个怪圈,法院没有证据能证明他们实施了犯罪而改判他们无罪;政府则因为他们不能自证没有实施犯罪,而无法返还他们缴付的罚金。

讨债本来就难,看来向政府讨债难上加难,两人不得不把案子上诉到美国联邦最高法院。

3. 说好的“正当程序”呢?

美国联邦宪法第十四修正案规定:“不经正当法律程序,不得剥夺任何人的生命、自由或财产。”其在刑事司法审判中的延伸就是无罪推定——若没有明确且足够的证据证明刑事被告人犯有被指控的犯罪行为,那么就应当认定刑事被告人无罪。这就是著名的正当程序原则,是美国法律的基石。

然而,美国联邦最高法院的大法官们在审查《特定免罪人员补偿法》时,发现该法的适用有一个非常严苛的条件——申请人必须证明他没有犯罪,才能获得补偿。而这公然违反了第十四修正案的正当程序与无罪推定原则。

那么怎样才能正确地审理本案呢?

联邦最高法院采纳了马修斯诉艾尔德里奇案中所确立的三个因素:(1)私人利益是否被侵犯?(2)是否存在错误地剥夺了该私人利益的可能?(3)是否会严重损害政府利益?

大法官们对此逐条分析:

第一,州政府没有归还尼尔森和马登支付的罚金,其私人利益被侵犯。根据无罪推定原则,科罗拉多州政府不能仅仅主观上认为他们还是有犯罪的可能性就拒绝退款。金斯伯格大法官甚至理直气壮地质问州政府:你们凭什么觉得自己有权力扣留这笔钱?(By what right does the state retain the amount paid out by the defendant?)

第二,州政府错误地剥夺了私人利益的可能性非常高。如前所述,首先,《特定免罪人员补偿法》违反了无罪推定原则,把举证责任强行施加给申请人一方;其次,该法的申请程序也给申请人造成了过高的成本,会使相当一部分申请人望而却步,从这一角度分析,该程序本身也不具有正当性。

对此,州政府辩称,既然错判入狱的案子都能适用《特定免罪人员补偿法》,那么比入狱还轻微,只是被错判罚金刑的案子按道理应该更可以适用。

大法官们当场驳回:本案讨论的并非补偿损失,而是恢复原状——被错判入狱的恢复原状的方式是释放被错判者,同理,被错判罚金的恢复原状方式就是返还罚金。州政府所提出的论点无法说明其剥夺私人利益的正当性。

第三,既然已经明确州政府无权拥有这两笔钱款,那么退回这些钱并不损害政府利益。

经过慎重考虑,联邦最高法院撤销了科罗拉多州最高法院的判决,发回下级法院,按照最高法院的意见重审。那么,两位劫后余生者或许就终于能拿回已付的罚金。

然而,二人究竟有没有犯罪?真相恐怕永远都不得而知了。

5.03.004 哈尼克特诉美国

Honeycutt v. United States

——共犯对共同犯罪的收益要承担连带责任吗?

原 案 名: Honeycutt v. United States

判决日期: 2017年6月5日

案　　号: 16-142

判决原文: https://www.supremecourt.gov/opinions/16pdf/16-142_7l48.pdf

主　　笔: 索托马约尔大法官(除戈萨奇大法官未参与本案的审理与判决外,其他大法官均附议)

判决主旨: 共犯不对共同犯罪的收益承担连带责任。

判决译述

1. 哥俩共同犯罪,污点财产如何没收

托尼·哈尼克特(Terry Honeycutt)在田纳西州开了一家五金店,弟弟特里·哈尼克特(Tony Honeycutt)在店内管理销售和存货。特里发现,有几个新潮小伙经常购买含碘的净水产品"极纯"(Polar Pure),于是向查塔努加警察局询问碘晶体是否可用于制造麻黄碱。警察回复,确实有些人用"极纯"制造麻黄碱,如果对此感到不安,建议停止销售。但是,特里的商店仍继续大量销售"极纯"。尽管知道每瓶"极纯"足以净化500加仑的水,而且大多数人大量购买该产品不是用于合法用途,兄弟俩却曾在单笔交易中卖给单个客户多达12瓶"极

纯”。3 年时间,店里出售了 2 万多瓶“极纯”,盈利约 40 万美元。庞大的销量引来了联邦缉毒局及相关执法部门。2010 年 11 月,政府部门查封了该店,并没收了店内全部的“极纯”存货。

兄弟俩明知或有理由相信,其所销售的碘制品会被用于制造麻黄碱,却仍大量销售。联邦大陪审团以此控告兄弟俩犯有多项罪名。同时,根据《美国联邦法典》第 853 节(以下简称第 853 节),个人因犯罪行为直接或间接取得的收益将由国家没收。联邦政府依据该法请求法院没收兄弟俩 269,751.98 美元。托尼审前认罪,并同意没收 20 万美元。特里参加了审判,被判处 60 个月监禁。联邦政府认为特里应对余下的 69,751.98 美元的没收款承担连带责任,但一审法院认为特里只是受薪员工,没有从销售碘制品中获利,因而无须没收他的财产。

政府上诉到联邦第六巡回上诉法院,上诉法院认为特里作为共犯,应与托尼就共同犯罪所得承担连带责任,于是撤销了初审判决。其后,特里上诉至美国联邦最高法院。

2.“获得”是个人获得,不是同伙获得

本案的关键问题是第 853 节是否要求共犯承担连带责任。连带责任源于侵权法,是指当两个或两个以上被告共同导致损害,每个被告均应对全部损害赔偿金额承担责任,但原告仅有权获得一次全额赔偿。如果将连带赔偿原则适用于第 853 节中,意味着每个共犯都要为没收判决的全部金额承担责任,不仅是个人用于犯罪或从犯罪中取得的财产,还包括其他共犯取得的财产。

联邦最高法院认为第 853 节并未要求共犯承担连带责任。

第 853(a)节对没收财产的范围作出了限制。第 853 条(a)(1)节将没收的财产限定于“个人因犯罪直接或间接获得的、构成犯罪所得或源于犯罪所得的财产”(any property constituting, or derived from, any proceeds the person obtained, directly or indirectly, as the result of)。第 853(a)(2)节将没收的财产限定于“以任何方式或任意一部分用于或意图用于犯罪或帮助犯罪的资产”(property used, or intended to be used, in any manner or part, to commit, or to facilitate the commission of)。第 853(a)(3)节适用于被控涉嫌持续犯罪的组织,即共犯的

一种类型,没收的财产范围限于上述第(a)(1)款和第(a)(2)款规定的财产,且要求被告对持续犯罪组织拥有利益、诉请、财产或控制犯罪企业的合同权利。可见,第 853(a)节将没收财产范围严格限定于污点财产(tainted property)。

大法官们举了一个例子:一农民种植大麻,并在当地大学校园里销售。他找了一个学生负责派送,并从销售收入中拿出 300 美元作为月薪付给学生。一年间,农民总共挣了 300 万美元,学生收入 3600 美元。如果实施连带责任,农民和学生都要为 300 万美元的犯罪所得负责,尽管学生才获得了 3600 美元的犯罪所得。而且若实行连带责任,学生将要以其非污点财产共同承担 300 万美元的责任。

联邦最高法院还指出,条文中没收的财产仅指个人获得(obtain)的财产。这里的"获得",是指拥有(come into possession)、取得(get)或得到(acquire)。无论是词典还是通常用法,一个人"获得"的财产都不会成为同伙的财产。而且,第 853(a)(2)节和第 853(a)(3)节都限定于"个人"财产(the person's property)或"个人"利益(his interest)。虽然条文中用了"直接"或"间接"地"获得",但这些副词只是为了形容被告怎么"获得"的,关键是被告要"获得"财产的所有权。因而,按照条文文义,也仅应没收个人的犯罪所得。

3. 只允许没收污点财产,不应连带合法财产

连带责任不仅与第 853(a)节的文义不符,也与第 853 节的其他条文规定不符。第 853(c)节规定,在犯罪行为发生后,政府有权没收第 853(a)节下的财产。第 853(e)(1)节规定,为确保顺利没收,政府可申请审前冻结第 853(a)节下的财产——这两个条款一直围绕在第 853(a)节限定的财产范围内。而第 853(d)节推定,只有政府证明财产取得是在犯罪期间,且除了犯罪没有其他可能的财产来源,政府才得没收财产。这些条款不断在强化的一个概念,就是所述财产仅限于污点财产。而这与连带责任是不相容的,如果适用连带责任,被告非基于犯罪获得的非污点财产也可能被没收。

第 853(p)节是第 853 节中唯一允许政府没收非污点财产的条文,但该条款的前提是被告取得了符合第 853(a)节规定的财产,且须满足特定条件才得以没收污点财产的替代财产。国会在立法中已经预见到政府在一些情形下无法

追回污点资产。为弥补这一缺陷,国会仅授权没收获得犯罪资产且对犯罪所得灭失负有责任的被告的替代资产,却并未授权政府从其他被告或共犯中没收替代资产。由此亦可见,国会立法时并未要求共犯承担连带责任。

4. 第 853 节主要是对物之诉

美国政府主张,共犯的责任就是互相为对方可预见的、促成共同犯罪的行为承担责任;当可追踪的共同犯罪收益无法获得时,第 853 节要求共犯对共同犯罪中可预见的收益承担连带责任。

联邦最高法院否认了这一说法。因为,当可追踪的共同犯罪收益无法获得时,政府只有根据第 853(p)节才能没收被告的替代资产。除了第(p)款外,第 853 节的没收都仅针对污点财产,因而是对物之诉(in rem)。其与对人诉讼(in personam)是相互独立、互不影响的。[1] 对物之诉中,犯罪是围绕污点财产这一特定物而展开,除此之外的其他财产不应受到牵连。

因此,联邦最高法院撤销了巡回上诉法院的判决,特里保住了钱财。

---

〔1〕 在英美法中,对人之诉是依据合同之债或侵权之债向特定的人提起诉讼;对物之诉是针对特定的物主张物权的诉讼。

四

警察的有限豁免权

5.04.001 怀特诉保利
White v. Pauly
——晚来一步的警察可以开枪吗?

原 案 名:Ray White, et al. v. Daniel T. Pauly, as Personal Representative of the Estate of Samuel Pauly, Deceased et al.

判决日期:2017 年 1 月 9 日

案　　号:16 - 67

判决原文:https://www.supremecourt.gov/opinions/16pdf/16-67_2c8f.pdf

主　　笔:隐名(本判决为"*Per Curiam*",是指"全体法官一致意见"判决,这种判决没有署名,代表整个法院的立场;金斯伯格大法官单独撰写了协同意见)

判决主旨:晚来一步的警官可以合理假定其他警官之前已经履行了程序要求。

判决译述

1. 迟到的"正义"?

某雨夜,丹尼尔·保利(Daniel Pauly)在新墨西哥州的高速公路上涉嫌醉驾,被人报警。大约在 9 点到 10 点,3 名警官接警后赶到现场,发现丹尼尔已经回到其与兄长萨缪尔·保利(Samuel Pauly)的共同居所。

3 名警官讨论之后认为没有逮捕丹尼尔的合理根据,但是仍然决定去找到丹尼尔听听他怎么说,确保没发生什么事,看看他是不是喝醉了。

于是他们分头行动。两人驱车赶赴保利兄弟的居所,怀特警官(Officer White)在高架路出口处留守。不久,怀特接到无线电通知,随后也赶到保利兄弟家附近。

大约 11 点左右,保利兄弟发现了外面的警察,开始喊“你们是什么人?”“你们想干什么?”

两名警官笑着说:“嘿,你们被包围了,快点出来,不然我们要进去了。”据其中一名警官说,他们曾喊过一声:“开门! 我们是州警察! 开门!”

然而保利兄弟说,他们只听到有人喊“我们要进去了!”,却没有人听到警官们自报警察身份。于是,兄弟俩一人拿出一把枪,对警察喊了一句“我们有枪!”

随后才到达保利家门口的怀特警官刚好听到保利兄弟在屋里大喊“我们有枪!”于是他拔出枪掩蔽在离保利家的房子大约有 50 英尺远的石墙后边。

几秒钟后,他发现丹尼尔从后门出来,边大声喊叫,边开了两枪,紧接着,萨缪尔打开前边的窗户,举着枪瞄向他所在的方位。另一位警官对着萨缪尔开枪但是没有打中,于是,四五秒钟之后,怀特警官开枪把萨缪尔打死。

随后,萨缪尔的遗产执行人和丹尼尔提起诉讼,认为警察侵犯了死者依据美国联邦宪法第四修正案的“不受过度暴力侵害”的权利。

2. 一审法院:警察有诉讼豁免权吗?

3 位被诉警察提出动议,认为自己依法享有有限豁免权,从而申请法庭遣散陪审团直接做出即决判决(Summary Judgment)。

根据美国法律,刑事案件可以由陪审团和法官一同审理,其中陪审团裁定事实问题,法官解决法律问题。

此案中,如果法院承认被告享有有限豁免权,那么这就只是个法律问题,法官可以直接做出被告无罪的判决,而无须陪审团裁定事实。

经过考虑,联邦地区法院拒绝了这个动议,也就是拒绝了被告警官享有豁免权。

3. 上诉法院:应先警告再开枪

第十巡回上诉法院维持原判,并单独分析了怀特警官的行为,认为怀特并未参与枪支冲突之前的行动,也没有在现场听到其他两位警官命令兄弟俩出来的话，认为（如果此案由陪审团审理）陪审团有可能会认定被告不合理地使用了可能令人致死的过度暴力。因此，被告的动议被拒绝是合理的。

上诉法院多数法官还认为，怀特警官应当在射杀萨缪尔之前先对其进行警告，这一规则非常明确，依据是联邦最高法院 1985 年和 1989 年的两个判例（田纳西州诉加纳案[1]和格雷厄姆诉康纳案[2]）：

（1）警官使用暴力的合理性，部分取决于警官在使用暴力的当时是否处于危险之中；

（2）当嫌疑人使用武器威胁警官时，假如警官此时不对其使用致命性暴力就无法防止嫌疑人逃跑，警官可以使用致命暴力，但在可能的情况下需给予警告。

经分析，上诉法院认为，怀特警官只要不从石墙背后出来，保利兄弟就不可能射中他，因此，怀特警官必须首先警告萨缪尔扔掉武器，否则不应使用致命性暴力，这一点任何一个理性的警官在遇到同样情形时都应该知道。

该判决由 3 名上诉法院法官做出，3 位警官不服，申请重审，要求上诉法院的所有法官一起参与重审，结果 12 个法官中只有 6 人同意重审，只能作罢。

4. 最高法院：晚到场的警察可假定同事已履行程序

3 名警官继续上诉到美国联邦最高法院，最高法院认为此案重要，准许调卷。

联邦最高法院认为，当警官的行为没有侵犯到任何明确确立的法定或宪法权利时，即享有有限豁免权，这种有限豁免权对社会整体非常重要。另外，有限豁免权是免于诉讼的权利，如果一个案子被错误地允许进入诉讼，那么有限豁免权在实际上就已丧失。

因此，在过去的 5 年里，最高法院推翻了上诉法院好几个有关有限豁免权的案子。在此案中，最高法院也认为怀特警官并未违反任何明确确立的法律。

因为明确确立的法律不应当被高度概括化地定义，否则，原告将可能仅仅

---

[1] Tennessee v. Garner, 471 U. S. 1(1985).

[2] Graham v. Connor, 490 U. S. 386(1989).

通过主张某些极端抽象的权利被侵犯,而把有限豁免权规则转化为一种无限制的责任规则。

联邦最高法院认为上诉法院没能指出任何一个判例能判定与怀特警官处于相同情形下的警官被判违反了第四修正案。而上诉法院多数法官所援引的加纳案和格雷厄姆案两个判例本身过于概括化,并未确立一个明确的法律。

联邦最高法院判定怀特警官没有违反法律。作为一名理性的警官,在晚来一步加入正在进行的警方行动时,他可以假定在这之前,在场的警官已经遵守了适当的程序,如自报警察身份等。既没有明确确立的法律禁止这种假定,第四修正案及相关原则也没有要求在此类情形下,警官须就同事的先前行为做进一步猜测,因此这种假定是合理的。

最后,联邦最高法院认定怀特警官的有限豁免权成立,裁定撤销原判,发回重审。

5.04.002 加利福尼亚州洛杉矶郡诉门德斯 County of Los Angeles, California v. Mendez ——警察什么时候才可以开枪?

原 案 名: County of Los Angeles, California v. Mendez

判决日期: 2017 年 5 月 30 日

案　　号: 16 – 369

判决原文: https://www.supremecourt.gov/opinions/16pdf/16 – 369_09m1.pdf

主　　笔: 阿利托大法官(除戈萨奇大法官未参与本案的审理与判决外,其他所有大法官附议)

判决主旨: "过度使用武力"实质上主张的是执法公务人员在搜捕过程中不合理的武力使用行为本身违反了第四修正案,而非主张公务人员在实施了另一项违反第四修正案的行为(如无证入侵)之后进行了合理的武力使用。

判决译述

1. 当警察的枪声在私宅中响起

2010 年 10 月,加利福尼亚州洛杉矶郡警方负责追捕一位名叫罗尼·奥戴尔(Ronnie O'Dell)的假释犯人,该犯持有武器、并有逃脱抓捕的前科,危险度很高。据秘密情报称,奥戴尔正藏匿于加利福尼亚州兰卡斯特市的修斯女士(Hughes)家中,警方因而计划前往此地开展搜捕行动。

按计划,警方兵分两路,3 名警察从前门进入,而搜查后院的任务则由警员康利(Christopher Conley)和佩德森(Jennifer Pederson)负责。布置任务时,康利和佩德森二人被告知有一对情侣,即本案的原告门德斯(Angel Mendez)和他已怀孕的女友加西亚(Jennifer Garcia)已经住在这个小棚屋里长达 10 个月之久,但康利事后在审判中作证说他不记得此事。

当警察到达修斯女士住处并敲门时,康利和佩德森也直接来到了后门。前门的 3 名警察在告诉修斯女士警方虽没有私宅的搜查令但拥有罪犯奥戴尔的重罪逮捕令后,尽管修斯女士尚未同意他们入内,3 名警察开始强行进入前门进行搜查,但并未发现奥戴尔的踪影。与此同时,康利和佩德森也开始进入后院搜查。该住宅的后院较为杂乱,除了堆放着一些废旧的摩托车和一些金属储物箱之外,还有一个简陋的小棚屋。于是,这两位警察既未持搜查令,也未敲门通知搜捕,径直打开了后院棚屋的房门,闯入棚屋。

而此时,门德斯和加西亚二人正在棚屋中小憩。听闻门口的响动,门德斯从睡梦中惊醒。他以为进入棚屋的是房东修斯女士,遂下意识地拿起了平时用来打老鼠和昆虫的气弹枪,准备把枪放在地上起身开门。然而,这一幕正巧被康利察觉,电光火石间他猜测门德斯欲持枪袭警,便对同行的佩德森大喊:“有枪!”随即两名警员同时向屋内的门德斯和加西亚开枪。在被 15 颗子弹疯狂射击后,二人严重受伤,其中门德斯更是因右腿伤势过重,在治疗过程中不得不进行右腿膝盖以下截肢。

惨剧过后,加西亚对门德斯不离不弃,二人结为夫妻。门德斯夫妇欲为自己在警方搜捕事故中遭受的严重损失讨回公道,遂向地区法院起诉加利福尼亚州洛杉矶郡政府和警员康利、佩德森。他们根据美国宪法第四修正案,[1]提出了无证入侵(warrantless entry)、未敲门并宣告(non knock-and-announce)和过度使用武力(excessive force)3 项索赔请求,认为警方行为违宪,须因此承担赔偿责任。

---

〔1〕 美国宪法第四修正案是美国权利法案的一部分,旨在禁止无理搜查和扣押,要求搜查和扣押状的发出应有相当的理由支持。其原文为:“人民的人身、住宅、文件和财产不受不合理搜查和扣押的权利,不得侵犯。除依照合理根据,以宣誓或代誓宣言保证,并具体说明搜查地点和扣押的人或物,不得发出搜查和扣押状。”

2. 警员过度使用了武力

在地区法院,原告提出的3项索赔请求全部得到了认可。但对于前两项请求(无证入侵、未敲门并宣告),地区法院仅仅判决被告需进行名义上的赔偿。就本案而言,最后一项索赔请求——"过度使用武力"才是造成损害的决定性因素,此项主张也就成为本案的主要争议点。

在判定警方行为是否"过度使用武力"时,地区法院认为:首先,根据美国联邦最高法院1989年审判的格雷厄姆诉康纳案[1](以下简称格雷厄姆案),需要判断警员的开枪行为是否属于合理使用武力(Reasonable Use of Force);若该行为是合理的,则需要再根据联邦第九巡回法院确立的"激发规则"(Provocation Rule)来断定,是否因为某些因素的介入使原本合理的武力使用在法律上变得不合理。

依照此思路,地区法院认为:虽然警方开枪的行为是在假想生命受到威胁的情况下做出的合理的武力使用,但因为开枪之前存在故意违反第四修正案的行为,根据"激发规则",这种先前的违宪行为切断了原本的逻辑链条,使武力使用不合理。因此,地区法院判定洛杉矶郡政府和警员对"过度使用武力"的行为负责,原告应获赔400万美元。

在上诉过程中,美国联邦第九巡回上诉法院支持了原告的"无证入侵"和"过度使用武力"两项索赔请求。对于"未敲门并宣告"请求,上诉法院认为警员对此享有有限豁免权,故不予支持。在分析是否存在"过度使用武力"问题时,上诉法院基本沿用了地区法院"格雷厄姆案合理性判断+激发规则"的审判逻辑,最终得出的结论也是构成了"过度使用武力"。

作为地区法院审判逻辑的补充,上诉法院还提出了一种替代性的推理思路:即使对于警员使用武力行为合理性的判定不适用"激发规则",依据"近因理论"(Proximate Cause)的基本原理依然可以对被告归责。因为当警员在未"敲门并宣告"情形下擅自闯入民居时,就应当"合理地预见到"(reasonably foreseeable)将会面对持枪的业主,因此需要对其使用武力的行为承担责任。

被告依旧不服上诉法院的判决,决定上诉至联邦最高法院。那么,联邦最

〔1〕 Graham v. Connor, 490 U. S. 386(1989).

高法院究竟能否认可地区法院和第九巡回法院的判断思路呢?

3. 虽未"过度使用武力",索赔仍可继续

很不幸,联邦最高法院否定了下级法院对于使用武力合理性问题的认定,反对原告的"过分使用武力"主张。那么,这一结论究竟是怎样做出的呢?

(1)起决定性作用的格雷厄姆案"合理性判断"

如前所述,美国司法系统在判断警方搜捕行动是否属于美国第四修正案中禁止的"过度使用武力"时,往往会首先考察武力使用是否合理,而这种合理性判断的方法源自最高法院对格雷厄姆案的判决。

在格雷厄姆案中,最高法院认为,判断警方武力使用合理性与否,需要进行一个"客观调查",调查的重点应放在个案的案件事实以及当事人所处的情形上。基于"客观调查"的结果,法院应以一种同样处于案件现场的理性的公务人员的视角,来判断每一个武力使用的合理性。另外,格雷厄姆案所确定的对于武力使用的合理性判断是具有决定意义的。也就是说,一旦通过这种方式判定公务人员的抓捕行为是合理的,那么该武力使用就一定是合理的,任何"过度使用武力"的主张将会无效。

将上述方法适用于本案,最高法院认为,由于门德斯所持的气弹枪与微型冲锋枪相似度非常高,一个理性的警察在搜查过程中面对此情形皆会预计到自己生命已受到威胁,这时开枪属于一种合理的武力使用。

然而,最高法院为什么不支持地区法院和上诉法院所一致适用的"激发规则"呢?

(2)被否定的"激发规则"

首先,何为地区法院和上诉法院所适用的"激发规则"?

前文中对于这个规则有所提及,适用该规则可以使原本合理的武力使用由于某些介入因素而在法律上变得不合理。具体而言,公务人员因故意或鲁莽地实施某种独立的违反宪法第四修正案的行为,激发了当事人的暴力回应,在这种情形下原本合理的武力使用就失去了其在法律上的合理性。适用到本案中来,地方法院和上诉法院认为,正是因为警员康利和佩德森存在"无证入侵"或"未敲门或宣告"这样独立的违反宪法第四修正案的先前行为,才激起了门德斯

手持气弹枪的回应,所以二人的武力使用是不合理的、过度的。

然而,联邦最高法院却并不支持“激发规则”。第九巡回法院的“激发规则”已经在该法院区域外受到了严重质疑,且并不符合最高法院对于“过度使用武力”主张判定的法理。该规则最根本性的缺陷在于使用了另一种违反宪法第四修正案的行为来构造一种本不存在的“过度使用武力”主张,即“武力搜捕”之外的违宪行为有可能成为原告所提出的“过度使用武力”主张的基础。“过度使用武力”的实质是执法公务人员不合理地使用武力行为本身违反了第四修正案,而非主张公务人员在实施了另一项违反第四修正案的行为(如无证入侵)之后进行了合理的武力使用。若适用“激发规则”错误地合并了这些主张,就会允许一些本不能自身成立的“过度使用武力”主张得以实现,本案就是一个例子。

其次,作为“激发规则”的缔造者,第九巡回上诉法院也已经逐渐认识到需要对“激发规则”的适用加以限制,主要举措在于限制性的解释“激发”一词。第九巡回上诉法院认为,只有满足以下的要求,才算是“激发”:第一,独立的违宪行为必须创造了一种引起后续武力使用的“情势”(create a situation);第二,独立的违宪行为必须是出于“鲁莽”或“故意”(recklessly or intentionally)的主观意图。然而,这种限制并没有解决“激发规则”最根本的问题:一方面,“创造情势”这一说法仍然没有解释清楚适用该规则时的因果关系标准;另一方面,根据格雷厄姆先例确定的合理性判定规则采用的是“客观标准”,而此规则却着眼于当事人在实施抓捕行为时的“主观意图”,这显然是相背离的。

最后,联邦最高法院认为,没有必要将每项第四修正案的主张都归纳为“过度使用武力”主张,因为原告可以对任何违反第四修正案行为为近因而造成的损失求偿。例如,若原告在此案中无法就警员“过度使用武力”的行为求偿,其依然可以就“无证入侵”近因所造成的损失求偿。总而言之,以这两种侵权行为为近因而产生的损害有可能重叠,但对于不同违宪行为的主张则不可混为一谈。(此处提及的“近因理论”将会在后文中详细分析)

基于上述分析,第九巡回法院的“激发规则”存在法理上的问题,无法在本案中适用。

(3)“近因理论”能否成为救命稻草?

值得注意的是,在第九巡回法院的判决中,法官提出了一种替代“激发规则”适用的归责思路,即“近因理论”的适用。那么何为“近因理论”,在此案中该理论又能否得以适用呢?

在英美刑法中,近因判断是事实原因判断之后对结果可否归属于行为进行的规范性判断,其本质是一个基于价值判断的归责过程,属于因果关系判断的核心问题。“Proximate”本意是指在时间、场所、次序上最接近的,当在法律领域被用于修饰“Cause”时,是指结果在法律联系上的接近。和事实原因判断“要是没有”(but for test)规则的清晰逻辑不同,近因判断是基于“政策和公平考量”追求规范上的实质“公平与正义”。“合理可预见性标准”(reasonable foreseeability test)是近因判断的核心标准,根据该标准,当一个理性人能够合理地预见行为会引起结果的发生时,该行为便是该结果的近因。

本案中,上诉法院判定警员“无证入侵”的行为是使用武力的近因。联邦最高法院认为,近因判断需要考虑基础行为所创设的可预见风险,并需要法院确定损害与造成损害的行为之间的直接联系。然而不幸的是,第九巡回法院依旧犯了适用“激发规则”时的老毛病——将各项第四修正案的主张混为一谈。第九巡回法院仅关注到了与“未敲门并宣告”相联系的可预见风险,而这一主张已经因警员的有限豁免权而失效。相反,他们并未分析与“无证入侵”相联系的可预见风险,也没有解释原告的损失为何属于“无证入侵”行为为近因而造成的。

因此,联邦最高法院认为,有关近因的判断仍需下级法院在重审过程中重新加以判断,着眼点也应放在“无证入侵”能否作为原告求偿的近因。

最终,上诉法院的判决被推翻,本案需依照联邦最高法院的意见重新审判。然而,正如最高法院所言,即使原告无法通过“过度使用武力”为由进行索赔,依然可以根据“无证入侵”要求政府和警方对自己所遭受的损失进行赔偿。

Chapter 6

第六章　知识产权保护

一

商标法

6.01.001 马泰尔诉谭西蒙 Matal v. Simon Shiao Tam ——亚裔乐队歧视了谁?

原 案 名:Joseph Matal, Interim Director, United States Patent and Trademark Office v. Simon Shiao Tam

判决日期:2017 年 6 月 19 日

案　　号:15 - 1293

判决原文:https://www.supremecourt.gov/opinions/16pdf/15-1293_1o13.pdf

主　　笔:阿利托大法官(其中第Ⅰ部分、第Ⅱ部分及第Ⅲ-A 部分的内容,首席大法官罗伯茨及肯尼迪、金斯伯格、布雷耶、索托马约尔和卡根大法官附议,托马斯虽附议,却不同意第Ⅱ部分;其中第Ⅲ-B 部分、第Ⅲ-C 部分、第Ⅳ部分,首席大法官罗伯茨及托马斯和布雷耶大法官附议;肯尼迪大法官对观点和判决结果撰写了部分协同意见,金斯伯格、索托马约尔和卡根大法官附议;托马斯大法官对观点和判决结果撰写了部分协同意见。戈萨奇大法官未参与本案的审理和判决)

判决主旨:商标法中的禁止贬损条款违反第一修正案的言论自由条款。禁止注册冒犯他人的商标是一种观点的歧视,是对商标的言论表达而非商业表达方面的管制。

判决译述

详见 3.05.004,见本书第 210 页。

专利法

6.02.001 生命技术公司诉普洛麦格公司 Life Technologies Corp. v. Promega Corp. ——专利组件怎么算?

原 案 名:Life Technologies Corp. et al. v. Promega Corp.

判决日期:2017 年 2 月 22 日

案　　号:14 – 1538

判决原文:https://www.supremecourt.gov/opinions/16pdf/14-1538_p8k0.pdf

主　　笔:索托马约尔大法官(肯尼迪、金斯伯格、布雷耶和卡根大法官附议;托马斯和阿利托大法官对于除第Ⅱ-C 部分之外的其他部分附议;阿利托大法官撰写部分同意的附和意见,托马斯大法官附议;罗伯茨首席大法官没有参与本案的判决)

判决主旨:如果某项专利产品由多种组件组成,其"主要部分"组件应按数量标准进行判断,仅仅单个组件无法构成美国《专利法》所规制的专利产品的"主要部分"组件。

判决译述

1. 超越经营范围的生物科技

近年来,生物科技发展势头迅猛,相关诉讼也与日俱增,本案便是一个涉及生物科技专利的案例。

Tautz 是一种在法医鉴定、临床医疗以及科学研究中广泛应用的基因测试工具,其专利由普洛麦格公司(Promega Corp)所有。普洛麦格公司将该工具的专利实施权转授给了生命技术公司(Life Technologies),但二者合同中明确规定,仅允许后者生产和销售用于执法领域(以法医鉴定为主)的 Tautz。

得到授权后,生命技术公司开始组织生产 Tautz。然而,该基因测试工具的生产并非一体成型的,而是由五种组件组合而成,Taq 聚合酶便是组件之一。生命技术公司仅在美国组织生产 Taq 聚合酶一种组件,而其他四种组件则在英国生产。当在美国的子公司生产完成 Taq 聚合酶后,生命技术公司便会将其运至英国,与在英国生产的其他四种组件进行组合,最终完成成品 Tautz。

生命技术公司不满足于原合同约定的经营范围,将其生产的 Tautz 销售至临床医疗和研究机构市场。普洛麦格公司认为,生命技术公司的行为触犯了美国《专利法》(Patent Act)第 271(f)(1)节,侵犯了自己的专利权,遂向联邦地区法院提起诉讼。该诉求为陪审团支持,但这一裁决并未得到地区法院的采纳。

然而,但凡没有采纳陪审团裁决的一审判决几乎都逃不掉被上诉甚至被改写的命运。果然,在上诉程序中,联邦上诉法院持相反的态度,因此撤销了原判,改判生命技术公司构成侵权。

生命技术公司不服上诉法院判决,将案件最终上诉至美国联邦最高法院。

2. 专利保护中的长臂管辖条款

本案争议的重点是"美国《专利法》第 271(f)(1)节是否可以适用"的问题,因此在具体分析本案前,我们势必需要先了解一下美国《专利法》第 271(f)(1)节的诞生背景和内容。

在 1972 年的深南包装公司诉莱特莱姆公司案[1](以下简称深南案)中,联邦最高法院认为,依照当时的《专利法》,在美国境外制造或使用一项专利产品并不构成专利侵权。此判决意见符合知识产权高度"地域性"的特征,成为美国法院审判类似案件的指导。

但在 2007 年,美国联邦最高法院审理微软公司诉 AT&T 公司案[2]时发现,美国国会在《专利法》中新增的第 271(f)节扩大了专利侵权的范围,将美国本

〔1〕 Deepsouth Packing Co. v. Laitram Corp. ,406 U. S. 518(1972).

〔2〕 Microsoft Corp. v. AT&T Corp. ,550 U. S. 437,447(2007).

土向境外提供专利产品组件的行为也认定为侵权。这样一来,先例深南案中确立的规则就被推翻了,美国专利保护的手臂也因此伸向境外。

作为美国《专利法》中的长臂管辖条款,第271(f)节由两部分组成,一部分为本案涉及的第271(f)(1)节,其规定"如果未经授权,在美国境内组装某专利产品的组件构成专利侵权,那么如果组装地改为美国境外,只要其中构成该专利产品的'全部或主要部分(substantial portion)'的组件仍来自于美国境内,则同样构成专利侵权";另一部分则是专门规制非商品零部件的第271(f)(2)节,该条将在后文中与第271(f)(1)节进行对比分析。

那么,怎样判断专利产品的组件是不是第271(f)(1)节所规定的该专利产品的"主要部分"呢?

3. 看数量还是看质量?

在判断组件是否符合第271(f)(1)节规定的"主要部分"时,上诉法院选择了考察"主要"(substantial)这一重点词汇的含义进行判断。通过查阅权威字典,上诉法院将"主要"一词总结为"重要""必不可少"等内涵,因而认为虽涉案组件Taq聚合酶只有一个,但却符合"主要"的内涵,是构成Tautz工具必不可少的一部分,因此应当可以适用第271(f)(1)节。总结下来,这是一种依质量标准的衡量模式(qualitative measurement)。

然而,联邦最高法院则认为,对于组件是否属于"主要部分"应通过数量标准进行判断(quantitative measurement)。

首先,应当从条文字面来理解。虽然专利法并没有对"主要部分"进行解释,但根据通常理解,它可以指"十分重要的部分"或"数量很大的部分"。

其次,应当结合上下文判断。在美国诉威廉姆斯案[1]的判决中提到"根据相关联的其他相邻单词,可以更精确地理解单词的意思"。本案中含义模棱两可的"主要"(substantial)一词,也可以根据其相邻单词"全部"(all)和"部分"(portion)这两个单词来理解,而这两个相邻单词明显是数量范畴的词语,因此与之相对应的"主要"(substantial)一词,也应以数量标准进行衡量。

---

〔1〕 United States v. Williams, 553 U. S. 285, 294(2008).

再次,从整个条款结构分析,如果对于"主要部分"作质量层面的理解,那条文后半段中的"组成部分"(components)一词的出现将会显得毫无必要。从这个角度,也印证了"主要部分"当以数量标准进行理解。

最后,普洛麦格公司建议法院通过调查实际情况来对适用数量标准抑或质量标准来认定"主要部分"进行个案判断,但法院最终拒绝了这一建议,因为法院认为应从根本上解释该条文中的歧义,而不应仅仅是临时性的个案判断。

因此,联邦最高法院最终认为应当采用"数量标准"对"主要部分"进行解释。

4. 一个还是多个?

确定了对"主要部分"采用数量标准来衡量之后,紧接着需要解决的是本案第二个争议点:主要部分的组件是否可以是仅有的单个组件。

首先,判断这个问题时,联邦最高法院提出了一个最直截了当的思路:从条文字面分析,第271(f)(1)节中所有有关"组件"的用词都是复数(components),这无异暗示了只有"多于一个"组件才构成本条所述的"主要部分"的组件。

其次,第271(f)节的上下文进一步证实了上述理解的正确性。联邦最高法院认为,第271(f)节的上下两款是协调一致、共同发生效力的。作为上文提到的专利保护的长臂管辖条款《专利法》第271(f)节的一部分,第271(f)(2)节规定"如果未经授权,在美国境内组装某专利产品的组件构成专利侵权,那么如果组装地改为美国境外,只要其中任何非商品性组件(any component)是专门为用于该专利产品而制造或改装的,且来自于美国境内,则同样构成专利侵权"。[1] 倘若将上述第271(f)(1)节中的"组件"理解为包含单个组件,岂不是同第

---

〔1〕 法条原文:Whoever without authority supplies or causes to be supplied in or from the United States any component of a patented invention that is especially made or especially adapted for use in the invention and not a staple article or commodity of commerce suitable for substantial noninfringing use, where such component is uncombined in whole or in part, knowing that such component is so made or adapted and intending that such component will be combined outside of the United States in a manner that would infringe the patent if such combination occurred within the United States, shall be liable as an infringer。

271(f)(2)节中明确规定的“任何(单个)组件”相冲突？只有将“主要部分”理解为多于一个组件才可以实现上下两个条文的协调性。

但阿利托大法官和托马斯大法官对此并不认同，他们认为无法从条文中看出符合“主要部分”标准的具体数量。

5. 尘埃落定：单个组件无法构成主要部分

联邦最高法院最终确认，“主要部分”应理解为多于一个的组件，不包括单个组件，仅仅是单个组件不符合第271(f)(1)节中构成专利侵权的要求。因此，生命技术公司仅从美国供应一种组件并在境外组装的行为不构成专利侵权。联邦巡回上诉法院的判决被撤销，案件发回重审。

6.02.002 山德士公司诉安进公司 Sandoz Inc. v. Amgen Inc. ——生物原研药与仿制药之争

原 案 名:Sandoz Inc. v. Amgen Inc. et al.

判决日期:2017 年 6 月 12 日

案　　号:15 – 1039 和 15 – 1195(因双方当事人分头上诉,两案合并)

判决原文:https://www.supremecourt.gov/opinions/16pdf/15 – 1039_1b8e.pdf

主　　笔:托马斯大法官(所有大法官一致同意;布雷耶大法官撰写了协同意见)

判决主旨:生物原研药制造商与仿制药制造商之间的利益需要平衡,对相关法条的解释要严格。

判决译述

1. 生物原研药与生物仿制药之战

本案涉及药品专利,有很多概念和名词不是日常所用,所以需要先介绍一下。

“Filgrastim”是一种刺激血液中白细胞生成的生物制药。美国安进公司(Amgen)持有“Filgrastim”生产和使用方法的专利,并于 1991 年推出其品牌名为“Neupogen”的生物原研药。

生物制药与传统的化学合成药物不同,是从动物或微生物等自然和生物来源中提取的药品。美国国会于 2009 年制定了《生物制药价格竞争与创新法》(Biologics Price Competition and Innovation Act,以下简称《生物制药法》),其中第262(a)节规定生物原研药的制造商只有在证明新研制的原研药"安全、纯净、高效"之后才可能被美国食品药品管理局(Food and Drug Administration, FDA)批准销售,程序非常严格。

2014年5月,全球另一知名制药公司瑞士诺华(Novartis)旗下的子公司山德士(Sandoz)向FDA提出申请,希望推出"Filgrastim"的生物仿制药(biosimilar),以"Zarxio"为品牌名,以"Neupogen"作为参照原研药(以下简称原研药)。

生物仿制药是指与FDA已经批准的生物原研药高度相似的生物制药。根据美国《生物制药法》第262(k)节的规定,生物仿制药的制造商(以下简称申请人)不需要证明仿制药"安全、纯净、高效",只要能证明其计划推出的仿制药与之前已经取得FDA许可的原研药"高度相似"并在两者之"安全、纯净与高效"方面在临床上没有实质性的差异即可。

原研药制造商当初花费了大量时间和金钱研发新药,并且为了取得FDA的批准也历尽艰辛。现在别人却可以轻易仿制,那么原研药制造商的权利如何得到保护呢?

美国《生物制药法》规定,仿制药的申请人只有在原研药被初次批准的4年后才可以提出生产仿制药的申请,而FDA只有在该原研药被初次批准的12年后才可以许可其他公司生产其生物仿制药。这样一来,一种新型生物原研药的制造商可以享有长达12年的专有保护期以避免其他生物仿制药制造商的竞争。

因生物制药产业涉及的经济利益巨大,生物仿制药制造商与生物原研药制造商之间燃起了一场没有硝烟的战火。事实上,Zarxio于2015年3月6日成为美国历史上第一个被FDA批准上市的生物仿制药。让我们通过本判决,一览生物仿制药制造商与生物原研药制造商之间在司法领域的交战。

2. 复杂的法律机制

(1) 实体法:虚拟侵权

让我们先看一下美国国会于2009年制定的《生物制药法》中的规定。该法对于生物仿制药的申请分别规定了实体法与程序法内容。虽然非常枯燥,但是如果没有这个背景知识,那么对本案的理解就很可能会大打折扣。

实体法方面,该法承认生物原研药制造商和生物仿制药制造商之间可能会有专利侵权纠纷,因此允许双方不必等到生物仿制药上市,而在FDA批准生物仿制药的生产之前就可以对簿公堂,以解决两者之间的专利侵权纠纷。

然而,传统的专利侵权行为包括未经授权在美国境内制造、使用、要约销售或销售任何受专利权保护的发明。而在FDA批准生物仿制药制造之前,并没有产生传统意义上的专利侵权行为。因此该法规定了一种"虚拟"(artificial)侵权,虚拟侵权是指即便申请人还没有从事任何传统意义上构成专利侵权的行为,只要申请人向FDA提交了生产生物仿制药的申请,该提交申请的行为就构成虚拟侵权,相关当事人从而得以提起专利侵权诉讼。第271(e)节规定这种虚拟侵权的救济包括禁制令和损害赔偿。

(2)程序法:双方互换专利列表

美国《生物制药法》还为此提供了一个非常详细的程序。其中第262(I)节规定,FDA接受申请人关于制造生物仿制药的申请时,应通知申请人,申请人在收到该通知的20天内必须向生物原研药制造商提供其申请的副本以及生物仿制药的制造信息。经生物原研药制造商要求,申请人还可以向前者提供额外的材料,以便前者对相关生物仿制药是否会侵犯其专利权做出评估。

在收到上述材料后60天内,原研药制造商应当向申请人提供一个专利列表,把有可能被侵犯的专利都列进去,还可以写明哪些专利可以许可申请人使用。

之后,申请人可以向原研药制造商交换一个专利列表,把它认为相关的但被后者遗漏的专利补充到表里,并向后者解释其认为没有侵犯相关专利权的理由,比如,这些专利无效、不应强制执行,或者没有被侵权,或者申请人可以同意在某专利失效前暂缓销售该生物仿制药等。申请人还必须针对原研药制造商所要约许可其使用的特定专利进行回应。

在收到申请人答复后60天内,原研药制造商必须向申请人就每一项相关专利的侵权、强制执行与有效性等问题提供答辩意见。

在此之后,双方进入专利诉讼的两个阶段。

(3)程序法:专利侵权诉讼的两个阶段

在诉讼的第一阶段,双方应共同确定哪几项专利是他们愿意立即通过诉讼解决的。之后,原研药制造商必须在30天内提起诉讼。如果起诉及时且胜诉,则可依法得到救济。

当申请人对该生物仿制药初次进行商业推广(commercially marketing)时,必须提前180天通知原研药制造商。换句话说,申请人在通知原研药制造商其打算对仿制药进行商业推广的180天后即可以开始销售仿制药。

该通知一经发出,则触发诉讼的第二个阶段。凡双方在互相交换的专利列表中列出、却没有在诉讼第一阶段争辩过的专利侵权都应在第二阶段解决。

《生物制药法》不支持在此通知发出之前的确权诉讼。

由于申请人可以选择何时开始商业性推广以及何时通知原研药制造商,申请人对第二阶段的诉讼实质上拥有控制权。

在第二阶段的诉讼中,双方当事人均可提出确权要求。同时,在初次商业推广之前,原研药制造商可以请求法院颁布初步禁制令,禁止申请人在法院对专利权的有效性、强制执行力以及专利侵权等问题做出判决之前从事生物仿制药的商业推广。

假如当事人遵守上述每一步骤,那么就可以在仿制药投入市场之前解决相关专利侵权问题。

为鼓励当事人遵守上述程序,《生物制药法》规定了不遵守程序的法律后果。比如,一旦申请人没有及时向原研药制造商提供其申请副本以及制造信息,或者没能完成后续步骤,那么后者可以立即提起针对专利的侵权、有效性或强制执行力的确权诉讼。

3. 山德士公司的仿制药申请程序

2014年7月7日,FDA通知山德士其生物仿制药申请已被接受进入审核程序。次日,山德士便通知安进:(1)其已向FDA提交申请;(2)其打算在收到FDA的批准后立即推出Zarxio(预计为2015年上半年)。

山德士这么急着通知也可以理解,因为根据法律规定,山德士应该在正式进行商业推广的180天之前发出该通知,换句话说,一旦发了这个通知,理论上说,180天后山德士就可以正式推广仿制药(当然前提是山德士已经取得FDA的批准)。所以,这个通知发得越早越好。

然而,山德士随后声明其不打算按照《生物制药法》的规定向原研药制造商安进公司提供其仿制药的申请副本及制造信息,并且知会安进可以立即依法提起侵权之诉。

于是,2014 年 10 月,安进起诉山德士专利侵权,同时还主张其违反了加利福尼亚州的反不正当竞争法,因为该法禁止“任何违法的……商业行为或实践”,而违反了其他州或联邦的成文法的“商业行为或实践”就是“违法”。

安进声称山德士实施了“违法”行为,因为:

(1)山德士未能依法向安进提供仿制药的申请和制造信息;

(2)也未依法在 FDA 批准其申请后才向安进发出通知,而是在 FDA 批准之前就发出商业推广的通知。

由此,安进请求法院颁发禁制令,强制要求山德士提供申请副本和仿制药的制造信息,并强制要求山德士在 FDA 批准其申请之后再向安进发通知——这也可以理解,作为原研药制造商,安进当然希望山德士销售生物仿制药的时间越晚越好。

山德士则提出反诉,请求法院确认:(1)涉案专利无效、未被侵权;(2)山德士没有违反《生物制药法》的规定。

当案件尚在联邦地区法院进行审理时,FDA 批准了仿制药 Zarxio 的生产,山德士随即向安进再次提供了商业性推广的通知。案子从联邦地区法院打到联邦巡回上诉法院,最终山德士和安进双双上诉到美国联邦最高法院。

4. 摆在联邦最高法院面前的两大问题

(1)禁制令问题

第一个问题是,要求申请人向原研药制造商提供申请材料副本及制造信息的要求是否可以通过禁制令来强制执行?

联邦最高法院依联邦法和州法分两种情形进行了分析。

法院认为,《生物制药法》的第 262(l)(9)(C)节规定的对申请人未能提供申请和制造信息的救济是,原研药制造商可以虚拟侵权为诉由,提起确权之诉。该救济办法排除了所有其他的联邦救济办法,包括禁制令救济。

关于州法,最高法院拒绝对相关争议作出最终裁决,而将此问题发回联邦巡回法院重审,让下级法院根据州法决定是否可颁布禁制令。

(2)通知时间问题

第二个问题是,申请人是否必须在取得 FDA 批准其生产生物仿制药之后,而非之前,通知原研药制造商。换句话说,申请人在 FDA 批准其生产生物仿制药之前发出的通知是否有效。

之所以有此之争,主要是因为申请人必须在发出通知的 180 天之后才能对仿制药进行商业推广,这 180 天从哪天起算,对原研药制造商至关重要。

《生物制药法》第 262(l)(8)(A)节规定,申请人"应在对依照第(k)款被批准的生物制药的商业性推广首日前至少 180 天向原研药(参照药)制造商发出通知"。[1]

对此,联邦巡回法院认为,申请人在通知原研药制造商时,其仿制药申请必须已经被 FDA 批准。

然而,联邦最高法院则认为,"依照第(k)款被批准的生物制药的"修饰的是"商业推广"而不是"通知"。该条中的"被批准的"仅反映出在"商业推广首日"产品必须"被批准"的事实。

所以,申请人既可以在收到 FDA 的批准之前,也可以在收到 FDA 的批准之后向原研药制造商发出通知。

另外,法院认为,该法中存在其他条款明确规定了双重时间要求,而国会却没有在第 262(l)(8)(A)节中使用与之类似的句子结构,这表明国会并没打算针对该条项下的通知实施双重时间要求,从而确认了上文中的文义解释,认为山德士可以在 FDA 批准之前就其仿制药 Zarxio 的商业推广通知安进公司。

5. 最高法院的决定

最终,最高法院判定:

首先,安进公司要求法院强制命令山德士提供仿制药申请副本及其制造信息,在联邦法律层面无法可依,但这样一个禁制令根据州法是否可以颁发,需要下级法院重审决定。

---

〔1〕 法条原文:The applicant shall provide notice to the reference product sponsor not later than 180 days before the date of the first commercial marketing of the biological product licensed under subsection(k)。

其次,山德士公司在 FDA 尚未批准其仿制药的申请之前就急吼吼地给安进公司发出通知,想尽快启动将仿制药进行商业推广的 180 天的等候时间的做法,法律并无禁止。

同时,布莱恩大法官撰写了协同意见。他认为,联邦最高法院对案件所涉成文法中的词语作出的解释是合理的解释,因此他附议:国会已默示授权 FDA 对那些词语进行解释;如果 FDA 在实施《生物制药法》过程中积累了丰富的经验,并认为与此不同的解释会更好地服务该法目的,那么 FDA 可以有权偏离或修改今天的解释,尽管最高法院现在无须对此作出任何判决。

从本案来看,在平衡生物原研药制造商与仿制药制造商的利益之间,联邦最高法院似乎稍微偏向了仿制药一些。对于普罗众生而言,这也许是件好事。

6.02.003 印象制品公司诉利盟国际公司 Impression Products v. Lexmark International ——专利权用尽情形的纠偏

原 案 名:Impression Products,Inc. v. Lexmark International,Inc.

判决日期:2017 年 5 月 30 日

案　　号:15 – 1189

判决原文:https://www.supremecourt.gov/opinions/16pdf/15 – 1189_ebfj.pdf

主　　笔:首席大法官罗伯茨(肯尼迪、托马斯、布雷耶、阿利托、索托马约尔和卡根大法官附议;金斯伯格大法官另行撰写部分协同、部分异议的意见;戈萨奇大法官未参与本案的审理和判决)

判决主旨:专利产品一经售出,即用尽了产品的所有专利权。专利权用尽不仅适用于美国境内销售,同样适用于境外销售,且不受合同条款的限制。

判决译述

1. 利盟公司墨盒遭侵权

利盟国际有限公司(以下简称利盟公司)是一家设计、生产、销售打印机和打印机墨盒的美国公司,客户遍布美国国内外。它拥有多个墨盒组件和使用方式的美国专利。利盟公司提供两种销售方案给客户,一种是不附带任何限制的情况下,客户全款购买墨盒;另一种是通过利盟公司的“回收计划”,客户以原价8 折的优惠价格购买墨盒时,需要签署合同,答应一次性使用墨盒,而且不会将墨盒转卖给其他人,只能交给利盟公司回收。

一些再生产公司从美国消费者手中收购空的利盟公司墨盒,包括回收计划中那些本来应该给利盟公司回收的墨盒,填充自己的墨粉后重新销售。它们对销往海外的利盟公司墨盒也进行同样的操作并进口到美国销售。利盟公司忍无可忍,将这些再生产公司以侵犯专利权为由告上法庭,其中包括本案的当事人,印象产品有限公司(以下简称印象公司)。

2. 巡回法院判利盟胜诉

利盟公司提起的诉讼针对两类墨盒:第一类是利盟公司在美国境内通过回收计划销售的墨盒。利盟公司认为已经明文禁止再次使用和销售这些墨盒,所以印象公司在翻新和销售墨盒的时候已经侵犯了利盟公司的专利权。第二类则是印象公司进口到美国的利盟公司在境外销售的所有墨盒。利盟公司认为公司从未授权任何人进口这些墨盒,所以印象公司的这个行为已经侵犯了它的专利权。

联邦巡回法院支持了利盟公司所有的诉讼请求。首先,就利盟公司在美国境内通过回收计划销售的墨盒,联邦巡回法院认为专利权人可以销售某产品并通过合同中的明确条款和专利权侵权诉讼保留其对该产品的合法销售限制。因为印象公司事前已经了解利盟公司的相关限制,且这些限制并没有违反任何法律,利盟公司没有用尽其专利权,可以起诉印象公司侵犯其专利权。另外,就利盟公司在境外销售的墨盒,联邦巡回法院认为,专利权人在境外销售其专利产品并不会用尽其专利权。利盟公司因此可以对印象公司进口墨盒的行为进行专利权侵权诉讼。

3. 最高法院意见相反

(1)回收计划中的墨盒用尽了专利权

联邦最高法院认为,当一个专利权人决定要出售某专利产品时,不管他在出售时对该产品进行了什么样的限制,一旦出售,根据专利权用尽原则,专利权人的专利权就已经用尽。所以,在本案中,利盟公司与其客户签署的合同尽管已经明文禁止了重复使用和转售,而且根据合同法,这样的限制确实也可以执行,但该合同约定的限制仅限于利盟公司和与其直接签订买卖合同的客户之间,并不会为利盟公司保留对已经出售了的产品的专利权。

专利权用尽原则(Patent Exhaustion)是对专利权人行使专利权的重大限制。专利法通过保证创造者对他们的创造发明的报酬来推动创新。一旦专利权人出售了他的专利产品,他就获得了给予专利的报酬,那专利法就不再为限制使用和享受该产品提供法律依据。如果允许专利权人在销售后对该产品继续进行限制,那就违反了普通法下禁止限制财产转让原则。这个原则是专利权用尽的基础。

联邦最高法院在广达电脑公司诉LG电子公司案[1]的判决中已经明确了尽管专利权人在销售产品时进行了明确的合法限制,专利权人也不会保留该产品的专利权。换句话说,当专利权人通过合同与购买者进行了约定,限制购买者使用或销售该产品,在合同法上或许有效,但是在专利侵权诉讼中毫无作用。这个先例为本案提供了答案,利盟公司不能通过签订合同以保留专利权来对印象公司发起专利权侵权诉讼,因为一旦利盟公司将这些墨盒销售出去了,专利法下的权利就已经全部用尽。

另外,联邦最高法院指出联邦巡回法院犯了两个逻辑错误:其一,专利权用尽并非是在销售时推定的附带授权,它本身就是对专利权人权利范围的限制。专利法赋予专利权人有限的排他性权利,专利权用尽原则是对这种排他性权利的抑制。购买者之所以有权利使用、销售或进口该产品,就是因为他所购买的是该产品的所有权,而不是从专利权人处购买的授权。其二,专利用尽与专利许可之间存在区别。前者是针对专利产品出售后,根据该产品所有权所享有的权利不应受到专利法的限制;而后者则是对于专利权人所享有的专利权利的让渡。如果专利许可中禁止被许可人出售专利产品,那么被许可人出售专利产品以及买受人购买专利产品的行为侵犯了专利权人的专利权。但如果被许可人被许可出售专利产品,那么该产品一经出售,则专利权人的专利权同样被用尽了。

一旦专利权人决定出售其专利产品,专利权用尽的标准就应被统一且自动

---

〔1〕 Quanta Computer, Inc. v. LG Electronics, Inc. ,553 U. S. 617,625(2008).

地适用于该出售行为,无论是自行出售还是授权他人出售,也无论专利权人是通过专利许可还是其他方式对出售后的专利产品进行限制,出售行为本身就导致其专利权被用尽了。

(2)海外销售也同样用尽了专利权

就利盟公司所诉的第二个产品,印象公司从海外收购并进口到美国的利盟公司墨盒,最高法院认为利盟公司不能就这些产品对印象公司进行专利权侵权诉讼。因为在专利法下,在美国境外经过授权的销售与在国内销售一样,也已经将产品的专利权用尽。

关于知识产权的国际用尽问题是在著作权法下提出的。根据首次销售原则(First Sale Doctrine),当一个版权拥有者将其合法创作的作品销售给其他人,他就失去了限制购买者对该作品"销售或其他处置该作品的行为"的权利。在基尔特桑诉威利公司案[1]中,联邦最高法院就作出过判决,首次销售原则适用于作品的海内外销售。归根结底,首次销售原则的基础就是普通法下的禁止限制财产转让原则。因为这个原则并未提到地理差异且著作权法也没有对地理差异进行特殊说明,所以法院认为首次销售原则适用于海外销售。

将专利权用尽原则适用于海外销售是一个当然的决定,因为专利权用尽的基础也是禁止限制财产转让原则,而且最高法院也没看出专利法中,国会意图将专利权用尽的适用范围限制在境内销售上。而且最高法院认为区别专利权用尽和著作权首次销售原则是没有意义的,因为这两个原则之间的差别非常细微且许多产品可以同时受专利权和著作权保护。

利盟公司在诉讼中辩称境外销售没有用尽专利权的原因是因为专利法的属地原则,在美国能够受到专利法保护不代表它能在美国以外的地方受到保护。既然如此,也不能保证公司能够就其销售的产品收到美国专利法所保证的报酬。没有收到应有的报酬,那公司就没有用尽专利权。但是联邦最高法院不认可利盟公司关于属地原则的辩解。著作权法和专利法一样都是属地主义,没有域外效力,而且地理上的限制不足以支持利盟公司的主张。更重要的是,专利权用尽的触发机制为:专利权人决定将产品以一个他认为合适的价格出售。

---

〔1〕 Kirtsaeng v. John Wiley & Sons, Inc., 568 U.S. 519, 538(2013).

专利权人可能没有办法以统一价格在美国境内外进行销售,但是专利法从来都没有对产品的定价进行保证。相反,专利法仅仅保证了专利权人出售产品时,该产品不再受其专利独占控制时能够获得报酬,而且只要专利权人觉得报酬的数额是可接受的就行。

联邦最高法院在伯施诉格拉夫案[1]中的判决并非如利盟公司所辩称的那样,将所有的境外销售从专利权用尽中排除。判决仅仅是指出,当专利权人没有参与境外销售交易中,那他的专利权就没有用尽,这反而强化了联邦最高法院的立场,即只有专利权人可以决定是否销售产品,一旦销售了该产品,那专利权即用尽。

(3)海外销售如果明文保留专利权呢?

最后,美国政府提出了一个折中的立场:海外销售时会用尽专利权,除非专利权人明文保留了这些权利。这个明文保留规则(express-reservation rule)是基于这样一个观点:一般情况下,海外买家会希望能够自由地使用和转售产品,所以应该推定专利权人权利用尽。长期以来,下级法院都允许专利权人通过明文方式保留他们的权利,所以现在应该沿用这种做法。

但是联邦最高法院认为,每个下级法院都有不一样的做法,所以并不能为明文保留规则提供任何法律基础。而且明文保留规则背后的理论错误地聚焦在交易中专利权人和购买人的期待上。专利权用尽的适用,要解决的并非买卖交易当事人的问题,因为这个问题可以通过参与各方所签署的协议来解决。联邦最高法院再次重申,之所以有专利权用尽这个原则,就是因为对一个已经在市场上流通的销售产品附上专利权会违反禁止限制财产转让原则。所以,合同限制和地域限制与专利权用尽并不相关,真正有关的是,专利权人作出销售的决定。

最高法院撤销判决,将案件发回上诉法院,按照联邦最高法院的意见重审。由此基本可知,杂牌公司可以利用回收到的专利墨盒,填充自己的墨粉后出售获利。

---

〔1〕 Boesch v. Gräff, 133 U. S. 697(1890).

6.02.004　三星电子诉苹果公司

Samsung Electronics Co. v. Apple Inc.

——零部件也有法律地位

原 案 名:Samsung Electronics Co. v. Apple Inc.

判决日期:2016 年 12 月 6 日

案　　号:15 - 777

判决原文:https://www.supremecourt.gov/opinions/16pdf/15-777_7lho.pdf

主　　笔:索托马约尔大法官(全体大法官一致同意)

判决主旨:三星手机的部分零部件侵犯了苹果的外观设计专利,三星并不一定就出售整个手机所获利润进行赔偿,因为零部件也可以独立成为美国《专利法》第 289 节中的"制品"。

判决译述

1. 关于外观设计

根据《美国联邦法典》第 35 编第 289 节(《专利法》第 289 节,以下简称第 289 节)的规定,如有下列行为且未获得专利权人授权的,侵权人应当将其因出售侵权制品所获得的所有利润赔偿给专利权人,且赔偿金额应不少于 250 美元:

(1)出于销售的目的,而将外观设计专利或与外观设计专利容易发生混淆的设计,运用到任何制品(article of manufacture)上;

(2)销售或为销售而展示运用了外观设计专利或运用与外观设计专利容易发生混淆的设计的制品……

上述赔偿规则也是经历过历史演变而来。《1842年专利法》规定可获得专利的设计应当能够赋予制品独特的外观。联邦最高法院以一般人是否能够注意到不同产品间的区别,来判断外观设计是否被侵权。

在1885年的时候,联邦最高法院将侵权的赔偿额限定在被侵权人所遭受的损失之内,而下级法院在多布森诉哈特福德地毯公司案[1](以下简称多布森案)中则判决侵权人按照所获利润进行赔偿,但联邦最高法院撤销了下级法院的判决,要求必须证明侵权人所获利润系因侵犯外观设计所得,被侵权人才能获得该部分利润金额的赔偿。

到了1887年,为了回应上述多布森案,国会设立了针对外观设计的特别赔偿,新的法条规定了未经同意制造或销售具有外观设计专利的制品属于违法行为,并规定了赔偿数额至少大于250美元,或者是侵权人所获的利润。后来,《1952年专利法》沿用了这一表述。

2. 三星抄苹果

苹果在2007年发布第一代智能手机iPhone时,就已经为许多外观设计申请了专利,其中包括:带有圆形四角的黑色长方形手机背面(专利号D618,677)、带有圆形四角且边缘凸起的长方形手机背面(专利号D593,087)、黑色屏幕上的16个彩色图标(专利号D604,305)等。

由于三星出品的一系列智能手机酷似iPhone,苹果发起诉讼,认为三星侵犯了其所享有的上述专利权利。一审中,陪审团认定三星的智能手机构成侵权。法院因此判决三星赔偿苹果3.99亿美元,这个金额系三星出售的侵权手机所获的所有利润。

三星为此提出上诉,主张自己只是侵犯了苹果手机的部分零部件,如手机外壳,因此赔偿范围应当限于所侵权的范围。联邦巡回上诉法院驳回了三星的上诉请求,认为消费者不可能买不带外壳的手机,而是购买整个手机,因此认为被指控侵权的手机整体才能被认定为第289节中的"制品",并维持了一审判决。

三星不服,上诉到美国联邦最高法院。

---

〔1〕 Dobson v. Hartford Carpet Co.,114 U.S. 439(1885).

3. 联邦最高法院:不要拿零部件不当回事儿

联邦最高法院的大法官们认为,依据第 289 节规定来确定赔偿金额,通常分两个步骤,第一步是要明确侵权设计被运用到哪些“制品”上,第二步才是计算侵权人因此所获的利润。

“制品”有两种:一种是单一零件的产品,如餐盘;还有一种是多零件的产品,如厨房烤箱。而本案唯一的争议焦点是,对于一个多零件产品,前述规定中的“制品”只能是最终的产品整体,还是产品的零件也可以被认定为“制品”。

根据权威词典中的释义,“制品”(article of manufacture)中的“品”(article)是指某样东西。“制”(manufacture)是指通过手工或机器对原材料进行加工、转化。“制品”就是指用手工或机器制造的东西。因此,“制品”的范围之广足以将产品的零部件包含其中。大法官们认为,这样的定义与《美国联邦法典》第 35 编第 101 节、第 171 节对于“制品”的定义一致。

而上诉法院拒绝将第 289 节的侵权金额限定在被侵权的手机零部件范围内,认为只有整个手机才能作为该规定中的“制品”,是将“制品”的范围限缩了,这不符合第 289 节规定的本义。

双方当事人还希望联邦最高法院进一步认定本案中侵犯外观专利的究竟是整部手机还是手机的零部件。联邦最高法院认为,由于本案中的材料中看不出双方对此问题的阐述,因此拒绝就此作出裁判。

最终,联邦最高法院撤销了上诉法院的判决,并要求下级法院按照本案确定的意见重审。

6.02.005 SCA卫生用品公司诉顶级婴儿用品公司 SCA v. FQ LLC ——拖延症要不得

原 案 名:SCA Hygiene Products Aktiebolag v. First Quality Baby Products, LLC

判决日期:2017年3月21日

案　　号:15 – 927

判决原文:https://www.supremecourt.gov/opinions/16pdf/15-927_6j37.pdf

主　　笔:阿利托大法官(罗伯茨、肯尼迪、托马斯、金斯伯格、索托马约尔和卡根大法官附议;布雷耶大法官撰写异议意见)

判决主旨:"懈怠"是一种衡平法抗辩事由,只能填补法律的漏洞。如果法律已经明确规定了诉讼时效,且诉讼是在该时效内提起,那么当事人就不能再用"懈怠"这一事由进行抗辩了。

判决译述

详见4.05.001,见本书第307页。

6.02.006 TC 哈特兰德公司诉卡夫食品集团品牌公司 TC Heartland v. Kraft Foods Group Brands ——一次对"专利流氓"的沉重打击

原 案 名:TC Heartland LLC v. Kraft Foods Group Brands LLC

判决日期:2017 年 5 月 22 日

案　　号:16 - 341

判决原文:https://www.supremecourt.gov/opinions/16pdf/16-341_8n59.pdf

主　　笔:托马斯大法官(除戈萨奇大法官未参与本案的审理与判决外,其余所有大法官均附议)

判决主旨:专利诉讼管辖条款是一项专门适用于专利诉讼的独立规定,其内容不受一般诉讼管辖条款的影响,也不因一般诉讼管辖条款的变动而变动。在专利诉讼中,被告公司住所地为公司注册地,管辖法院应依此确定。

判决译述

详见 1.01.004,见本书第 20 页。

三

著作权

6.03.001 星体育公司诉校队牌公司 Star Athletica v. Varsity Brands ——实用品中的艺术特征能否获得著作权保护?

原 案 名: Star Athletica, L. L. C. v. Varsity Brands, Inc. , et al.

判决日期: 2017 年 3 月 22 日

案　　号: 15－866

判决原文: https://www. supremecourt. gov/opinions/16pdf/15－866_0971. pdf

主　　笔: 托马斯大法官(首席大法官罗伯茨和阿利托、索托马约尔、卡根大法官附议;金斯伯格大法官撰写协同意见;布雷耶大法官撰写异议意见,肯尼迪大法官附议)

判决主旨: 并非只有独立存在的艺术作品才能享有著作权保护。蕴含于实用品设计中的艺术特征,若能够通过《著作权法》中规定的"可分离性"测试,也可以成为著作权保护的对象。

判决译述

1. 小队服引起大争议

工业设计与著作权是一对互斥的概念吗?

众所周知,传统意义上著作权保护的对象是作品而非工业设计,后者往往与专利权相联系。然而实践中,当一项工业设计中包含着某些艺术特征的时候,二者便会存在交叉。对于这些蕴含于实用品设计中的艺术特征,美国国会通过《1976 年著作权法》第 101 节给予了有条件的保护:"一项实用品的外观设计,若其中的某些绘画、图形或雕塑特征,可以与该实用品之实用功能相分离而被辨识,且能够独立于该实用品之实用功能而存在,那么这些特征就可以作为艺术作品而受到著作权保护。"[1]

本案校队牌公司,是一家从事啦啦队队服设计、生产和销售的企业,十分注重设计创新和知识产权保护。该公司拥有 200 多项已通过著作权登记的平面设计,这些设计中包括线条、人字条纹和彩色形状的组合等,并运用于该公司所生产的啦啦队队服上。

近年来,校队牌公司在市场调研中发现,同业竞争者星体育公司所销售的啦啦队制服抄袭了其拥有的 5 项设计(如图 1 所示),遂以星体育公司侵犯著作权为由向联邦地方法院提起了诉讼。

图 1 啦啦队制服设计

然而,联邦地方法院并未支持校队牌公司的观点。地方法院认为,校队牌公司的平面设计本身就是为展现服装是啦啦队制服,无论在观念上还是实质上都不符合《著作权法》第 101 节所规定的"与制服功能相分离而独立存在"这一条件,因此无法得到著作权保护。

[1] 原文:"Pictorial, graphic, or sculptural features" of the "design of a useful article" eligible for copyright protection as artistic works if those features "can be identified separately from, and are capable of existing independently of, the utilitarian aspects of the article"。

校队牌公司视其设计如珍宝,岂能善罢甘休,故上诉至联邦第六巡回上诉法院。这一次的判决结果没有让校队牌公司失望,上诉法院否定了地方法院的观点,认可了啦啦队制服中的图案设计"能够与制服本身相分离,并且可以独立地存在于其他类型的服装之上或者以其他类型的艺术形式出现"。因此,涉诉的平面设计符合美国《著作权法》第 101 节规定的受著作权保护的条件,故星体育公司侵犯了校队牌公司的著作权。

星体育公司不服上诉法院的判决,最终将案件上诉至美国联邦最高法院。

2. 如欲受保护,必须"可分离"

(1)追根溯源:跳舞小人和"可分离性"测试

现今美国《著作权法》第 101 节中的"可分离性"测试,可以追溯到 1954 年美国联邦最高法院审理的马泽尔诉斯坦案[1](以下简称马泽尔案),当时美国适用的还是 1976 年《著作权法》的前身——1909 年《著作权法》。

该案的原告设计了一款华丽的跳舞小人小雕像并获得了著作权。这款小雕像还能用来安装电灯丝、插座和灯罩等零部件,作为台灯的灯座。因此,著作权人在单独出售小雕像的同时,还把小雕像作为灯座出售。该案的被告未经原告同意,擅自仿制了该款"跳舞小人"小雕像,并且将灯泡安装在小雕像上一并出售。被告认为作为灯座的小雕像不应受著作权保护。

针对马泽尔案中的争议,联邦最高法院结合美国版权局的规定对 1909 年《著作权法》进行了解释:作者是否对作品享有著作权,与该作品最初是作为一件独立的艺术作品、还是作为一种实用品(灯座)设计中的艺术特征无关。如果某种设计中的艺术特征能够与实用品相分离,作为受著作权保护的绘画性、图形性或雕塑性作品独立存在,那么无论该作品最初是否只是蕴含于实用品中的艺术特征,都应自始至终受著作权保护。

此后,国会参照该案判决,制定了 1976 年《著作权法》第 101 节,将"可分离性"测试正式引入了著作权法的世界。

自然有人会质疑:立体的"跳舞小人"和平面的"队服图案"能是一回事吗?

---

[1] Mazer v. Stein, 347 U. S. 201, 214(1954).

(2)平面设计就无须“可分离性”测试吗?

本案中校队牌公司认为,啦啦队制服上的平面设计具备“固有的可分离性”(inherently separable):因为“二维平面设计”仅仅是“附在实用品上”,而非“实用品的设计”,通常情况下和实用品是可分离的。因此,甚至不需要对这种设计进行“可分离性”测试,就可以直接予以著作权保护。

联邦最高法院对此不予认同。在它看来,《著作权法》第 101 节中的“可分离性”测试适用于“任何实用品上的设计”。其中的“设计”一词是指“用于装饰实用品的艺术特征组合”,而“艺术特征”则既包括二维的“绘画性”“图画性”特征,又包括三维的“雕塑性”特征。从条文整体角度看,无论是二维还是三维特征,如欲作为艺术作品受到著作权保护,必须满足的条件便是通过“可分离性”测试。

因此,无论是三维立体设计,还是二维平面设计,都不存在所谓“固有的可分离性”,只要判断的对象是实用品上的设计,“可分离性”测试是必需的。

(3)怎样判断实用品艺术特征的“可分离性”?

既然“可分离性”测试是必要的,那么怎样进行这个测试呢?

2013 年,联邦最高法院在审理马拉西奇诉斯皮尔斯案[1]时总结道:“在条文含义不确定时,不应仅仅局限于某一具体条文做判断,而是要放眼整部法律。”基于这一解释规则,联邦最高法院放眼整部《著作权法》,对如何实施第 101 节中规定的“可分离性”测试进行了分析。

从该法第 101 节原文看,该条规定的“可分离性”测试包括两个要求:区分辨认(separate identification)和独立存在(independent existence)。

实践中,第一个要求是很容易满足的,只要法官能从实用品中发现一些二维或者三维的要素满足“绘画性、图形性或雕塑性”特征,那么便满足“区分辨认”要求。然而,第二个要求,也就是“独立存在”,则通常难以满足。假设接受测试的“艺术特征”与实用品相分离,若这种特征仍能够以体现自身特征的作品(如以一幅画或一尊雕塑)的形式独立存在,那么该特征将满足“独立存在”要求。需要注意的是,“独立存在”的前提是“体现自身特征”,所以实用品的艺术

---

〔1〕 Maracich v. Spears, 570 U. S. ___ (2013).

特征不能本身就是一种实用品、实用品的一部分或仅仅是一种实用品在其他载体上的呈现。此外,不能因为实用物品可以通过其他媒介进行复制就能因此获得著作权,如将真实汽车做成汽车模型,虽然汽车模型本身可以受著作权保护,但这个模型并不能使原型汽车本身获得著作权。

《著作权法》的上下文亦可印证此种分析逻辑。《著作权法》第106(1)节规定:"著作权人拥有复制著作权作品的权利,这种权利是排他的。"在第113(a)节中,这种"复制权"被进一步诠释:"这种权利包括将著作权作品复制到实用品或其他任何形式的物品上的权利。"可以说,该法第113(a)节与本案所涉及的第101节属于"镜像关系"(the mirror image):该法第101节用来保护的是首先被固定在实用品上的艺术作品;而该法第113(a)节则是用来保护首先被固定在实用品以外的有形载体上,后来又被适用于实用品上的作品。两个条文互相呼应,共同阐明了一个原理:绘画性、图形性或雕塑性的艺术作品,无论最初是作为独立的艺术作品出现、还是作为实用品上的艺术特征存在,都可以受到著作权保护。

3. 队服上的图案受著作权保护

(1)"可分离性"测试的适用

将上述"可分离性"测试标准适用于本案,联邦最高法院认为,一方面,校队牌公司在啦啦队队服上的平面设计可以作为图形性、绘画性的二维艺术特征被区分辨识;另一方面,如果这些艺术特征以其他形式呈现,如被画家画在画布上,则会构成独立存在的二维艺术作品。而且,即使是这些艺术特征从啦啦队队服中分离出来,被应用到其他载体(其他款式的服装等)上,也不会被当作啦啦队队服的复制品。

因此,联邦最高法院总结道,校队牌公司在啦啦队队服上的设计是既能被区分辨识,又能作为艺术作品独立存在的,可以通过第101节规定的"可分离性测试",属于著作权保护的对象。

(2)一石激起千层浪

可以说,托马斯大法官主笔的判决意见走到这一步已经基本清晰且有逻辑地解答了案件的核心问题。然而,被告还是抓住了一些细节进行了反击。

星体育公司主要认为:第一,若依照"可分离性"测试将队服上的设计与队服本身分离、呈现在其他载体上,那么仍会保留队服的轮廓、形状,并没有作为独立的艺术作品存在。第二,第 101 节所保护的"艺术特征"应当是纯粹的,若将这种特征从实用品中移除,实用品需仍保留相似的实用性。然而很难想象本案涉及的啦啦队队服,在失去艺术特征成为一件空白队服后,依然能作为啦啦队队服继续存在。第三,本案应当适用最高法院曾经对下级法院发布的两条指导意见:一是设计元素是否可以反映出设计者独立的艺术判断;二是绘画、图形或雕塑特征是否在没有实用功能的情况下仍然可以在一些重要的社区中有销售市场。

另外,国会并没有将工业设计纳入著作权保护的行列,其潜在意图是这两者应该是相互排斥的。

针对上述观点,联邦最高法院进行了逐一回应:

首先,通过"可分离性"测试受到《著作权法》第 101 节保护的是实用品上的设计及其艺术特征,而非实用品的形状、剪裁等。即使原告通过本案获得著作权保护,其范围也不能扩展至禁止其他公司生产相同形状、剪裁的服装。

其次,该法第 101 节检测的是艺术特征的"可分离性",对于艺术特征移除之后实用品的实用性并没有过多关注,因此并不禁止增加实用品的实用性的艺术特征。

再次,本案的争议焦点是如何认定校队牌公司的设计是否应受到保护,而不是审查争议设计是如何或为什么如此设计,而且著作权是否能够得到保护不能取决于作品是否有销售市场。本案并不能适用之前的指导意见。

最后,联邦最高法院在解释法律时的原则之一是"国会没有明确表示的情形,并不具有说服力"。也就是说,被告不能单纯从国会无"明示"推断出国会有意禁止。相反,国会在第 101 节和第 113(a)节中的规定,恰恰说明了工业设计和著作权并非互斥关系,针对工业设计中的艺术特征,《著作权法》是给予了有条件保护的。

因此,被告的观点很难撼动最高法院的审判逻辑和判决结果。

(3)法律界的观点并非唯一

然而,在这个案件中,对于适用法条和案件事实,不仅有当事人的质疑,各位大法官也存在了诸多不一致的解读，但每一种解读似乎又都有理有据、逻辑清晰。这思维的碰撞，仿佛更彰显出大法官们的司法魅力。

分歧意见大致可以归为两类：

第一类是支持本案判决结果，但不支持审判逻辑的。这一类以提出协同意见的金斯伯格大法官为代表，她认为校队牌公司在啦啦队队服上的设计最初便是一种艺术作品，而且该公司为这种设计申请了著作权保护，之后才经过"复制"应用到队服、T恤和夹克衫上作为实用品的一部分。因此，这类设计自始至终不需要考虑该法第101节规定的"可分离性"测试，而是应该直接根据第113(a)节规定，对应用到实用品上的艺术作品加以著作权保护。这种观点与校队牌公司所阐述的"固有的可分离性"似乎很相似。

第二类质疑则是从根本上反对本案的判决结果，认为队服上的设计不应该获得著作权的保护。这类质疑主要来自撰写异议意见的布雷耶大法官以及附议的肯尼迪大法官，他们所持的观点为：队服上的设计无法与队服本身相区分，无法作为艺术作品被辨识。因为从当事人所提供的设计图来看，包含领口、衣袖、服装剪裁的细节，甚至模特着衣后的效果，而不仅仅是绘画、图形等。因此，无论是从实体上还是观念上，队服的设计都是与队服剪裁、形状同时存在的，故无法与队服本身所区分辨认。为了进一步阐明自己的观点，布雷耶大法官形象地举例道："若将队服设计的艺术特征从队服中移除，在画布上重新呈现，那么新出现的并非艺术作品，而将又是一件啦啦队队服。""单纯将实用品在其他载体上复制，无法受到著作权保护"是最高法院一贯的审判原则，两位法官所担忧的是这一原则会因该判例而被颠覆。

对同样的案件事实，不同的法官会有不同的理解，同一法条也往往会存在各异的解读。只有更有说服力的真理，而非绝对和唯一的真理。

(4) 尘埃落定

最终，联邦最高法院确认了上诉法院的审判结果，校队牌公司在啦啦队制服中的平面设计得以受到著作权保护。

Chapter 7

第七章　经济法

一

金融证券

7.01.001　肖诉美国

Shaw v. United States

——匹诺曹狡辩中的神反转

原 案 名:Lawrence Eugene Shaw v. United States

判决日期:2016 年 12 月 12 日

案　　号:15 – 5991

判决原文:https://www.supremecourt.gov/opinions/16pdf/15-5991_8m59.pdf

主　　笔:布雷耶大法官(本判决全体大法官一致通过)

判决主旨:银行与储户之间的关系更类似于受托人与寄托人之间的关系。银行作为受托人,对银行储户的存款享有财产权;因此,对银行储户的欺诈就是对银行的欺诈。

判决译述

1. 暗度陈仓

本案被告劳伦斯・尤金・肖(Lawrence Eugene Shaw)盗取受害人斯坦利・许(Stanley Hsu)在美洲银行的账号,偷偷把许名下的资金转移到自己的账户。东窗事发后,法院判定其行为违反下述法律第(1)项中的规定,构成犯罪:

《美国联邦法典》第 18 编第 1344 节:

故意实施下列行为者构成犯罪:

(1)对金融机构实施欺诈行为;或者

(2)通过虚假或欺诈的借口、陈述或承诺,来获取金融机构监管或控制的金钱、资金、授信、资产、证券或其他财产。[1]

美国联邦第九巡回上诉法院维持原判。

肖不服气,认为上述法律规定只有欺骗了金融机构才构成犯罪,而自己的行为只是欺骗了储户许,因此不符合入罪条件,于是向联邦最高法院提起上诉。

2. 恶人理壮

肖振振有词地提出了六大理由要求撤销原判。联邦最高法院经仔细分析法条和案情后,不同意被告的主张,六大理由逐一驳斥:

第一,肖认为《美国联邦法典》第18编第1344节规定了只有当银行是受害者的情况下他的行为才构成犯罪,但他窃取的是银行客户的钱,而不是银行的钱。然而,最高法院的大法官们认为,储户往银行账户存钱后,银行通常就成为资金的所有者(owner),也就有权使用资金放贷获利。有时,储户和银行可能签订合同,由银行占有资金,但储户保留资金所有权。此时,储户与银行之间的关系更类似于寄托人(bailor)与受托人(bailee)之间的关系。银行作为受托人,针对存款资金,有权对除寄托人以外的所有的人主张财产权利。因此,对银行储户的欺诈就是对银行的欺诈。

第二,肖觉得自己既没有损害银行利益的主观意图,也没有给银行造成损失。但是最高法院的观点是,没有先例要求将银行遭受损失或行为人是否具备使银行遭受损失的意图作为上述犯罪的必要条件。对于欺诈行为,即使受欺骗者在被骗取财物时获得了等价补偿物,但不能改变他/她的财产被骗走的事实,他/她还是遭受了侵害(wrong),失去了使用其财产的权利。

---

〔1〕 法条原文:knowingly [to] execut[e] a scheme ...
(1) to defraud a financial institution; or (2) to obtain any of the moneys, funds, credits, assets, securities, or other property owned by, or under the custody or control of, a financial institution, by means of false or fraudulent pretenses, representations, or promises。

第三，肖争辩道，他并不知道银行对许的账户享有财产权益，因此他根本没有意图欺骗银行获取银行的财产。最高法院认为，肖的行为表明，他知道银行掌握了许的账户，也知道他所实施的行为会导致银行错误地把原本属于许的钱转移给肖。这些事实足以认定即使肖不知道有关银行财产权益的法律规定，也明知自己的行为是在欺骗银行。此外，最高法院也从来没有"不知者无罪"的先例，法庭只审查被告人骗到的财产是否属于受害人，至于被告人是否懂法在所不问。

第四，肖还主张，政府在指控他时应当证明他有损害银行利益的意图，但其实他自己只是想拿走许的钱，而不是银行的钱。为此，肖还列举了艾利森机车公司诉美国、坦纳诉美国、美国诉科恩和布里奇斯诉美国〔1〕4 个判例。联邦最高法院认为，前两个判例并非针对欺骗政府的行为，而是关于欺骗第三方的行为是否入罪，与本案情况不同；第三个判例涉及的法律规定有明确要求"有欺骗美国政府的意图"；第四个判例涉及的规则是明确针对"欺骗美国政府的行为"。肖引用的判例都涉及欺骗政府的犯罪，但法律对这个领域的犯罪是有其特殊规定的，所以这些判例都不适用于本案。

第五，肖试图通过对《美国联邦法典》第 18 编第 1344 节的规定进行语义分析为自己开脱。肖认为，应该分别理解该节第（1）项和第（2）项的内容，他只是触犯了第（2）项中以欺诈的方法获取银行账户中的存款，但却不属于第（1）项中对金融机构实施欺诈的行为。最高法院不认同这种解读方式。大法官们认为这两款规定的内容有重合，但并不完全重合。没有任何合理的理由可以把该节条文解读为第（2）项内容将第（1）项内容完全排除在外。

第六，肖要求法院在"法律规定不明时做出有利于被告的解释"。联邦最高法院却认为本案中并不存在法律规定不明的情况，如前所述，本案中的存款账户属于银行财产，政府在控告肖时不需要证明肖是否有侵害银行利益的意图，这些都非常明确清楚，不需要对法条做目的解释。

---

〔1〕 Allison Engine Co. v. United States ex rel. Sanders, 553 U.S. 662, 665 - 668 (2008); Tanner v. United States, 483 U.S. 107, 110 - 112 (1987); United States v. Cohn, 270 U.S. 339, 343 (1926); Bridges v. United States, 346 U.S. 209, 221 - 222 (1953).

3. 天使在想象中,魔鬼在细节里

肖不依不饶,祭出终极"撒手锏":地区法院在指导陪审团理解法律时有误——法官在向陪审团解释法律规定时,把"实施欺诈行为"解释为"任何企图欺诈、欺骗或剥夺金融机构有价值财产的行为"。此处法官用"或"作为连接词,会使陪审团误认为仅是欺骗银行,而没有剥夺金融机构财产的行为也应当入罪。

联邦最高法院认为这的确可能是个问题,因为正确的解释应当是"任何企图欺诈、欺骗且剥夺金融机构有价值财产的行为"。而陪审团的确可能存在因法官的解释而对法律理解出现错误。为此最高法院撤销原判,发回第九巡回法院,要求其在遵循本判决中对《美国联邦法典》第 18 编第 1344 节规定的理解的前提下,审查地区法院是否对陪审团作出了误导性提示。

7.01.002 萨尔曼诉美国

Salman v. United States

——无偿泄密算不算内幕交易

原 案 名:Salman v. United States

判决日期:2016 年 12 月 6 日

案　　号:15 - 628

判决原文:https://www.supremecourt.gov/opinions/16pdf/15-628_m6ho.pdf

主　　笔:阿利托大法官(全体大法官一致同意)

判决主旨:泄密人将内幕信息赠予亲戚朋友,由其进行交易谋利,即便泄密人未直接获利,泄密人与受密人亦构成内幕交易,因为此种行为等同于泄密人交易并将利润赠予亲戚朋友,可以推断出泄密人从中谋利。

判决译述

1. 内幕交易与个人利益

内幕交易是证券监管的永恒主题,亦是新闻报道和影视作品的常客。它的概念并不复杂,易为大众理解感知。但它行为主体多样、隐蔽性极强的特点,又使其难以具体界定。

简单来说,内幕交易是指内部人利用内幕信息买卖证券,从而获利的行为。[1] 当存在泄密时,内部人可分为泄密人(Tipper)和受密人(Tippee),前者

---

〔1〕 参见朱锦清:《证券法学》,北京大学出版社 2011 年第 3 版,第 200 页。

是指因职务等正当原因合法知悉内幕信息并将其泄露给他人的人员,范围相对明确;后者是指从前者处非法获取内幕信息的人员,范围十分广泛,认定较为困难。

针对这类泄密型内幕交易,美国联邦最高法院在1983年通过德克斯诉SEC案[1](以下简称德克斯案)确立了监管逻辑,即受密人的责任源于泄密人的责任,要追究受密人的责任必须证明泄密人违反了信义义务(Fiduciary Duty),且受密人明知泄密人违反了该义务。违反信义义务的判断标准是泄密目的为追求个人利益。所谓个人利益应客观判断,包括直接利益与间接利益、金钱利益或未来可转化为金钱的名誉利益等,将内幕信息馈赠予亲戚朋友亦可被推定为追求个人利益。

德克斯规则看似清楚,却仍有一定的模糊空间。馈赠情况下,所谓亲戚朋友的判断标准是什么?个人利益又该如何推定?2014年,联邦第二巡回上诉法院在美国诉纽曼案[2](以下简称纽曼案)中对此做出了两点重要限制:一是所谓亲戚朋友的关系必须"足够密切"(meaningfully close);二是馈赠情况下推定的个人利益,是指"客观存在的、确定会产生的,且表现为金钱或类似价值的利益"。这两点限制从不同方面提升了指控的难度,尤其是第二点限制,在原本较为宽松的个人利益标准之上,为馈赠情况特设了更为严格的个人利益标准,引发了包括本案在内的一系列争议。

2. 没收钱就无罪吗?

马赫是一名投行从业者,曾就职于花旗集团医疗保健投行部,掌握了客户高度机密的并购信息。他与兄长迈克的关系亲密,经常一起讨论工作事宜。随着交流的深入,迈克逐渐开始利用马赫的信息进行证券交易。开始时马赫并不知情,到后来有所怀疑并得到证实,但马赫还是决定协助迈克进行交易,继续为其提供内幕信息。在马赫不知情的情况下,迈克还将内幕信息分享给其他人,其中包括马赫的连襟,同时也是迈克的朋友——萨尔曼。截至被抓获时,萨尔

---

〔1〕 Dirks v. SEC, 463 U.S. 646(1983).

〔2〕 United States v. Newman, 773 F.3d 438(2014).

曼已获利逾150万美元。

萨尔曼被指控犯下证券欺诈罪,即利用迈克从马赫处获得的内幕信息进行内幕交易。马赫与迈克兄弟已认罪,并在萨尔曼的案件中作证。根据二人的证言,马赫为了让迈克获利,故意将内幕信息泄露给迈克,迈克将内幕信息分享给萨尔曼,且后者明知该信息源于马赫。于是,一审判决中萨尔曼被判罪名成立。

萨尔曼不服,上诉至联邦第九巡回上诉法院。他援引第二巡回法院的纽曼案,认为尽管两兄弟的证言成立,但是作为泄密人的马赫并未接受任何"金钱或类似价值的利益",不符合纽曼案中的个人利益标准。因此,马赫不构成对信义义务的违反,相应萨尔曼也不构成证券欺诈罪。第九巡回法院对此不予认同,在它看来,根据德克斯案确立的规则,将内幕信息馈赠予进行证券交易的亲戚这一行为本身,就可以推定为追求个人利益。因此维持原判,判决萨尔曼罪名成立。针对馈赠情况下的个人利益标准,第九巡回法院与第二巡回法院产生了尖锐的冲突,最终该案被上诉至联邦最高法院。

3. 最高法院:赠密等于赠礼

面对第九巡回法院与第二巡回法院的冲突,联邦最高法院旗帜鲜明地支持第九巡回法院,并进一步论证明确了个人利益标准。

联邦最高法院在重申德克斯案规则后强调,所谓个人利益可以从客观事实与案件情况中进行推断,如可以从泄密人与受密人之间的关系推断,二者之间能否产生互惠关系(quid pro quo)或利益输送。而当泄密人将内幕信息馈赠予亲戚朋友时,这套逻辑仍然适用。泄密人本身不从事交易,无偿泄密给亲戚朋友后,由亲戚朋友进行交易谋利,这种行为无异于泄密人自己从事交易,并将利润赠予亲戚朋友,显然可以推断出泄密人从中谋利。

在本案中,若马赫自己利用内幕信息进行交易,再将所得作为礼物赠予哥哥迈克,这种行为毫无疑问会违反信义义务。而马赫通过泄密给迈克,由迈克进行交易,事实上达成了相同的效果。案卷显示,迈克曾向马赫寻求援助,但却拒绝了后者的金钱,转而索要内幕信息,这一情节亦可佐证上述推论。因此可以推断出,马赫从泄密中谋取了个人利益,违反了信义义务,萨尔曼完全知情并利用内幕信息交易,因此承继并违反了马赫的信义义务,其罪名成立。

至于第二巡回法院在纽曼案中将个人利益限定为“客观存在的、确定会产生的,且表现为金钱或类似价值的利益”,联邦最高法院明确表示其不符合德克斯案规则。最终,联邦最高法院驳回了萨尔曼的诉求,维持了第九巡回法院的判决。

4. 看穿内幕不容易

内幕交易的特性决定了它难于界定。联邦最高法院的这次判决仅部分推翻了第二巡回法院的纽曼案,对实践中的其他争议未置可否。在判决中,联邦最高法院也不得不承认,是否获得个人利益属于事实认定问题,需要根据具体情况进行判断,无法一概而论。

美国在内幕交易认定上大费周章,也与其法律体系有关。美国的成文法中并没有明确规定内幕交易,监管依据主要是《1934 年证券交易法》第 10 节及 10b -5 规则,即所谓的“反欺诈条款”,追究欺诈者法律责任的前提条件就是欺诈者违背了其所承担的信义义务,德克斯案中的监管逻辑即肇始于此。

与美国不同,我国证监会在内幕交易监管上,采取的是“接触知情人 + 交易相关证券”的认定方式,只要能够认定被处罚人与泄密人有过接触,且其后进行了相关证券交易,便基本认定内幕交易行为成立。[1] 我国刑法中的泄露内幕信息罪,也并不要求泄密人必须从泄密行为中谋取个人利益。[2] 这种监管逻辑相对简单,入罪标准也较低。而与之相对的,是我国证券市场尚处于初步发展阶段,相关违法犯罪行为多发且难以取证。这样来看,当前的做法也无可厚非。但随着证券市场的发展与相关制度的成熟,类似本案这样的域外经验,也值得我们借鉴与反思。

---

〔1〕 参见夏东霞、杨婷:《简论内幕信息受领人内幕交易行为的认定》,载郭锋主编:《证券法律评论》(2017 年卷),中国法制出版社 2017 年版,第 297 页。

〔2〕 参见郑晖:《美国泄密型内幕交易法律责任中个人利益标准研究》,载《证券市场导报》2017 年第 6 期 。

7.01.003　考克什诉美国证券交易委员会 Kokesh v. SEC ——诉讼时效的适用

原 案 名:Kokesh v. Securities and Exchange Commission

判决日期:2017 年 6 月 5 日

案　　号:16 - 529

判决原文:https://www.supremecourt.gov/opinions/16pdf/16 - 529_i426.pdf

主　　笔:索托马约尔大法官(全体大法官一致同意)

判决主旨:SEC"资产追缴"措施的性质是"处罚",针对的是触犯公法的行为,其目的在于震慑违法者而非仅仅赔偿特定受害人,因此应适用 5 年的诉讼时效。

判决译述

详见 4.05.002,见本书第 313 页。

7.01.004　加利福尼亚州公共雇员养老基金诉 ANZ 证券公司 California Public Employee's Retirement System v. ANZ Securities ——诉讼时效与除斥期间之辨

原　案　名:California Public Employee's Retirement System v. ANZ Securities, Inc. , et al.

判决日期:2017 年 6 月 26 日

案　　号:16 - 373

判决原文:https://www. supremecourt. gov/opinions/16pdf/16 - 373_pm02. pdf

主　　笔:肯尼迪大法官(首席大法官罗伯茨及托马斯、阿利托、戈萨奇大法官附议;金斯伯格大法官另行撰写异议意见,布雷耶、索托马约尔和卡根大法官附议)

判决主旨:《1933 年证券法》第 13 节中规定的 3 年时效限制是除斥期间,因此不适用衡平中止规则。

判决译述

详见 4.05.003,见本书第 319 页。

破产法

7.02.001　奇热夫斯基诉耶维奇控股公司 Czyzewski v. Jevic Holding Corp. ——老司机带你学习破产法

原 案 名:Czyzewski et al. v. Jevic Holding Corp. et al.

判决日期:2017 年 3 月 22 日

案　　号:15 - 649

判决原文:https://www.supremecourt.gov/opinions/16pdf/15 - 649_k53m.pdf

主　　笔:布雷耶大法官(首席大法官罗伯茨及肯尼迪、金斯伯格、索托马约尔和卡根大法官附议;托马斯大法官撰写了异议意见,阿利托大法官附议)

判决主旨:破产程序中,债权人的优先清偿顺序规则是破产法的重要基石,当事人违反这一规则,且未征得相关债权人的同意而达成的协议无效。

判决译述

1. 资本摔跤的姿势——破产

2006 年,一家名叫"阳光资本"(Sun Capital Partners)的私募公司打着门儿精的算盘,从 CIT 集团处借了 4000 万美元,加上自己掏出的 1000 万美元,以 5000 万美元的价格收购耶维奇运输公司(以下简称 Jevic 公司)。不光自己的钱掏得少,连向 CIT 集团提供的担保资产,都是用被收购的 Jevic 公司的财产。当然,这种"杠杆收购"在资本市场上并不少见,做好了真的可以一本万利。

可惜人算不如天算,两年后金融危机,杠杆收购得来的 Jevic 公司欠了一屁股债,其中欠阳光资本和 CIT 集团总共 5300 万美元——这两个债权是高位阶的担保债权,有 Jevic 公司的资产作为担保。除此,还欠了超过 2000 万美元的税负及其他普通无担保债务。

债多了终究还是压身,Jevic 公司无奈只能根据《美国破产法》(Bankruptcy Code,以下简称破产法)第 11 章,向破产法院申请破产。

2.“破产法第 11 章”是什么?

这里我们先要了解一下美国破产法。美国的企业既可以根据破产法第 7 章申请破产,也可以根据破产法第 11 章申请破产。

如果根据该法第 7 章申请破产,企业进入清算程序,法院会将企业的剩余资产依法分配给债权人,企业从此不再存在。

而如果根据该法第 11 章申请破产,企业不进入清算程序,法院会允许企业与其债权人达成协议,从而企业能够继续存续,这称为破产重整。根据该法第 11 章申请破产通常有三种法律后果:第一,设立破产财产(团),将债务人的全部财产包括进去;第二,为债权人利益而管理破产财产的受托人介入。受托人通常由债务人尚存的管理团队构成,并作为破产财产的管理人,受托人负责处理与破产相关事务,寻求重整或对存在的欺诈性转移寻求救济。第三,所有向债务人提起的债权主张都将“自动中止”。

假如企业依该法第 11 章申请破产,那么法院可能做出的判决有三种:第一,同意企业的重整计划,允许企业继续存续;第二,不同意企业重整,将案件按照第 7 章规定的破产清算处理,企业进入清算程序,之后寿终正寝;第三,法院驳回企业的破产申请。

假如法院驳回企业依据该法第 11 章所提出的破产申请,通常会裁定将企业的财产状况恢复到启动破产申请之前的情形。然而,有时企业的情况发生了变化,已经很难恢复到之前的情形,破产法允许破产法院在有法定事由(for cause)时可以偏离上述规定,如法院并不会裁决撤销企业与债权人达成某些协议,或者豁免某些第三人的债务等。所以,这种驳回又叫作“结构性驳回”(structured dismissal),既包含驳回破产申请的内容,又包含确认上述安排或协议的内容。这种结构性驳回日益普遍。

现在我们回到 Jevic 公司的案件。Jevic 公司就是依据破产法第 11 章向法规则的情况下,各方不会达成和解协议,而且在没有和解协议的情况下,第二场官司没有任何价值。显然,这两个假设都不成立。

因为阳光资本最初不想付钱给老司机是因为老司机们正在跟阳光资本打第一场官司,阳光资本不希望付对手的钱会被对手用于跟自己打官司。但现阶段阳光资本赢了第一场官司,其与老司机坐下来谈和解协议的可能性并非不存在。

此外,第二场官司存在诉讼的价值,如果不是可能存在欺诈性转移,CIT 集团和阳光资本也不会达成有关 370 万美元的和解协议。破产法院还可以把这个破产案件转入第 7 章规定的程序,或是根据第 11 章的规定驳回破产申请。这样,老司机们可以自己提起诉讼,哪怕胜诉的可能性较低,破产法院的结构性驳回破产申请都是对这种可能性的剥夺,可以视为老司机们的损失。

关于破产法院在批准结构性驳回破产申请的程序中,能否无视清偿顺序规则的问题,联邦最高法院认为,清偿顺序规则是整部破产法的基石,贯穿于所有破产清算和重整程序中。第 7 章的破产清算清偿顺序规则是不可撼动的,而第 11 章的重整计划则可以更加灵活,但即便如此,只要任何一个顺位的债权人群体提出反对意见,那么违反清偿顺序规则的协议就应当无效。

对于如此重要的法律规则,国会如果在制定法律过程中想要背离该规则,绝对不会以默示的方式,而会以明确的否定性的语言加以规定。但破产法中没有任何语言文字可以给出如此明确的规定。

虽然破产法第 349(b)节允许法官可以“基于法定事由而作出不同的裁决”(for cause,order otherwise),但对于这一规定的理解应当兼顾立法的目的和政策。在联邦最高法院的大法官们看来,这里的“法定事由”并不能解读成赋予破产法官可以打破清偿顺序规则的权力。

此外,联邦最高法院认为,虽然确实存在破产法官批准违反清偿顺序规则的先例,但所有这些判例的结果无一例外都能让公司成功重整,且使处于劣势清偿顺位的债权人获得更好的利益。但本案中的协议并没有这种效果。

最后,联邦最高法院认为,国会制定的破产法并没有允许法官在“极少数案件”的例外中,在有“充足的理由”的情况下违反清偿顺位规则。上诉法院所谓的“充足的理由”太过于抽象笼统,因为没有明确的定义,就容易造成法官可以随意引用这一概念,让不遵守清偿顺序规则变为常规。这一潜在的风险会带来可怕的后果——严重背离国会最初制定的保护不同层级的债权人的制度;甚至改变并非以结构性驳回作为结果的破产程序中,不同债权人间的谈判能力;享有优先受偿权的债权人可以与最劣后顺位的债权人一起排挤掉中间顺位的债权人;还会让和解更难达成,人们对于原本的债权清偿顺序的预期化为乌有。

6. 教训:破产法的清偿顺序规则不能"破"

债权人的清偿顺序规则是整部破产法的基石,如果没有得到权利受到影响的相关债权人的同意,违反清偿顺序规则的协议无效。联邦最高法院通过对破产法作出严格的文义解释,限制同为法官的自己人的自由裁量权,杜绝打破既定法律规则的可能性。

联邦最高法院推翻原判,发回重审。

老司机用一场官司讲了一个道理:权力的公信力源于权力的自我约束。

三

公平债务催收

7.03.001 亨森诉桑坦德公司

Henson v. Santander

——过去时就不能形容现在的时态了吗？

原 案 名：Henson et al. v. Santander Consumer USA Inc.

判决日期：2017 年 6 月 12 日

案　　号：16 – 349

判决原文：https://www.supremecourt.gov/opinions/16pdf/16 – 349_c07d.pdf

主　　笔：戈萨奇大法官（所有大法官一致同意）

判决主旨：《公平债务催收行为法》只约束讨债公司，并不约束债权受让人，即使该债权人是职业讨债人。

判决译述

1. 讨债也得讲规矩

讨债从来不是一件容易的事，古今中外都一样。美国的债主们在与形形色色的“老赖”们斗智斗勇的过程中，想出了种种讨债计策。这其中，自然不乏一些损招，如对“老赖”进行骚扰、威胁等。

讨债也要讲规矩，过激的讨债招数终于引起美国国会对整个讨债行业的关注。于是，国会于 1977 年颁布了《公平债务催收行为法》（Fair Debt Collection Practices Act，以下简称《讨债法》），以阻止过分的讨债人的行为。

本案的主人公亨森（Henson）向花旗汽车金融公司（以下简称花旗公司）贷款买车，但未能按时还款，因而成了“老赖”。桑坦德美国消费者金融公司

(Santander Consumer USA Inc. ,以下简称桑坦德公司)从花旗公司手中购买了这笔逾期贷款的债权,于是开始向亨森讨债。

在讨债过程中,桑坦德公司采用了一些极端做法,债务人亨森认为其部分做法为《讨债法》所禁止,遂起诉至联邦地区法院,开启了依法维权之旅。

2. 谁是讨债人?

《讨债法》被收录在《美国联邦法典》第 15 编第 1692 节,是一部规制讨债人行为的法律,那么何为“讨债人”就成了适用该法时需要率先考虑的问题。依照该法第 1692a(6)节的表述,“讨债人”通常包括负责定期催讨或试图催讨欠别人的债的第三方代理人(Debt collector embraces anyone who regularly collects or attempts to collect debts owed or due . . . another)。为自己讨债者一般不算该法中的“讨债人”。

那么,如何界定那些定期从别人手中购买债权的个人和企业?比如,本案的被告桑坦德公司,他们是第三方讨债人(repo manor debt collector),还是贷款的发起人(loan originator)呢?如果是前者,就受《讨债法》的约束,桑坦德公司可能就会受到制裁;然而,如果是后者,那么亨森的官司就输了。

联邦地区法院和第四巡回上诉法院均认为桑坦德公司并非《讨债法》中所规制的“讨债人”,因为它并没有催讨亨森“欠别人的债”,而是在催讨自己公司所购买和持有的债,所以判决亨森败诉,桑坦德公司可以“任性”讨债,不受该法的约束。

然而,各上诉法院针对与本案案情类似的案件,判决意见不一。因此,美国联邦最高法院决定审理此案以统一法律。

3. 英语语法大比拼

经过讨论,联邦最高法院的大法官们意见出奇地一致,便由任职不久的戈萨齐大法官主笔判决书。大问题往往取决于小的落脚点,判决的主要内容竟然是对核心法条中的“owed”一词的语法理解。

(1)时态会影响条文含义吗?

大法官们认为,首先,从该法条本身的语言上看,“讨债人”是指那些“定期催讨或试图催讨欠别人的债”的人,即为债权所有人服务的第三方讨债代理人,并不包括试图为自己讨债的债权持有人。其次,该法条的语言也并未暗示法院应当关注债权持有人是如何成为债权持有人的——是因其发起了该笔债,还是仅仅通过后续的债务收购才成为债权持有人并不重要,唯一重要的是被告究竟是为自己还是为他人讨债。然而,原告提出了该法条所用语言的时态问题。

亨森注意到,法条关于“欠债”一词用的是过去式“owed”,他认为法条所定义的“讨债人”所讨的“债”是指任何“以前欠他人的债务”。因此,法条本身只排除了那些发起债务的债权人,并未排除像桑坦德公司一样的债权收购者。原因在于催讨所购买的债,其实质必定是催讨“以前欠他人的债务”,所以桑坦德公司正是法律所要规制的“讨债人”。另外,假如国会希望在“讨债人”的定义中排除所有的现时债权持有人,国会应该用现在时态“owing”而不是过去时态“owed”。

那么,亨森对“owed”一词时态的语法研究是否透彻呢?

(2)“owed”表示状态而非时态

联邦最高法院的大法官们一致认为,亨森的解释根本不符合语法规律。像“owed”这样的动词过去式通常被当作形容词来描述某事物的现在的状态,所以才有了“burnt toast”(烤煳了的面包片)现在不能吃,一个“fallen branch”(掉落的树杈)挡住了眼前的路这样的表述。同样,法条中的“owed”也可以理解为:“欠”现在的持有人的债务可以由该持有人收取。大法官们还建议大家想象这样一个场景:如果你告诉一位欠债未还的朋友,你想“collect a debt owed to Steve”(催他还欠斯蒂夫的钱),这位朋友肯定明白你说的是他目前欠斯蒂夫的钱。

大法官们又推此及彼,通过考察《讨债法》中该条其他相邻条款的表述,发现国会经常用“owed”一词形容现在(而非过去)的债权债务关系。

经过反复论证,大法官们得出结论,该法条清晰的含义和语境排除了桑坦德公司这种由债权购买人催讨他人对己方拖欠债务的情况,也就是说,桑坦德公司并不属于《讨债法》所规制的“讨债者”。

与亨森同一立场的人都认为,当债权收购人定期地购买到期债务时,应该能被认定为讨债人。为了支持这一理解,亨森将“未逾期债务”和“逾期债务”进行分类讨论:法条明确将那些购买未逾期的债务的人从讨债人的概念里排除,是否意味着购买逾期债务的人将落入法律所规制的讨债人的范围内?

然而,这种观点在联邦最高法院看来,依然是以偏概全的。根据亨森们对法条的解读,催讨债务的人不是讨债人就是债权人,绝不可同时是二者。但大法官们对法律条款的内涵进行“平实理解”后,并未发现法条中有这种暗示。

在解读法条文本和结构上未达目的,亨森又祭出了法律政策的大旗。他认为,国会通过《讨债法》就是要规范讨债的行为,友善地对待债务相对人。所以立法原意是希望将债权购买人当作独立讨债人来对待。这一次大法官们又敬谢不敏:司法就是要忠实地适用法律,而不是基于那些推断来改写法律。

4. 联邦最高法院选择“安分守己”

为什么第三方讨债人不能用的讨债手段,债权收购人就能用呢?这公平吗?大法官们说:这个问题应该交由国会来解决。毕竟司法机构的职责只是适用,而非修补人民代表所订立的法律。

联邦最高法院最终裁定维持上诉法院的判决,亨森败诉,必须还钱。

7.03.002 米德兰资本有限公司诉约翰逊 Midland Funding, LLC v. Johnson ——主张过期债权还会摊上官司?

原 案 名:Midland Funding, LLC v. Johnson

判决日期:2017 年 5 月 15 日

案　　号:16 - 348

判决原文:https://www.supremecourt.gov/opinions/16pdf/16-348_h315.pdf

主　　笔:布雷耶大法官(首席大法官罗伯茨及肯尼迪、托马斯和阿利托大法官附议;索托马约尔大法官撰写异议意见,卡根和金斯伯格大法官附议;戈萨奇大法官未参与本案的审理和判决)

判决主旨:债权人对明显已过追偿时效的债务发出债权申报,根据《公平债务催收行为法》并不是"错误的""迷惑的""误导的""不合理的""不公平的",因此不应被诉。

判决译述

1. 过期债权奈我何?

2014 年 3 月,阿莱达·约翰逊在亚拉巴马州南部地区联邦法院基于《美国破产法典》(the Bankruptcy Code,以下简称《破产法》)第 13 章递交了个人破产申请。两个月后,米德兰资本有限公司(以下简称米德兰公司)提交了"债权申报"(proof of claim)。债权申报中写到约翰逊欠公司 1879.71 美元的信用卡债务,同时注明约翰逊的欠款发生在 10 年前。亚拉巴马州的法律规定债务的诉讼时效是 6 年,因此约翰逊的律师对该债权提出异议,破产法庭最终拒绝确认该笔债权。

约翰逊随后反戈一击,起诉米德兰公司,声称米德兰公司对一个明显超过诉讼时效的债务发出债权申报的行为是《公平债务催收行为法》(the Fair Debt Collection Practices Act)中所指的"错误的""迷惑的""误导的""不合理的""不公平的"行为,并根据该法请求法院判决米德兰公司承担民事赔偿责任。联邦地区法院认为《公平债务催收行为法》不适用该案并驳回起诉,但是联邦第十一巡回上诉法院推翻了该判决。于是,米德兰公司上诉到联邦最高法院。

2. 米德兰公司的债权申报没问题

第一,米德兰公司的债权申报并非是"错误的、迷惑的或是误导的"。其债权申报符合《破产法》中对"债权"一词的定义——支付的请求权(A"claim"is a "right to payment")。另外,一个人是否拥有这样的请求权一般由州法律决定。本案所涉的亚拉巴马州法律认为债权人拥有对债务支付的请求权,即使该债务的诉讼时效已过。

约翰逊辩称《破产法》中"债权"的定义是"可强制执行的债权",因为联邦最高法院曾经在宾夕法尼亚州公共福利部诉达文波特案[1](以下简称达文波特案)中将破产"债权"认为是"可以强制执行的义务",而米德兰公司的"债权申报"由于不具有强制执行性,所以是错误的。但是"强制性"这个词并没有出现在《破产法》中,最高法院在达文波特案中使用了"可以强制执行的"一词是因为该案涉及的是可以强制执行的债务。且约翰逊的解释和国会的意图不符,国会意图对"债权"采取最广义的解释。约翰逊的解释和《破产法》的其他条文也不符。例如,《破产法》第 502(b)(1)节中阐述如果一个"债权"是"不可强制执行的",法院可以不对其进行确认,但不代表它就不是一个"债权"。同样,《破产法》第 101(5)(A)节中将"债权"描述为"支付的请求权","无论该请求权是固定的、暂时的或是有争议的"。该条款清楚表明了一个不可强制执行的债权仍然是"支付的请求权",是债权。其他条款也清楚表示了诉讼时效已过构

〔1〕 Pennsylvania Dept. of Public Welfare v. Davenport,495 U. S. 552,559(1990).

成了债务人在债权人发出“债权”申报后的积极抗辩。例如,第502节、第558节,该法长期以来都将已过诉讼时效的债权所导致的不可强制执行性作为积极抗辩。

而且在考虑一个债权申报是否有“误导性”,通常需要“考虑其受众(audience)的法律复杂性”。联邦最高法院认为,《破产法》第13章规定破产案件的受众包括了受托人(trustee,我国称为破产管理人),受托人必须验证该债权申报,且在合适的情况下提出反对,并且他们可以把债权的申报不及时作为积极抗辩的理由。

第二,米德兰公司的债权申报并非是“不合理的”或“不公平的”。

约翰逊指出几个下级法院都曾经认定,通过普通民事诉讼进行追债,债权人对已经超过诉讼时效的债务发出债权申报是“不公平的”。但是这些先例并不能说服联邦最高法院。

联邦最高法院认为,每个民事诉讼的前提都不一样,特别是《破产法》第13章的破产案子。下级法院作出那样的结论是因为他们担心个人(consumer)可能在不知情的情况下偿还了已经过了诉讼时效的债务。第七巡回上诉法院指出,只有寥寥无几的人知道诉讼时效可以用来抗辩过期债务。随着时间流逝,个人可能已经不太记得这笔债务是否存在和是否有效。而且,个人很可能为了避免诉讼所带来的巨大花销和尴尬而偿还过期债务。但是下级法院的这些担忧在《破产法》第13章提出破产申请的情况下并不存在。一般来说启动该破产程序的个人都不太会为了避免诉讼而偿还过期债务,他们一般拥有在这方面知识渊博、经验丰富的受托人来对债权的评估进行直接的指导,所以《破产法》第13章的这些特点使得主张过期债权面临着严重的阻碍和困难。

约翰逊还辩称,这样做会对债务人造成伤害,且没有合法的理由允许债权人以此来损害债务人。约翰逊认为收债人便宜买来债权,并在明知该债务已经过了时效,却仍在债务人申请破产时进行债权申报,希望碰到一个粗心的受托人,这种行为是明显“不公平的”。

联邦最高法院并没有被约翰逊以上的抗辩理由说服,而是认为,破产体制允许以主张债权的“不及时”(untimeliness)作为积极抗辩,受托人通常需要承担调查债权及其是否已过时效的责任。除此之外,《破产法》第13章所提供的保护已经将债务人的风险降到了最低,有些情况下,对过期债务的认定甚至可能有利于债务人。如申报和驳回该债权申报即可以“免除”该债务。这个“免除”的意思是指该债务不会出现在债务人的信用报告上,不会对他借钱、买房或是受雇佣存在任何潜在的影响。

3. 回归立法目的

更重要的是,联邦最高法院认为《公平债务催收行为法》或《破产法》都没有表明国会的意图是让普通民事法庭适用《公平债务催收行为法》来决定类似的破产相关问题。

《公平债务催收行为法》和《破产法》有不一样的立法目的和结构特点。前者寻求的是帮助个人首先避免破产,但是后者创造和维持的是对“债务人的保护和责任的精准平衡”。如果在本案中适用了前者,将会颠覆后者所创造和维持的“精准的平衡”,因为它要求债权人调查和评估债务人积极抗辩的价值和可能性(通常是债务人的职责),本质上就是把债务人的义务转嫁到了债权人身上。

最后,联邦最高法院认为,对明显超过追偿时效的债务进行债权申报并非是《公平债务催收行为法》中所描述的错误的、欺骗性的、诱导性的、不合理的及不公平的追债行为。因此,推翻了上诉法院的判决,发回重审。

四

歧视性贷款合同

7.04.001　美洲银行诉迈阿密市
Bank of America. v. Miami
——路遇银行歧视，政府拔刀相助

原 案 名：Bank of America Corp，et al. v. Miami

判决日期：2017 年 5 月 1 日

案　　号：15－1111

判决原文：https：//www. supremecourt. gov/opinions/16pdf/15－1111_5i36. pdf

主　　笔：布雷耶大法官（罗伯茨、金斯伯格、索托马约尔和卡根大法官附议；托马斯大法官撰写了部分协同部分反对意见，肯尼迪和阿利托大法官附议；戈萨奇大法官未参与该案的审理与判决）

判决主旨：银行按揭贷款歧视少数族裔导致当地房产税收减少、公共服务支出增多，市政府属于《公平住房法》中的“受害人”范畴；然而银行的歧视行为是否是市政府所遭受损失的直接原因尚需一审法院进一步确定，“可以预见”标准不足为凭。

判决译述

详见 3.04.003，见本书第 174 页。

Chapter 8

第八章　行政法

一

一般行政法

8.01.001 州立农业保险公司诉美国 State Farm Fire & Casualty Co. v. United States ex rel. Rigsby ——论告发的正确姿势

原 案 名:State Farm Fire & Casualty Co. v. United States ex rel. Rigsby et al.

判决日期:2016 年 12 月 6 日

案　　号:15 - 513

判决原文:https://www.supremecourt.gov/opinions/16pdf/15-513_43j7.pdf

主　　笔:肯尼迪大法官(全体大法官一致同意)

判决主旨:在告发被告有欺诈政府行为之后,告发人有义务在一定阶段内就告发内容保密,并在政府拒绝起诉后可以代表政府起诉;然而,告发人若违反上述保密义务也并不必然导致告发人诉权的消灭。

判决译述

1. 反欺骗政府法与告发人诉讼

当你发现有人侵害公共利益,你会选择沉默还是告发?美国的《反欺骗政府法》(False Claims Act)会用金钱引导你做出选择。根据该法,任何民众发现其他个人、公司以欺骗手法,虚报、虚领联邦政府的钱,都可以向司法部告发,告发人(relator)可以从罚款中获得一定比例的奖励,相关的诉讼被称为"告发人诉讼"(qui tam suit)。

在该制度设计下,告发应当以秘密形式提交,并应至少保密 60 天,在法院下令前不得告知被告。司法部接到告发后,必须对告发案作出处理。如果司法部认为告发人证据充足,就会接手案件展开调查,并起诉相关公司个人;如果司法部认为告发人证据不够充分,就会拒绝介入,让告发人自行决定放弃或代表联邦政府起诉,若告发人胜诉可获得更高比例的奖励。

2. 飓风疑案

美国的州立农业保险公司曾发布过两款保险产品,一款是由联邦政府承保的水灾险;另一款是州立农业保险公司承保的风灾险。卡特里娜飓风过后,许多用户都受到了灾害的影响,州立农业保险公司委托雷诺夫公司进行保险定损。2006 年 4 月,雷诺夫公司的两名定损员科里和凯里向司法部秘密告发,称州立农业保险公司指使他们及其他定损员,将风灾造成的损害归咎于水灾,以此来逃避赔付,将保险责任转嫁给联邦政府。

在政府的要求下,地方法院数次延长了保密期限。但在 2007 年 1 月雷诺夫公司诉科里和凯里的另一起案件中,地方法院还是部分公开了告发一事,并最终于 2007 年 8 月完全公开。政府随即表示拒绝介入,科里和凯里代表政府向州立农业保险公司发起了告发人诉讼。

州立农业保险公司申请驳回科里和凯里的诉讼请求,理由是他们违反了《反欺骗政府法》下的保密条款。科里和凯里的前律师曾将告发一事透露给多家新闻媒体,这些媒体刊发了诸多关于欺诈指控的报道,但是报道中均未提及告发一事。告发人亦曾与一位国会议员会面,后者在会面后公开表示反对此类欺诈行为,然而他也没有提及告发一事。联邦地区法院依据美国诉休斯航空公司案[1](以下简称休斯案)所确立的驳回标准,在权衡对政府的实际伤害、违法行为的严重程度以及主观恶意的证据这三个要素后,决定不驳回诉讼请求。州立农业保险公司在上诉中坚持只申请驳回诉讼请求,且不寻求除此之外的其他处罚。联邦第五巡回上诉法院维持了地区法院的判决,认为违反保密条款并不能导致告发人诉讼被强制驳回,并依据与地区法院一样的考虑要素得出了类似的结论。该案最终被上诉至美国联邦最高法院。

---

〔1〕 United States ex rel. Lujan v. Hughes Aircraft Co. ,67 F. 3d 242,245 - 247(CA9 1995).

3. 无法可依，有理可循

联邦最高法院的大法官们意见一致，他们认为违反保密条款并不必然导致告发人诉权的消灭。

告发人的确应该遵守保密条款，但是无论是法条还是国会意见中，都没有违反保密条款的惩罚举措。综观《反欺骗政府法》全文，有许多条款明确规定了告发人诉权消灭的情形，此处的缺失应属有意为之，可以推测国会无意于为保密条款创设此类惩罚。这种推测也可以从保密条款的立法意图中得到验证。保密条款的颁布是一系列鼓励民众告发的改革的一部分，该条款的立法意图是保护政府利益，以免公开告发造成打草惊蛇，影响政府调查进度。因此，若僵化解释这一条款，剥夺政府所需的私人助力，其实是与该条款的立法意图相违背的。

与此相对，州立农业保险公司的观点是站不住脚的。并没有任何书面证据显示，国会意图规定告发人诉权的取得要件包括对保密条款的遵守。从对《反欺骗政府法》的立法意图的阐述中，也可以看出参议院更倾向于保护告发人的诉权。州立农业保险公司试图从参议院报告中寻求支持，但《反欺骗政府法》的内容与结构已足够清晰，不需要揪住立法过程中的只言片语来过分解读。违反保密条款或许可以施以罚款等其他惩戒，但不应剥夺告发人的诉权，鉴于州立农业保险公司并不寻求其他处罚，联邦最高法院亦不做进一步讨论。

最终，联邦最高法院驳回了州立农业保险公司的诉求，维持了上诉法院的判决。

4. 告发的正确姿势

告发人诉讼用经济激励鼓舞了民众的监督热情，以较小的经济成本获得了较大的监管成果，是法经济学的出色实践。在美国，它发源于内战时期，曾于第二次世界大战期间滥诉成灾，矫枉过正之后一度销声匿迹，1986 年《反欺骗政府法》的修改又使其重新焕发了活力。[1] 在曲折的发展历程中，它逐步平衡各方

---

〔1〕 参见章海珠：《美国共分罚款之诉剖析及其启示》，载《人民检察》2011 年第 21 期。

利益,已形成了较为成熟稳定的制度。相关制度设计已衍生到《谢尔曼法案》《克莱顿法案》《多德—弗兰克法案》等法案中,在金融监管、商业贿赂、政府采购乃至环境治理等大量涉及公共利益的领域,发挥了重要的作用。本案亦是发展修正的体现,以最高法院判例的方式,进一步保障了告发人的诉权,使其免受保密条款的桎梏。

我国历来倚重告发制度,相关规定散见于各法律文件,形成了近10万条的庞大法条群。但目前尚没有专门性的立法,且人为将告发分割为举报、检举与揭发,总体较为庞杂混乱。[1] 实践中亦存在举报门槛过高,举报奖励过低,对举报人保护不力等诸多问题,远未形成成熟的制度。因此,在保护公共利益方面,我国目前还是以行政手段为主。但有限的行政资源面对难以计数的隐秘侵害,难免力有不逮。若引入告发人诉讼,亦会面对如何选择诉讼主体与诉讼形式,如何平衡告发人与告发对象利益,如何避免滥诉等一系列现实问题,建设之路任重而道远。

〔1〕 参见周晓明:《公益告发制度研究》,载《中南大学学报》(社会科学版)2015年第2期。

Chapter 9

第九章　法律解释

一

对公约的解释

9.01.001　水花公司诉梅侬
——围观美国大法官对《海牙送达公约》咬文嚼字

9.01.001 水花公司诉梅侬 Water Splash, Inc. v. Menon ——围观美国大法官对《海牙送达公约》咬文嚼字

原 案 名:Water Splash, Inc. v. Tara Menon

判决日期:2017 年 5 月 22 日

案　　号:16 – 254

判决原文:https://www.supremecourt.gov/opinions/16pdf/16 – 254_5iel.pdf

主　　笔:阿利托大法官(除戈萨奇大法官未参与本案审理和判决外,其余大法官一致附议)

判决主旨:《海牙送达公约》不禁止以国际邮件方式送达传票。

判决译述

1. 同行是冤家

美国特拉华州的水花公司(Water Splash, Inc.)是一家制作水上游乐设施的企业。加拿大公民塔拉·梅侬(Tara Menon)曾经是这家公司的销售代表。离职之后,梅侬供职于老东家的竞争对手南池公司(South Pool, Inc.)。

2012 年的一天,在加尔维斯敦市的水上游乐公园工程招标会上,水花公司发现南池公司的投标文件上竟然使用了水花公司的设计图纸。水花公司气愤地认为这是梅侬搞的鬼,指责她尚在水花公司就职时就已经暗度陈仓,为南池公司工作。于是,水花公司以不正当竞争、盗窃商业秘密、商业侵权等案由将梅

依告上得克萨斯州地区法院。

2. 无视传票的后果

水花公司根据《得克萨斯州民事诉讼规则》(Texas Rule of Civil Procedure)第 108(a)节的规定,在得到法院的准许后,以邮寄方式给居住在加拿大的梅依寄去了法院传票。梅依收到邮件后,既没有提交答辩状,也没有去法院参加庭审,所以法院在被告缺席的情况下判决水花公司胜诉,梅依需要赔偿水花公司的损失,而且还需支付额外的惩罚性赔偿金和高额的律师费。

梅依此时觉得不能再坐视不理,以传票的送达方式不对为由,要求法院撤销原有判决重新审判。

法院驳回了她的请求。

梅依这才发现事态严重,于是向上级法院提起上诉,并且这次非常认真地做了功课。她指出,由于她住在加拿大,所以《得克萨斯州民事诉讼规则》并不管用。她拿出了美国政府签署的《关于向国外送达民事或商事司法文书和司法外文书公约》(以下简称《海牙送达公约》),认为传票的送达方式违反了公约的规定,所以该审判程序不合法,之前的判决应予撤销。

3. 一个词难倒一大片

《海牙送达公约》的主要目的在于让每个缔约国都建立一个中央性的机构,以便接收来自其他国家的司法文书并传递给身在该国之人。但是,该公约也允许通过邮寄、外交、自行协商等其他送达方式。比如,第 10 条第 1 项规定可以通过邮寄方式送达法律文书。

那么,梅依凭什么说邮寄传票就违反了《海牙送达公约》的规定呢?她其实玩了一个文字游戏。《海牙送达公约》在其他条款中都是以“service of judicial document”的字眼来表达“司法文书的送达”。但该公约第 10 条第 1 项却换了一个词:“如送达目的地国不表异议,本公约不妨碍通过邮寄途径直接向身在国外的人送交司法文书的自由。"[1]此处的"送交司法文书"用"send the judicial documents"的字眼来表述。对此,梅侬认为"send"和"service"是两回事,"送达传票"在英文中是"effect service",因此,这一条规定只涉及其他司法文书,不包括法院传票。

梅侬做的功课看来起了作用。得克萨斯州上诉法院审理之后,法官的多数意见认为梅侬的观点好像有点道理,该送达方式貌似是违反《海牙送达公约》的规定,但是克里斯多夫法官(Justice Christopher)持反对意见;这种情况下,得克萨斯州上诉法院谨慎地不启动全体法官出庭审判(en banc)程序,而是将案子推给了州最高法院。州最高法院也觉得兹事体大,非常谨慎地拒绝审理。最终,这个烫手山芋被推给了美国联邦最高法院。

4. 联邦最高法院:咬文嚼字

联邦最高法院受理此案后,对"send"一词开始了教科书级别的法律解释。

大法官们首先通过文义解释,认为"send"这个词的词义范围非常广,"send"应当可以包括"service"。

接着,大法官们又通过体系解释的方法,认为公约的整个体系中涉及司法文书传递的条款都以"service"一词表达,甚至公约的标题中都有"service abroad"一词。如果第10条第1项的"send"不在"service"范围内,那么这条规定就会显得与全文格格不入并且多余。通过条文与条文的关系来看,"send"应该在"service"的范围之内。

此外,从比较解释的角度来判断,《海牙送达公约》的官方语言还包括法语。在公约的法语版本中,第10条里"send"所对应的法语单词与法语含义中的"service"意思是一样的。

最后,大法官们还通过历史解释来确保万无一失。他们找出了公约起草组编纂的历史报告、公约起草时美国代表发表的一篇介绍该公约的论文、公约的执行部门对第10条的解释,还有当时美国总统约翰逊将该公约递交给国会批

---

〔1〕 法条原文:Provided the State of destination does not object, the present Convention shall not interfere with —(a) the freedom to send judicial documents, by postal channels, directly to persons abroad。

准时所附带的国务卿报告,其他缔约国的观点……所有文件都表明《海牙送达公约》允许通过邮寄方式送达传票。

虽然已经断定传票可以通过邮件方式送达,但最高法院仍然不能确定本案的法律文书送达方式是否合法。根据《海牙送达公约》的规定,以邮寄方式送达法律文书必须满足两个条件:文书送达目的国不表异议和文书的发出国的法律允许。虽然已经满足前一个条件,但联邦最高法院对该文书是否得到得克萨斯州法律允许并不确定。

因此,联邦最高法院撤销原判,发回得克萨斯州法院,要求其以本判决的精神重审,来决定该邮寄的传票是否合法。

看来,梅依是否需要赔偿水花公司的损失,还要经过另一轮司法较量。

对国会立法的解释

9.02.001 亨森诉桑坦德公司

Henson v. Santander

——过去时就不能形容现在的时态了吗？

原 案 名：Henson et al. v. Santander Consumer USA Inc.

判决日期：2017 年 6 月 12 日

案　　号：16 – 349

判决原文：https://www.supremecourt.gov/opinions/16pdf/16-349_c07d.pdf

主　　笔：戈萨奇大法官(所有大法官一致同意)

判决主旨：《公平债务催收行为法》只约束讨债公司，并不约束债权受让人，即使该债权人是职业讨债人。

判决译述

详见 7.03.001，见本书第 439 页。

9.02.002 国家劳动关系局诉西南通用公司 National Labor Relations Board v. SW General, Inc.

——代理高官的尴尬遭遇

原 案 名:National Labor Relations Board v. SW General, Inc., DBA Southwest Ambulance

判决日期:2017 年 3 月 21 日

案　　号:15 – 1251

判决原文:https://www.supremecourt.gov/opinions/16pdf/15 – 1251_ed9g.pdf

主　　笔:首席大法官罗伯茨(肯尼迪、托马斯、布雷耶、阿利托和卡根大法官附议;托马斯大法官撰写了协同意见;索托马约尔大法官撰写了异议意见,金斯伯格大法官附议)

判决主旨:在那些需要总统提名、参议院批准方能任命的高官职位空缺时代理该高官职务的人,一旦在此期间被总统提名为该职位的正式高官,无论提名是否成功,该代理高官即不得继续担任该代理职务,总统须另行选任代理高官,否则该代理高官所做出的具体行政行为无效。

判决译述

详见 1.04.001,见本书第 59 页。

9.02.003 贝克尔斯诉美国

Beckles v. United States

——一样的措辞，不一样的命运

原 案 名：Beckles v. United States

判决日期：2017 年 3 月 6 日

案　　号：15－8544

判决原文：https://www.supremecourt.gov/opinions/16pdf/15－8544_2co3.pdf

主　　笔：托马斯大法官（首席大法官罗伯茨以及肯尼迪、布雷耶和阿利托大法官附议；肯尼迪大法官、金斯伯格和索托马约尔大法官分别撰写了附议意见；卡根大法官未参与本案的审理）

判决主旨：法律应当具备确定性，而建议性意见则不需要。

判决译述

详见 5.03.002，见本书第 351 页。

9.02.004 促进卫生保健网诉斯泰普尔顿 Advocate Health Care Network v. Stapleton ——谁动了我的退休金？

原 案 名：Advocate Health Care Network et al. v. Stapleton et al.；Saint Peter's Healthcare System，et al. v. Laurence Kaplan；Dignity Health，et al. v. Starla Rollins

判决日期：2017年6月5日

案　　号：16-74、16-86、16-258

判决原文：https://www.supremecourt.gov/opinions/16pdf/16-74_5i36.pdf

主　　笔：卡根大法官（除戈萨奇大法官未参与本案审理和判决外，其余大法官均一致附议；索托马约尔大法官撰写了协同意见）

判决主旨：宗教性组织即便并非由教会所设立，其管理的退休金计划仍适用ERISA中的"教会退休金计划"豁免条款，雇主无须依法采取措施保障退休金计划的资金安全。

判决译述

详见3.03.003，见本书第149页。

索　引

后　记

每个国家法律界的同仁都对本国和外国的法院判例情有独钟，即便在非判例法制度下的大陆法系国家亦是如此。目前，美国斯坦福大学就有一个团队对我国最高人民法院的指导性案例进行翻译和评述。还有其他美国学者也在跟踪我国最高人民法院的司法解释与动态，即时将其翻译为英文，通过网站或博客发布，供国外的法律界人士研究。然而，我国目前虽然有不少文章介绍美国法院的判例，却尚无系统翻译或跟踪美国联邦最高法院所有最新判例的学者或机构，也鲜见这方面的著作或文章。

我在美国威拉姆特大学法学院读书时，曾参与学校的“法律在线”工作，主要跟进美国几大法院，将其最新作出的判决即时总结，并在法院作出判决的当晚子时以前将综述发送给订阅用户——大多是美国法官、律师和法学院教授。当时网络并不发达，搜索引擎本身尚属稀缺资源，网络上的信息就更少了。所以我们通过电子邮件群发的判例综述能在第一时间送达，深受订阅者欢迎。我最先从美国联邦第九巡回上诉法院判例综述的撰稿人做起，随后担任主编，为其他撰稿人改稿，负责最终发布，并培训其他新录用的成员。后来被调任为美国联邦最高法院判例综述主编，一直做到毕业。

当时我除了上课外，一边承担着美国法学院的主流《法律评论》（*Law Review*）的编辑工作，一边担任着非主流但在美国法学院中却很前卫的法律在线的编辑工作，同时在“民事诊所”（civil clinic）跟着带教律师做一学期 140 小时的法律援助工作，还在做着很多其他校内校外的事情，非常忙碌，但是也非常有意义——因此，看到我现在的学生同时忙于上课、实习、考托福、写论文，仿佛看到了 20 多年前的自己。挑战自己的“舒适领域”（comfortable zone）所能发现的惊喜，永远是选择舒适生活的人所难以想象的。

回国后因忙于工作，很长时间我再也没有关注过美国联邦最高法院的判例，直到2017年1月，我偶尔读了美国联邦最高法院在2016年1月和3月分别审理的三个案子的判决书，忍不住下笔评译。虽然以前常写判例综述，但那是用英文写给懂美国法的法官、律师们看的，所以相对简单、直接。现在要用中文写，不少概念是我国法律中没有的，并且读者不一定系统了解美国的法律制度，很多原文中一笔带过的程序性内容，美国律师一看就懂，中国读者未必明白。所以写的时候颇费思量。

2017年1月17日，我借公众号“法与译”发布了上述三个案子作为第一期判例译述。时至今日，已满3年。当时，该公众号的订阅用户只有两三百人。没想到3年后，我们的译述团队从我一个人，发展到超过20人，先后为我们写过译述的作者更是将近40人，而关注“法与译”公众号的用户也已经近万。最重要的，我们的译述被“李昌道学术基金”纳入旗下，得以作为基金系列出版物结集出版。

因缘际会

2017年秋季，我带的国际法专业研究生赖雪金、蒋佳颖和齐冠云自告奋勇地表示愿意和我一起跟踪美国最高法院的判例——我之前从没想过让学生一起做，因为传说不少研究生都比较功利，导师一般不太敢请他们参与这种无名无利的事情，即便能让他们从中学到东西，可能也只会得到“不好意思，我实习没有时间”的回复，甚至会私底下被骂。何况刚开始我也没有计划过以后会将其结集出版，的确是无名无利之事。

所以，我的研究生的支持与加入给了我莫大的鼓励，当然，也给了我极大的压力。因为本来我只想兴之所至，爱写就写，他们加入后，忽然这件事的性质就变成：只要美国联邦最高法院没有关门，他们每发布一篇判决意见，我们就得写一篇译述。

自2017年10月16日起，“法与译”开始发布我的研究生撰写并经我修改过的判例译述。虽然我以前担任法律在线主编时，经常给我们的撰稿人修改文稿，但当时的撰稿人都是择优录取的、系统学习过美国法律的美国同学，他们对于英文判例和美国法律制度的理解完全没有问题,写作也是用他们的母语。然而,国内的同学,即便对英美法有所了解,也不可能面面俱到,何况对判例语言的理解也还可能有障碍。因此,可以想象刚一开始有些困难,每篇译述我花的修改时间很多。然而,他们进步很快,理解与写作水平不断提高,几位同学后来已经可以帮我分担给别的同学改稿的任务。

很快,一些法律硕士研究生也主动请缨,其中还包括一些并不是我带的研究生。虽然有一两个同学写了几篇之后就知难而退了,但是大部分同学都从我满屏"血腥"的批改中挺了过来,坚持下去。后来,又有一些已经毕业的我的研究生或者我教过的本科生陆续加入,成为我们团队的骨干。他们有的已经是法官、律师、公司法务或者公务员。如果说在校生还有可能通过这个项目提高自己,增加简历上的闪光点,那么这些已经工作的同学参与这个无名无利的活动,就纯粹是因为兴趣和爱好了。另外,在读生的流动性相对较大,实习、恋爱、要复习考公务员,都可能是退出的理由。而这些在职同学的加盟,使我们的团队相对稳定下来。

风云之志

美国联邦最高法院的 9 位大法官每年收到的上诉申请有七八千个,但是最终决定受理的案子只有七八十个,每个都关乎美国宪法和美国法律制度的重要问题。这些案子不仅成为美国联邦法律系统有拘束力的先例,也成为可供美国各州法院在判案时予以参考的有说服力的先例。因此,我们的译述,因其中各判例的重要性而得到了国内读者的欢迎。

于是,我们经常会收到读者的反馈,说希望看到某一特定研究领域的判例译述,如反垄断法或者专利法方面的,以便于他们做研究。

我也曾想过根据个人兴趣有选择地做译述,然而,更希望通过这个系列出版物,给我国学者与法律界人士提供一个研究美国法律制度的资料库,至少为研究者提供一个重要的研究线索。所以我们最终决定对美国联邦最高法院每年审理的这七八十个案子,以完整性、全面性为宗旨,不加选择地进行译述,以供研究不同领域的学者按需所用。

美国联邦最高法院的审案年度始于每年10月,直至次年6月结束。本书囊括了对美国联邦最高法院于2016年10月至2017年6月审理的所有案件的判决书的译述。案件所涉问题复杂多样,被分为九大部分,每一部分又包含若干小问题。每个判例还根据其内容被分配了一个或多个索引号,计划将来的出版等也沿用该索引方式,索引号连续,便于学者们研究检索。

比如,第二章“主权豁免的界限”分为“外国主权豁免”与“部落主权豁免”两部分,其中“外国主权豁免”部分包括的“委内瑞拉诉佩恩国际钻井公司”案的索引号为2.01.001,下一本书中如果有同一类型的判例,将以2.01.002往下编号。同样,“部落主权豁免”部分包括的“路易斯诉克拉克”案的索引号为2.02.001,以后若有同一类型判例,则以2.02.002往下编号。假如有学者需要研究有关外国主权豁免的判例,则在每一本书中找第二章第一部分即可,所有编号开头为2.01的判例均为外国主权豁免相关判例。

另外,限于字数,每篇译述不可能太长,因此,每篇开头都注明原文链接,供懂英语的研究者查阅原文。总之,我们希望本系列出版物的问世,能为想研究和了解美国联邦宪法与法律制度的中国学者打开又一个窗口。

志向很高远,然而路却要一步一步地走。每一篇判例译述都凝结着我们团队的心血。本书的70个判例总共由10位团队成员撰写初稿,由我本人进行初审修改后,在公众号发布,之后又进行了作者交叉互审、译述编委会内部审以及最后3次通稿,总共经历了6次修改才提交给出版社。

饮水思源

本书能够最终完成并付梓出版,首先要感谢我的母校威拉姆特大学法学院。在威大期间,我系统学习了美国法律,掌握了一个美国本土律师必须知道和应该知道的美国法律知识;同时,作为一名外国学者,还知道了自己知道什么、不知道什么以及哪些不需要知道,既可以避免不懂装懂、充当没有意义的百事通,又可以在有些不知道的时候知道自己不需要知道因此没有必要妄自菲薄。

威大在美国并非一所全国性的学校,只是美国西海岸历史最悠久的一所地方私立大学。其实很多人都很想问我为什么会到威大读书,国内的朋友一般比较含蓄,不会径直问我,因为哈耶牛剑才是国内学者的心头好,怕我觉得读了一个小学校而难为情。但是美国的法律界朋友会直接问我,言外之意是:你语言和背景都不错,为什么选了这所区域性的学校? 我回答说:"因为他们给了我全额奖学金啊!"——依靠我自己的能力,当年是绝不可能付得起学费的。然后,美国学者就会点头说:"我猜也是如此。"因为美国人比中国人更理解花自己的钱读书时的倾向性选择。

其实不止如此。当时没有网络,国外大学的地址只能通过认识的外国朋友才能得知。当时国内学生做英美模拟法庭,如果一方提供了自称耶鲁毕业的专家证人,另一方在交叉询问时只要问一句:"耶鲁大学的地址是哪里?"就能完胜——这是真实的笑话。另外,想索取入学申请表,需要贴一张很贵的邮票寄一封信过去。那时还没有特快专递,等收到申请表,已经差不多两个月了。不仅学费付不起,连申请学校的申请费都是很大一笔开销。所以我只申请了这一所学校,因为他们事先就说好给我奖学金。换句话说,当时限制了我的选择自由的,是不想给家人带来负担的责任心。

何况,没读过复旦,可以在复旦授课;没上过哈佛,可以到哈佛讲学。能仰赖母校的光环纵然好,但是将来能成为母校的一名杰出校友可能更值得自豪。

现在的条件好了很多,但是仍然有同学和我一样,因为不想给家人带来更大的负担而有所取舍。我有个学生同时拿到了美国排名前十和前三十的学校的录取信,最终选择了后者,因为后面的学校给的奖学金更多。

不过,我在如此回应美国朋友的问话后,总会再加一句:"还因为,威大是美国最好的法学院之一。"那些懂得幽默的美国朋友就会心一笑,也因为他们认识了已经学成的我,知道此言非虚。所以,我首先要感谢威大对我的培养。正是在威大,我通读、学习了无数英美法判例,还经过了《法律评论》(*Law Review*)、模拟法庭(Moot Court)及法律在线等工作的历练,所以才有可能在2017 年开始这项判例译述工作。

我还要感谢复旦大学法学院为我们提供的宽松的研究氛围与良好的学术支持,感谢李昌道教授同意将本项目纳入"李昌道基金"的系列丛书中。李老年事已高,却仍然关注我国法律事业的发展,欣然执笔为本译述写下珍贵的赠言,着实令我们晚辈动容。感谢季立刚教授和许多奇教授对本书出版的大力促成，没有让该项目因缺钱而夭折。季老师还在百忙之中阅读本书初稿，并提笔作序，尤其在新冠病毒肆虐之时，季老师给了我们极大的支持！

我要感谢参与本书判例译述的各位同学(名单附后)，是你们高昂的兴趣与无私的奉献，才使我们的译述从我的一时兴起成为今天我们共同努力的一项事业。感谢你们的热心参与与认真写作，没有你们的辛勤努力，本书的完成时间会大大延迟。这其中，我要特别感谢郑家豪同学帮忙通稿，以及赵予慈、崔伟和齐冠云同学作为编委会成员对本书的编审工作所做出的贡献。后期编审、通稿的工作量事实上超过了原作者的工作量。

我还要感谢“法与译”公众号的读者们，你们认真阅读译述，发表意见，给予反馈。没有你们的支持，我们的译述也未必会最终结集出版。有几位律师朋友曾经表示愿意为本译述赞助出版经费，你们对比较法律研究的支持溢于言表，你们的慷慨和关心我们永记不忘。虽然本书的经费已然解决，但接下来的经费尚无着落，希望下一本书能得到你们的帮助与支持！

最后，也是最重要的，我要感谢法律出版社法治与经济分社的沈小英社长和刘晓萌老师，没有你们的支持，本书永远不可能出版。尤其刘晓萌老师对本书稿逐字逐句编辑，为本书的最终出版付出了心血。

言犹未尽

熊美英博士的团队对我国最高人民法院发布的指导性案例进行的翻译、梳理和分析不仅得到了海外学者的欢迎，也填补了我们国内研究的空白。2019 年夏天，熊美英博士应我国法院系统及其他机构之邀来华访问，我终于有幸与其线下见面，我为她的努力点赞，而她则鼓励我要把美国联邦最高法院判例译述的工作坚持下去：“我们坚持了十年！”我也希望，本书是开始，而不是结束。

目前 2017 ~ 2018 年度的判例译述已经完稿，2018 ~ 2019 年度的已完成一半，2019 ~ 2020 年度的正在同步跟进中。如果各位读者朋友有意向支持“美国联邦最高法院判例研究”系列的出版，请通过电子邮件(lygao@ fudan. edu. cn)或“法与译”公众号联系赞助事宜。在此先行表示感谢！

囿于能力与时间所限,且因这70篇译述先后由多人撰写、修改,每人写作风格不同,理解能力各异,虽经6次批删,错误终所难免,格式亦或许仍有不统一之处,敬请大家谅解并不吝赐教。本书并非对判例的逐字翻译,因此只能为大家提供一定的研究信息与线索,不可避免带有作者的主观理解,若需深入探讨,请按需阅读原文。

本书终稿的校对期间正逢新旧年交替、新冠病毒肆虐之时,唯愿天朗云清,瘟疫尽退,让我们可以在这俗世烟火中窥探大法官们那些似近似远的智慧。

高凌云

2020年2月12日于上海

参与本书译述的成员名单

一、初稿及编辑

本卷共70篇判例译述，分别由以下10位团队成员撰写初稿，由高凌云编辑修改：

郑家豪(11篇)　赵予慈(10篇)　高凌云(9篇)　蒋佳颖(9篇)
赖雪全(8篇)　齐冠云(7篇)　崔　伟(5篇)　纪宁宁(4篇)
孙樱榕(4篇)　蒋　彧(3篇)

二、初稿作者交叉审稿

上述作者中，除纪宁宁因工作变动、孙樱榕因个人原因退出，没有参加交叉审外，其他成员均参与了交叉审稿。

在交叉审过程中，几位新加入的同学因为没有机会撰写本书的判例译述，每人受邀参与6篇译述的交叉审，以期早日介入学习，以便在以后的写作中承担更重要的任务。因此，这5位同学对本卷的完成亦有一定贡献：

朱　文　倪国伟　丁伯韬　管诒泉　商可航

这5位同学中除商可航同学后因个人原因退出外，其他同学现在均成为译述团队的骨干，尤其朱文同学和丁伯韬同学目前已是译述团队的副主编。

三、编委会审稿、统稿

交叉审结束之后，判例研究编委会的5位成员先后开过多次线上、线下讨论会，对经过交叉审的译述进行再审，之后由高凌云与郑家豪两度统稿，由高凌云最后定稿。编审工作量之大，超出了每篇译述原作者的工作量：

编委会三审：崔伟(18篇)、齐冠云(18篇)、赵予慈(17篇)、郑家豪(17篇)
全书判例分类、索引、内容整合及全文统稿：高凌云
全书格式统稿：郑家豪
全书最后修改定稿：高凌云

美国联邦最高法院判例研究团队

除上述参与本书译述工作的成员外,我们的研究团队还有很多成员虽然没有参加本次的译述,但是对 2017 ~2018 年及以后的判例译述做出了重大贡献。下面是所有成员名单:

主　　编:高凌云
副 主 编:郑家豪　齐冠云　丁伯韬　朱　文
特邀撰稿人:赵予慈　崔　伟　王子奇　钟佳康　谷　莎　张　婷
资深撰稿人:赖雪金　蒋佳颖　蒋　彧　管洁泉　倪国伟
初级撰稿人:沈刘杰　曾　巧　董正清　李青青　罗杰韬　胡昕仪
萌新撰稿人:张　冲　章蒹葭　李烨茗
编外撰稿人(参加译述竞赛获奖的一次性撰稿人):
方　菲　方怀瑾　江雨炀　孔寅长　吴　镭　徐仁进
徐杨振翮　杨孔坤　郁昕玥　周小乾　冯中杰

图书在版编目(CIP)数据

美国联邦最高法院判例：2016～2017年判例译述／高凌云编著. -- 北京：法律出版社，2020
ISBN 978-7-5197-4335-2

Ⅰ. ①美… Ⅱ. ①高… Ⅲ. ①最高法院－审判－案例－美国－2016－2017 Ⅳ. ①D971.25

中国版本图书馆CIP数据核字(2020)第047211号

美国联邦最高法院判例(2016～2017年判例译述)
MEIGUO LIANBANG ZUIGAO FAYUAN PANLI
(2016～2017 NIAN PANLI YISHU)

高凌云 编著

策划编辑 沈小英
责任编辑 刘晓萌
装帧设计 马 帅

出版 法律出版社
总发行 中国法律图书有限公司
经销 新华书店
印刷 中煤(北京)印务有限公司
责任校对 杨锦华
责任印制 吕亚莉

编辑统筹 法治与经济出版分社
开本 710毫米×1000毫米 1/16
印张 31.75
字数 483千
版本 2020年5月第1版
印次 2020年5月第1次印刷

法律出版社／北京市丰台区莲花池西里7号(100073)
网址／www.lawpress.com.cn
投稿邮箱／info@lawpress.com.cn
举报维权邮箱／jbwq@lawpress.com.cn
销售热线／400-660-8393
咨询电话／010-63939796

中国法律图书有限公司／北京市丰台区莲花池西里7号(100073)
全国各地中法图分、子公司销售电话：
统一销售客服／400-660-8393/6393
第一法律书店／010-83938432/8433
西安分公司／029-85330678
重庆分公司／023-67453036
上海分公司／021-62071639/1636
深圳分公司／0755-83072995

书号：ISBN 978-7-5197-4335-2
定价：118.00元